VERLAG DER KUNSTAGENTUR DRESDEN

Kleine TYPOLOGIE *der* LAIENMUSIKER

Joachim Landkammer

Meinem Vater,
dem nicht typisierbaren Liebhabermusiker
(1932-2008)

INHALT

Statt eines Vorworts EIN TRAUM *15*

Kapitel 1 DER ALTE HASE *29*

Kapitel 2 DER NÖRGLER *35*

Kapitel 3 DER MITLÄUFER *41*

Kapitel 4 DER KLANGÄSTHET *48*

Kapitel 5 DER STÜMPER *55*

Kapitel 6 DER EROTIKER *61*

Kapitel 7 DER PERFEKTIONIST *71*

Kapitel 8 DER SCHLAMPER *78*

Kapitel 9 DAS GRÜNDUNGSMITGLIED *77*

Kapitel 10 DER VOM-BLATT-SPIELER *97*

Kapitel 11 DER ETWAS SELTSAME TYP *105*

Kapitel 12 DER STIMMFÜHRER *113*

Kapitel 13 DER EILER *123*

Kapitel 14 DER VIELSPIELER *133*

Kapitel 15 DER SCHWÄTZER *141*

Kapitel 16 DER JAZZER *149*

Kapitel 17 DER BACH-FAN *157*

Kapitel 18 DIE BRATSCHERIN *165*

Kapitel 19 DER BLECHBLÄSER *173*

Kapitel 20 DIE AUSHILFE *183*

Kapitel 21 DER DIRIGENT *191*

Kapitel 22 DER ORCHESTERKASPER *199*

Kapitel 23 DER ORGANISATOR *205*

Kapitel 24 DER KONZERTVERWEIGERER *215*

Kapitel 25 DER AUFNEHMER *223*

Kapitel 26 DIE LOKBUB *231*

Kapitel 27 DER LIEBHABERMUSIKER UND SEIN INSTRUMENT *241*

Kapitel 28 DIE LIEBHABERMUSIKERGATTIN *251*

Kapitel 29 DER INSTRUMENTALLEHRER DES LIEBHABERMUSIKERS *261*

Kapitel 30 DIE LAIENSÄNGERINNEN UND -SÄNGER *269*

Kapitel 31 DER EINWECHSELSPIELER *277*

Kapitel 32 DER VERSAGER *285*

Kapitel 33 DER GENIALE DILETTANT *293*

Statt eines Nachworts DANKE DANKE DANKE *300*

IMPRESSUM *304*

STATT EINES VORWORTS: EIN TRAUM

Am 8. Mai 2014 habe ich tatsächlich, ohne jeden mir nachvollziehbaren konkreten Anlaß, in der ersten Nacht eines Italienurlaubs, Folgendes geträumt: mit einem kleineren Ensemble (ich glaube: nur Streicher) soll in einer Probenphase etwas einstudiert werden. Die Proben beginnen etwas schleppend und stoßen auf viele Hindernisse. Schon nach kurzer Zeit ist der Schuldige der sich breitmachenden musikalischen Misere ausgemacht: ich. Die anderen Cellisten in der kleinen Violoncello-Gruppe halten mich offenbar für unterkompetent und daher für störend. Man diskutiert meine Dazugehörigkeit und die Legitimität meiner Anwesenheit. Um darüber zu entscheiden, gibt es nur ein Mittel, und auch ich stimme dem zu, um das leidige Problem geklärt zu haben: allein vorspielen, dem Dirigenten und allen anderen. Daraus wird nun ein ganzes Ritual, ich muß auf eine Art Bühne, die Vorbereitungen sind schon recht chaotisch, plötzlich sind die Noten weg, ich muß in lauter Krimskrams mühsam nach ihnen suchen und sie mir am Ende von jemand anderem leihen, auch der Stachel vom Cello ist nicht mehr aufzufinden (klar: Kastrationsangst!), schon der Anfang der recht einfachen Stimme, die ich vorspielen soll und den ich bewußt kraftvoll gestalten will, geht völlig daneben, das tiefe G, das ich mit viel Vibrato (natürlich nicht die leere Saite! das wäre ja laienhaft!) in den Raum wuchten will, ist zu hoch, jeder hört das, also unterbreche ich gleich und tue so, als ob das nur ein Test (des Raumklangs? sehr professionell!) gewesen wäre, aber auch beim Neuanfang wird es nicht besser, ich spiele die paar Baßnoten herunter, zu Beginn noch sehr bewußt Ton für Ton setzend, achte mit großer Konzentration auf saubere Tongebung, gute Übergänge, rhythmisch exaktes Spiel (also all das, was einem als Laien sonst völlig egal ist), aber im Laufe der Darbietung mit immer weniger Überzeugung und nach einer, wie mir scheint, stark optimierbaren Ausführung schließe ich meine Probe-Performance ab. Die Sache ist für mich völlig klar, mein Mitspielrecht habe ich damit eindeutig verwirkt, ich überlege gleich, wie ich mir das schönreden kann (jetzt habe ich viel Zeit für die anderen wichtige Dinge! Und mit dieser fiesen hochnäsigen Truppe hier wollte ich ja eigentlich von Anfang an nichts zu tun haben!), ich gehe daher recht lässig und entspannt zu meinem Cellokasten, packe mein Instrument ein, sehe schon in einiger Entfernung die Verantwortlichen beisammenstehen, die wahrscheinlich nicht mehr über die Entscheidung selbst, sondern nur noch darüber diskutieren, wie sie sie mir möglichst ›schonend‹ beibringen können, und schon kommt einer von ihnen, verräterisch verbindlich lächelnd, auf mich zu und – da wache ich schweißgebadet auf.

〰 Ein ganz normaler Angst- und Verfolgungstraum also, wie sonst, wenn kurz bevor das schreckliche Monster endgültig zubeißt, kurz bevor die Messer auf mich einstechen und die Kugeln in mich eindringen, der Körper, sein Schlafbedürfnis endlich hintanstellend, mich vor der Katastrophe, vor dem *unhappy end* des Privathorrorfilms bewahrt. Trotzdem: das Vorspielen-Müssen darf als typischer Albtraum des Laienmusikers gelten; auch wenn dieser naturgemäß normalerweise nicht dem Qualitätswahn einer durch-evaluierten Welt (›Leistungsgesellschaft‹) unterliegt, auch wenn das Wort ›Liebe‹ im ›Liebhabermusiker‹ ja wohl (auch) suggerieren soll, daß hier ganz andere Kriterien als die nützlichkeitsorientierter Effizienz- und Qualitätsoptimierung walten: der Stachel des Selbstverdachts auf Insuffizienz sitzt tief und bricht zumindest nachts noch an die Traum-Oberfläche durch. In der laienmusikalischen Super-SAU (*Schlimmste Anzunehmende Ursituation*) wird man aus dem schützenden anonymen Kollektiv herausgezerrt, muß genau das tun, um dessen Vermeidung willen man ja gerade zum Laienmusiker geworden ist (nämlich *alleine* und *gut* spielen), muß einsam mit seinem armseligen Instrument vor einem strengen Tribunal (be)stehen und dann mit dem unausweichlich zu erwartenden, unanfechtbaren, objektiven Resultat leben: gehört und für zu leicht befunden.

〰 Diesen damit nur angedeuteten Seitenblick auf die ›tragische‹ Nachtseite des Liebhabermusizierens sollte man vielleicht mitführen, wenn in den folgenden Kapiteln die verschiedensten Facetten von dessen Tagseite beleuchtet werden. Denn nur als verdrängtes ist das Bewußtsein des Dilettanten davon zu ertragen, daß man als Laie etwas tut, was man eigentlich nicht kann, was andere viel besser können, und was ›man‹ genau deswegen heute eigentlich nicht mehr tut. Der Dilettant genießt (aber es ist nicht immer wirklich ein ›Genuß‹) seinen schlechten Ruf, und dafür ist die ihn bezeichnende Vokabel auch erfunden wurden: ›Dilettantismus‹, das soll die Schamlosigkeit bezeichnen, mit der jemand eine Aktivität betreibt, obwohl sie – nach der Einschätzung von anderen, sich zu solchen Einschätzungen befugt Haltenden – zu keinem optimalen, ja zu einem meist stark zu wünschen übrig lassenden Resultat führt. Die fehlende Scham wird dann damit begründet, daß den Dilettanten offenbar auch andere, für sie wichtigere Motivations-Ressourcen zur Verfügung stehen als die der Ergebnisqualität, zum Beispiel eben der ›diletto‹, die ›Freude‹

am Tun als solchem. Wichtig ist nicht, was, sondern *daß* gespielt wird: so hat ein Dilettanten-Basher, der auch auf vielen anderen Arealen des musikalischen Intellektuellen-Diskurses großes Unheil angerichtet hat, einmal gemeint, das deutsche Nachkriegs-Laienspiel abkanzeln zu können.[1] Aber in postmodern wackligen Zeiten, in denen ›Qualität‹ nur noch ein billiges Catchword für Marketingtexter und der altbackene Köhlerglaube an objektive Qualitätskriterien nur noch von den Sekunden-Meter-Noten-Zuordnungslisten der schulischen Bundesjugendspiele gefüttert wird (und selbst da gibt es ›Ehrenurkunden‹ für jeden Versager!), in Zeiten, in denen Klaviere, Geigen, Notenständer und Metronome in den meisten bürgerlichen Haushalten dem Flachbildschirm, dem Hometrainer und der X-Box gewichen sind, in Zeiten, in denen die Feinmotorik der oberen Körper-Extremitäten nicht durch Fingersätze und Lagenwechsel, sondern durch iPhone-Wischbewegungen und rasend schnelles Zwei-Daumen-SMSen entwickelt wird, in solchen Zeiten also mag es wieder ziemlich lobenswert erscheinen, *daß überhaupt* noch musiziert wird, egal wie gut beziehungsweise optimierbar das Resultat sich anhört.

〰 Lobens- und bewundernswert – aber doch auch irgendwie verwunderlich und *strange*. Präziser und weniger flapsig will man den Außeneindruck der Laienmusikersphäre erst einmal gar nicht bezeichnen, denn wenn man das Liebhabermusizieren ob gewisser

---

1. ›... daß einer fidelt soll wichtiger sein, als was er geigt‹ (Th. W. Adorno: Kritik des Musikanten (1956), in: ders., Dissonanzen. Einleitung in die Musiksoziologie (Gesammelte Schriften, 14), S. 75). Wir werden Gelegenheit haben, noch öfters in diesem Buch auf diese Mutter aller liebhabermusikerfeindlichen Zitate zurückzukommen.

kulturgeschichtlicher und soziologischer Unwahrscheinlichkeiten etwa ›unzeitgemäß‹ nennen wollte, müßte man ja wissen (und nicht nur wissen, sondern lang und breit ausbreiten und begründen), was denn heute gerade ›zeitgemäß‹ ist – und warum. Nicht um eine soziologische oder gar statistische Analyse soll es also hier gehen, und auch ideengeschichtlich werden wir das seltsame Phänomen hier nicht traktieren – obwohl es, gerade in Deutschland, zur Geschichte des sogenannten Dilettantismus in der Musik sehr viel zu sagen gäbe (und sehr viel auch gesagt worden ist)[2]. Die Idee des Buchs erwächst eher aus eben der angedeuteten, verwunderten Haltung eines distanzierten Beobachters, der sich irritiert fragt: ›wie *kann* man nur?‹ Der Autor (und seine Wunsch-Leser) stehen vor dem Phänomen der Laienmusik wie weiland Mutter Kempowski vor fast jedem Alltagsereignis: ›wie isses nur bloß möglich?‹ Klar, daß es auf solche Fragen überhaupt keine Antworten gibt – und zu geben braucht. Nur diese eine, in Wahrheit kaum überraschende Antwort suggerieren die folgenden Seiten doch: die schräge Unternehmung namens Laienmusik ›funktioniert‹ deswegen, weil offensichtlich jeder irgendwie daran Beteiligte eine ganz andere, kaum definierbar schillernde, individuell abschattierte Begründung zum persönlichen Mitmachen gefunden hat; weil hier völlig unterschiedliche, untereinander kontrastierende und

[2]. Gerade auch wieder in letzter Zeit; es gibt in der Tat eine soziologische, kunst- und kulturwissenschaftliche Forschungsszene, die sich um eine Renaissance und Rehabilitation des ›Dilettantismus‹ als Phänomen und Forschungsgegenstand bemüht. Wir ersparen uns hier jedoch einschlägige bibliographische Verweise, vor allem auf die entsprechenden wissenschaftliche(re)n Bemühungen des Verfassers.

konkurrierende Charaktere, Einstellungen, Erwartungen und Haltungen aufeinandertreffen und dann doch irgendwie miteinander auskommen. Die Laienmusik zerfiele so in die zahllosen Einzelgeschichten von Abertausenden von Laienmusikern, die man nun alle einzeln anhören, würdigen und verstehen müßte.

〜〜 Doch wer kann und will das schon? So weit geht (und so lange dauert) die Liebe zur Liebhabermusik dann doch nicht. Daher liefert dieses Buch die ob dieser unübersichtlichen Vielfalt einzig sinnvolle Alternativ-Methode: sie filtert die individuellen Ansätze typologisch und reduziert das ganz Viele auf das ganz Wenige, Zigtausende von Liebhabermusizierenden auf dreiunddreißig menschlich-charakterliche Grundtypen. Darf man das? Man darf, weil man muß. Nicht nur als Wissenschaftler, der eine vielschichtige und komplexe Realität gefälligst auf einige wenige verallgemeinerbare Sätze zu bringen hat, und nicht nur als Literat, der seine erlebten Menschen- und Welterfahrungen in fiktiven Figuren verdichten und damit leben muß, ›daß in der Wirklichkeit das eigentlich Typische der Charaktere gewissermaßen mit Wasser verdünnt ist‹, wie Dostojewski schreibt. Nein, typisieren, kategorisieren, etikettieren und aufs Wesentliche reduzieren müssen wir alle, jeden Tag, bei jeder Gelegenheit. Und wir leben ganz gut damit, daß wir dauernd diesen vermeintlich so typischen Ereignissen, Dingen und Personen schreiendes Unrecht antun. Denn auch, wenn man es *nicht* darauf anlegte und das Besondere und Typische in ironischer Absicht nicht noch überspitzte: Typisieren heißt immer auch Kritisieren und Verspotten. Der ›Idealtyp‹ heißt so, ganz anders als Max Weber es wollte, weil er sich ideal eignet zur Distanzierung und Ablehnung, für Hohn und Spott.[3]

Spätestens hier kommt der Autor ins Spiel und muß sich rechtfertigen. Wer ist er denn, daß ...? Der Autor ist zunächst (entschuldbar, weil) teilnehmender Beobachter: seit schon in jungen Jahren, trotz sehr frühen Beginnens, sich abzeichnete, daß das niemals nichts werden würde mit einem wirklich überzeugenden Geigenspiel, so daß statt der Vertiefungs- die Verbreiterungs-Taktik zur Option der Wahl wurde (wenn man schon kein Instrument *gut* spielt, dann wenigstens möglichst *viele* Instrumente schlecht), stand auch das dilettantisierende Gemeinsam-Spielen, das Hausmusizieren und dann das Orchesterspiel (in Bamberg, Hoheneck, Marburg, Witten, Friedrichshafen) als einzig akustisch halbwegs tolerierbare und mitunter sogar ›Freude‹ bereitende musikalische Betätigung fest. Aber die sich im Folgenden niederschlagenden Beobachtungen stammen nicht nur aus den dabei gewonnenen Erfahrungen und Begegnungen; so wie sich vielleicht einige mir bekannte Mitmusiker (ganz zu Unrecht, ich schwöre!) hier als ›Typ‹ wiedererkennen mögen, so werden mich kennende Leser den Autor selbst mit der einen oder anderen seiner Macken durch verschiedene Figuren durchscheinen sehen. Wo die Fähigkeiten

---

3. Eine ähnlich typologisch vorgehende Methodologie finde ich – auch im musikalischen Bereich, wenngleich in vollkommen anderem Genre – im amüsanten Büchlein von Oliver Uschmann, Überleben auf Festivals. Expeditionen ins Rockreich (2012). Anders als das vorliegende Buch liefert Uschmann (aber beispielsweise auch Ursula Kals' kleine Typologie der ›bösen Kollegen‹ in der FAZ vom 12./13.7.2014) eine Typologie ›in pragmatischer Hinsicht‹, die dem Leser Anleitungen zum richtigen Umgang mit ›solchen Typen‹ liefert. Demgegenüber steht unsere Unternehmung eher auf dem Standpunkt eines dezidierten *vivre-et-laisser-vivre*.

der Umweltbetrachtung wie der Phantasie so bald zu ihrem Ende kommen wie beim Verfasser, hilft nur die brutale, schonungslose, tendenziell exhibitionistische Selbstbeobachtung. Ein Buch also ganz nach dem alteuropäisch-radikalen Gusto von Friedrich Nietzsche: ›für alle und keinen‹. Auch der Autor *himself* muß sich sagen lassen: *de te typologia narratur*.

〰️ Womit freilich noch nichts wirklich Hilfreiches zur Entstehung der Texte gesagt ist. Daß sie Früchte eines persönlich gesammelten Erfahrungsschatzes sind, weist aber auf ihr langsames, vergangenheitsschweres Reifen-Müssen (beziehungsweise ihr ebenso langes Vor-sich-hin-Verstauben) hin. In der Tat sind die ältesten der folgenden Texte sechzehn Jahre alt. So lange ist es nämlich her, daß ich, zusammen mit Michael Goldbach und Rupert Plischke (beide Bamberg), als ehrenamtlicher Laie die ehrenamtliche Laien-Redaktion der ehrenamtlichen Laien-Zeitschrift ›Das Liebhaberorchester‹ übernommen habe. In diesem zweimal jährlich erscheinenden Haus-Magazin des ›Bundesverbandes Deutscher Liebhaberorchester e.V.‹ (BLDO), dem Dachverband aller laienmusizierenden deutschen sinfonisch-klassischen Musik-Ensembles, durfte seit 1998 in jeder seiner Ausgaben eine Folge der als Fortsetzungsreihe konzipierten ›Kleinen Typologie der Laienmusiker‹ erscheinen. Mit einer Auflage von (mittlerweile) 6.500 Exemplaren wurde und wird die Zeitschrift unter der laienmusizierenden Riesenschar der 753 Orchester mit 26.200 Mitgliedern verteilt[4]; die teilweise nicht ganz indifferente Resonanz unter den Leserinnen und Lesern des Magazins hat nun einen mutigen Verlag zu dieser Buchausgabe in gesammelter Form ermutigt.

---

4. So im Juli 2014 laut bdlo.org. Dort dann jeweils auch aktuellere Zahlen.

Diesen (oft) wohlwollenden Erstlesern bin ich daher auch einige Hinweise darauf schuldig, was nun hier anders und neu ist im Vergleich zur Erstveröffentlichung in den Heften 1998/1 bis 2014/2 des ›Liebhaberorchesters‹. Zum einen ist das die Neu-Sortierung und Re-Numerierung der einzelnen, textlich stellenweise leicht überarbeiteten Folgen; des weiteren konnten aus technischen Gründen die mir kongenial erscheinenden Zeichnungen und Karikaturen von Christian Goldbach, die viele der Folgen im Heft des BDLO so treffend visuell kommentiert haben, nicht ins Buch übernommen werden. Sehr froh und dankbar bin ich hingegen, daß ein anderes Zugeständnis an die technisch-pragmatischen Erfordernisse des modernen Verlagswesens *nicht* nötig war: der störrisch-sturbockige Autor durfte auch hier seinem Gewissen und seiner Überzeugung und daher den Regeln der ihm nach wie vor zwingend erscheinenden sogenannten ›alten‹ Rechtschreibung folgen.[5] So finden die Leser hier in quasi unveränderter, aber nun in gebündelter und gebundener Form alle (bisherigen) ›Charakterzeichnungen von Vertretern verschiedener Spezies der *zoologia musicalis*, Untergruppe *dilettantis domesticaque*‹, wie es in

---

[5] Bevor die einschlägigen Rezensenten im einschlägigen Qualitäts-Feuilleton nun wieder süffisant mäkeln: ›Das heute übliche Fehlen eines aufmerksamen und kompetenten Lektorats macht sich auch an vielen Stellen dieses sonst so großartigen Textes äußerlich schmerzlich bemerkbar‹, sei ihnen hier bereits ins lange Ohr geflüstert: das Verlags-Lektorat hat großartige hochkompetente und hochaufmerksam Arbeit geleistet; alle stehengebliebenen grammatikalisch-orthographischen und idiomatischen Fragwürdigkeiten sind einzig und allein dem verschroben-eigenwilligen, pseudo-literarischen Stilwillen des Autors geschuldet. So. Nämlich.

der stereotyp wiederholten Einleitungssequenz jeder Folge in der Zeitschrift bisher hieß. Weiter konnte man dort jeweils lesen:

〰️ ›Durch die bis zur Wiedererkenntlichkeit übertreibenden Idealtypisierungen verschiedener Einstellungen und Zugangsweisen zur Laienmusik soll auf ironische Weise ein Beitrag zur hoffentlich nie endenwollenden Diskussion über die unbeantwortbare Frage geleistet werden: warum machen wir Freizeitmusiker eigentlich Musik?‹

〰️ Die Zitation dieser nach dem bereits Gesagten wenig überraschenden ›Hinführung zum Thema‹ (wie man wohl schulaufsatztechnisch sagen würde) gibt gleichwohl Gelegenheit und Anlass zu zwei letzten gebrauchsanweisenden Warnungen:

〰️ Erstens. Die Verwendung von hochindividualisierten Wendungen, die den Gebildeten unter den Verächtern der Altphilologie entfernt ›lateinisch‹ anmuten werden, sind genauso ernst zu nehmen wie die meisten anderen an den Haaren herbeigezogenen Bemerkungen dieses Buchs. Nämlich ›voll‹ ernst. Das nur deswegen, weil eine aufmerksame Leserin vor vielen Jahren in einem Leserbrief tatsächlich eine falsche Adjektiv-Endung gerügt hat. Wohl dem Land, das solche Musikerinnen, wohl dem Buch, das solche Leserinnen (nötig) hat!

〰️ Zweitens. Diese Typologien sind, trotz aller vermeintlichen Gemeinheit und Häme, allgemein-menschlich, humanitär und demokratisch angelegt, soll heißen, sie typisieren ohne Ansehen von Person, Geschlecht, Alter und Instrument. Das bedeutet zum einen: auch wenn der Einfachheit halber von ›*dem* Musi*ker*‹ die Rede ist, sind Vertreterinnen weiblichen Geschlechts immer mit- (und manchmal sogar: besonders) gemeint. Zum anderen: es gibt (fast) keine *instrumentenbasierte* Diskriminierung. Die mittlerweile stark abgelutschten und nur begrenzt witzigen Klischees nach Art der sogenannten weitverbreiteten ›Bratscherwitze‹ (und weiterer orchestergruppenbezogener Stereotypen) werden hier nicht beziehungsweise nur in wirklich zwingenden Ausnahmefällen bedient. Die Unterstellung, daß Langsamkeit, Inkompetenz, technische Überforderung und geistige Unterkomplexität besondere Charakteristika von Violaspielern wären, kollidiert mit dem einfach festzustellenden Befund, daß diese Eigenschaften ganz unspezifisch mehr oder weniger *jedem* Laienmusiker zugeschrieben werden müssen; sonst wäre er keiner.

∿ Am Anfang dieses Vorworts und dieses Buchs steht ein Traum: in der Tat, Liebhabermusizieren *ist* traumhaft. *Besser* musizieren zu können wäre noch traumhafter, aber dafür zu ackern wie blöd (›üben‹), fällt dem Laien auch im Traum nicht ein. Es sind die Albträume des Versagens, die den Dilettanten an die traumwandlerisch-träumerische Unvernunft seines Tagtraums vom ›traumhaft schönen Spiel‹ erinnern. Auch dieses Buch, ein lang geträumter Laien-Traum, ist nun doch irgendwie zu ›professioneller‹ Wirklichkeit erwacht. Für unruhige Träume bei und nach der Lektüre zeichnet der Autor, auch hierin unverbesserlicher Dilettant, trotzdem *nicht* verantwortlich; er kann den Leser nur, reichlich unprofessionell, vor den psychischen Folgen einer kapitelfressenden Überdosierung warnen, die naheliegt, wenn sonst im gemütsverträglichen halbjährlichen Abstand erscheinende Textchen nun zwischen die geballte räumliche Gleichzeitigkeit zweier Buchdeckel gepreßt werden.

∿ Lesen Sie also gemach und ohne Eile. In der Tat, wenn dieses Bändchen einen Über-Titel über der sachlich-nüchternen Cover-Aufschrift ›Kleine Typologie usw.‹ hätte, würde er lauten:

›Avanti Dilettanti‹. Denn kein markig-deutsches ›Vorwärts!‹, sondern ein gelassenes ›Avanti‹ markiert die Devise des Dilettanten; auch kein ›Jetzt-aber-los‹ im Sinne des altehrwürdig-auftrumpfenden Aufbruchs- und Anfeuerungsappells (›Avanti popolo‹), sondern eher ein resignierend-wohlgemutes ›Trotz-allem-weiter-so‹, wie es das Laienmusizieren in seinem innersten Wesen tagtäglich ausmacht. Weit entfernt vom perfektionistischen ›Schneller-Höher-Weiter‹ der Leistungsmusiker deutet das gemächliche südländische ›Avanti‹ der Dilettanten die gut-italienische Kunst des Sich-Durchwurstelns, des Schon-zurecht-Kommens, der schlauen Kompromisse und der klugen Zugeständnisse an eigene und fremde Unzulänglichkeiten an.[6] ›Weiter so‹: das ist für den Laienmusiker keine herablassende oberlehrerhafte Ermunterung, sondern selbstgewählte musikalische Lebenshaltung. In diesem Sinn will dieses nun hier vorliegende Werk jeden Laienmusiker, welchen ›Typs‹ er auch sei, welche seltsamen Eigenheiten er auch in seinem Tun an den Tag legt (und welche Albträume er auch haben mag), im Grunde nur dies Eine sagen: einfach so *weiter*machen.

Gegeben zu Wasserburg am Bodensee
Im November 2014

---

6. Sicher wären in einer ›Klimatheorie der Kunst‹ die Normen und Werte des musikalischen Dilettantismus, auch und gerade der seiner *deutschen* Vertreter, zurückführbar auf eine ›Ästhetik des Südens‹ (K. Lotter).

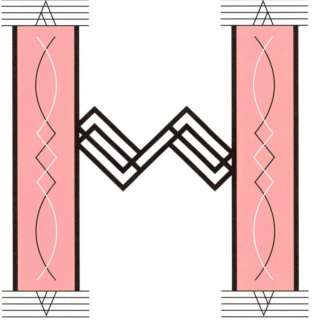

KAPITEL 1
DER ALTE HASE

Charakter und Autorität dieses in bestimmtem Ambiente (und nicht nur in der Laienmusikerszene) sehr verbreiteten Typs beruhen auf der so wenig bestreit- wie nachprüfbaren Ressource der ›Erfahrung‹: der alte Hase weiß alles, kennt alles, hat alles schon gespielt und kann daher alles beurteilen, bewerten oder zumindest ausführlich kommentieren. Ihm kann man nichts mehr vormachen, er ist viel herumgekommen, hat mit tausend Leuten schon musiziert, natürlich auch mit ganz wichtigen (zum Beispiel mit ›dem früheren Konzertmeister der Bottroper Stadtsymphoniker‹), kennt alle Orchester, alle Dirigenten und alle Konzertsäle der Umgebung (samt der zugehörigen Kneipen, deren Spezialitäten und deren Personal). Nur ein *alter* Hase weiß, wie der Hase läuft.

> Der alte Hase (*musicus historicusque narrativus antiquus semper identicus*) überwiegt daher zwar – seinem Namen entsprechend – in bestimmten Alterskohorten deutlich, aber er ist nicht notwendigerweise durch ein rein biologisches Merkmal zu definieren: viel entscheidender ist, daß sich die lange Erfahrung bei ihm gerade nicht dadurch niederschlägt, daß ihn ein besonders hohes Reflexionsniveau, ein hoher Bewußtseinsgrad der Schwierigkeiten, der verschiedenen Interpretationsansätze und -möglichkeiten auszeichnen würde. Viel eher charakterisiert seine Erscheinung der anekdotische Ballast, der sich bei ihm an jedes einzelne musikalische Erlebnis, an jede Aufführung und jedes Stück angehängt hat und den er unermüdlich mit sich herumschleppt; dieser wird stän-

dig neu dadurch aufgefrischt, daß er allen, die es (noch einmal) hören wollen (und das sind nicht mehr allzu viele) immer wieder von neuem erzählt wird. Durch die notorische Beschränktheit des liebhabermusikalischen Repertoires wird der Umstand begünstigt, daß es zu fast jedem einzelnen Musikstück, das man vielleicht gerade wieder einmal spielen will, eine Geschichte zu rekapitulieren gibt, daß erinnert muß werden an eine kuriose Begebenheit, die irgendwann just ausgerechnet mit diesem Werk passiert ist: ›Wißt ihr noch, wie damals dem Kalle hier bei der Reprise die e-Saite gerissen ist?‹ und ›Das war doch das Stück, bei dem die Conny mit ihrem Cello vom Stuhl gekippt ist! Was ein Spaß!‹ und ›Erinnert ihr euch noch an den Dirigenten, der im letzten Satz seinen Dirigentenstab kaputtgeschlagen hat?‹ Nein, wir erinnern uns nicht, wir wissen es nicht mehr, denn erstens sind wir meist noch gar nicht solange dabei, zweitens würden wir es, auch wenn wir dabei gewesen wären, nicht so interessant finden, uns gerade jetzt daran zu erinnern. Aber zuzugeben, daß man gerade diese bemerkenswerte Episode in diesem Moment nicht vor dem geistigen Auge hat, wäre genau die falsche Reaktion, denn dann fängt der alte Hase erst richtig an und gibt umständlich die ganze lange tolle Geschichte zum besten, wie der gute Kalle ohne e-Saite weitergespielt hat und wie die Conny ins Krankenhaus mußte und sechs Monate nicht mehr Cello spielen konnte. Und die Geschichte mit dem Dirigenten führt schnurgerade zu tiefsinnigen Betrachtungen über all die Dirigenten, die zu viel ›da vorn herumfuchteln‹ und die man deswegen schon überhaupt nicht leiden kann und dann wiederum über die anderen, bei denen sich überhaupt keine ›klare Eins‹ erkennen läßt, was wiederum an die Geschichte erinnert mit dem jungen Hüpfer von Dirigenten, mit dem man doch tatsächlich den Bratschen-Einsatz in der Siebten verpaßt hat, so daß das ganze Orchester fast geschmissen hätte, weil der Kerl so undeutlich geschlagen hat, was aber noch lange nicht so schlimm war wie der Aushilfsdirigent damals, der Tschaikowskys Sechste ohne Stab dirigieren wollte, bis ihm dann im dritten Satz die Blechbläser mal gehörig die Meinung gesagt haben, worauf er fast in Tränen ausgebrochen ist, was wieder seine Freundin, diese Bratscherin (›wißt ihr noch, die die damals mit uns in Z. das Dissonanzenquartett spielen wollte und die Noten zu Hause vergessen hat und wir dann mühsam noch …?‹) ganz böse gemacht hat, und sie mit dem Trompeter heftigen Streit angefangen hat … usw. usw. Und wir sitzen spielbereit da und hören zu, überprüfen nochmal vorsichtig die Stimmung, blättern verlegen in den Noten und schauen heimlich auf die Uhr …

≫ Noch schlimmer als ein alter Hase sind – natürlich – zwei alte Hasen. Falls diese dort aufeinandertreffen, wo gerade geplant war, gemeinsam zu musizieren, kann man getrost und ausgiebig ein paar heikle Stellen üben, das Instrument erst mal wieder einpacken oder eine Zigarette rauchen gehen. Denn nun wird es länglich, weil nämlich die beiden sich jeweils an anderes und anders erinnern: das mit der vom Stuhl fallenden Conny war ja gar nicht bei Beethovens Achter passiert, sondern in dem Konzert mit diesem seltsamen Posaunisten, der dauernd falsch gespielt hat … ›Aber das verwechselst du mit dem Auftritt damals mit dem Chor aus Dingsda, wie hieß er gleich noch, und mit dieser Sopranistin, wo das Abendkleid nicht zuging, weißt du noch?‹ usw.

≫ Man muß also gut 50% Prozent mehr Zeit einplanen, wenn man ein gewisses Repertoire mit einem alten Hasen abarbeiten will. Darüber hinaus muß man aber viel Geduld und Nachsicht mitbringen, was die Gestaltung der auszuführenden Musikstücke angeht. Denn der alte Hase weiß nicht nur alles, er weiß auch alles *besser*. Bei allen eventuell anstehenden Entscheidungen über Tempo, Dynamik, Phrasierung hat er für seine Lösung das universale, alles entscheidende Argument zur Verfügung: ›das haben wir immer so und so gemacht‹, ›das gehört so‹, ›das macht man eben so‹, ›das kann man nur *so* spielen‹. Und wirklich: der alte Hase *kann* es nur so, so unerbittlich ist der Druck der auf ihm lastenden Routine und Tradition. Ein innovatives Experimentieren ist mit ihm daher praktisch unmöglich. Seine Geschichten summieren sich zu einer monolithischen Geschichte, die sich auch innerlich-psychologisch gegen jegliche Neuerung und Abweichung aufbäumt. ›Ein Menuett von Mozart kann und darf man nicht schnell, scharf und kurz akzentuiert spielen! Das ist doch *Mozart*!‹ So what?, möchte man erwidern, aber gegen die geballte Erfahrungsmacht und Vorurteilspotenz des alten Hasen ist so gut wie nichts auszurichten, vor allem dann, wenn man nicht gewillt ist, sich all die weiteren, zur Begründung seiner unerschütterlichen Meinung angeführten Episödchen und Geschichtchen anzuhören (›das XYZ-Quartett hat das neulich auch so fürchterlich schnell gespielt, wie ihr jetzt meint, es spielen zu müssen, und es war einfach nicht mehr schön, ich konnte gar nicht mehr folgen, und habe zu meiner Bekannten gesagt, die dabei war, wißt ihr, die, die damals …‹ usw. usw.).

≫ Hohen ›Unterhaltungs‹-wert und geringe musikalische Effizienz garantiert auch das Zusammentreffen in Personalunion des Typs alter Hase mit dem Typ Nörgler (vgl. Kap. 2), denn dann multiplizieren sich die gegenwärtigen Unannehmlichkeiten mit dem unendlichen Faktor ›immer schon‹: alles, was gerade wieder mal nicht paßt, erinnert zwangsweise an all die ähnlich scheußlichen Erlebnisse der Vergangenheit, bei denen auch schon damals nichts gepaßt hatte (›… daß es offensichtlich unmöglich ist, wenigstens *einmal* anständige Lichtverhältnisse beim Konzert zu haben; ich erinnere mich an einen Auftritt in A., wo dann auch noch das Licht zwischendurch ausfiel, und wir dann im Dunkeln … ‹ usw. usw.).

≻ Alte Hasen sind also ein eher schwierig zu handhabendes und zu ertragendes Völkchen. Aber man sollte vorsichtig sein: vielleicht handelt es sich um ein altersbedingtes Charakterschicksal, das uns früher oder später allen bevorsteht. Und sooo schlimm ist es ja eigentlich gar nicht; sie ist doch ganz amüsant, die Geschichte von der Conny mit dem Cello … Wie war das noch? Bei welchem Stück? Wirklich vom Stuhl gefallen? Erzähl doch noch mal …

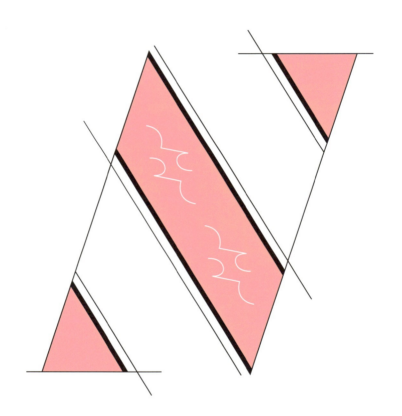

KAPITEL 2
DER NÖRGLER

Auch der Typus des ›Nörglers‹, bekannt auch unter den Namen ›Miesmacher‹, ›Miesepeter‹, ›Kritikaster‹, ›Meckeronkel‹ oder ›Motzer‹ (oder der ›Schuhu‹ im Familienjargon der Geschwister Mendelssohn) ist natürlich ein Charakterphänomen, dessen Auftrittsareal weit über den uns hier interessierenden Bereich der Liebhabermusik hinausreicht. Mit Nörglern hat jede Branche und jeder Lebensbereich zu kämpfen, und zwar zu jeder Epoche und jeder Zeit; Nörgler gibt es überall und wird es immer geben. Keine Artenschutzkommission wird je eingreifen müssen, um ihr Aussterben zu verhindern, denn Nörgler sind die lebendige Widerlegung des Darwinismus: sie überleben *ohne* jegliche Bereitschaft zur Anpassung ...

𝄢: Aber der Nörgler unter den Laienmusikern ist doch insofern eine bemerkenswerte Erscheinung, als der psychopathologische Drang, dauernd und ständig und wiederholt und unaufhörlich etwas auszusetzen zu finden, normalerweise eher in den alltäglichen Zwangsverhältnissen (vor allem Arbeit, Familie, Ehe ...) und nicht bei den selbstgewählten Freizeitaktivitäten ausgelebt wird. Daraus erhellt, daß der Nörgler einen weitgehend situations- und kontextunabhängig agierenden anthropologischen Grundtypus darstellt. Der Nörgler kann nicht anders, er *muß* nörgeln, auch und gerade dann, wenn es eigentlich gar nichts zu nörgeln gibt, oder wenn man es gerade am wenigsten gebrauchen kann, oder (ja vor allem!) dann, wenn an den monierten Tatbeständen auch beim besten Willen nichts (mehr) zu ändern ist.

Die Erscheinungsformen des laienmusikalischen Nörglers (*criticastrus musicalis amatorialis intollerabilis*) sind so verbreitet und jedem mit der Materie Vertrauten dermaßen geläufig, daß es sich fast erübrigt, sie hier im einzelnen aufzuzählen. Es gibt nichts, was vor dem gnadenlosen Auge eines gewissenhaften Nörglers auf Anhieb bestehen kann: schon wenn es um die Verabredung zum Musizieren geht, beginnen die Probleme. Der angesetzte Termin ist entweder ›zu früh‹ am Tag (man muß sich doch erst mal von der Arbeit ausruh'n und etwas essen, und dann in Ruhe verdauen) oder ›zu spät‹ (nach einer bestimmten Stunde ›ist man einfach müde‹), geprobt wird sowieso grundsätzlich ›zu viel‹ (oder aber: ›viel zu wenig‹). Der zum Musizieren zur Verfügung stehende Raum ist entweder ›zu kalt‹ (eine Dauerklage, die besonders an Weihnachten zehn Minuten vor Beginn der Mitternachtsmesse ihre ermutigende Wirkung auf alle nie verfehlt) oder aber: ›völlig überheizt‹; die Akustik: ›peinlich trocken‹ oder: ›viel zu viel Nachhall, unmöglich zu spielen‹; der Stuhl: ›völlig ungeeignet‹ (zu hart, zu weich, zu niedrig, zu hoch, er knarzt, wackelt, steht schief ...); die Beleuchtung: natürlich ist es erst mal ›viel zu dunkel‹, um die (ohnehin immer ›zu klein gedruckten‹) Noten entziffern zu können, aber schafft man dann Abhilfe, dann ›blendet der Scheinwerfer‹ oder: ›so kann man den Dirigenten nicht sehen‹ (eine interessante Übung im orchestralen Krisenmanagement ist dann gegeben, wenn man zwei Nörgler an verschiedenen Stellen im Orchester sitzen hat, so daß gerade die Lichtposition, die der eine gerade noch akzeptieren kann, für den andern völlig unerträglich ist, und anders herum). Apropos sitzen: egal, neben wem der Nörgler sitzen muß: ›das geht gar nicht‹; denn, so wird es dem Stimmführer dezent anvertraut, ›mein Pultnachbar schleppt wahnsinnig‹, oder er ›spielt so fürchterlich laut‹, oder ›so schrecklich falsch‹, auf jeden Fall irritiert er auf völlig unerträgliche Weise. Wenn Sie daher in Laienorchestern hinter und unter lauter Zweierpulten eine einsame Gestalt *allein* am eigenen Pult sehen, können Sie leicht zu gewinnende Wetten darauf abschließen, mit welchem Typus man es hier zu tun hat.

𝄢: Mit den aufgezählten Unzulänglichkeiten ist aber das Motzrepertoire noch lange nicht erschöpft; denn da sind ja noch: das Instrument (›diese neuen Saiten quietschen einfach bloß‹), die Noten (›wirklich unmögliche Wendestellen‹) und die auf dem Pult liegende Ausgabe: die ist entweder total veraltet und überholt, oder aber zu neu: ›diese neumodischen Verlage wissen ja gar nicht mehr, wie man Noten druckt‹; gibt es keine Fingersätze, heißt es: ›das kann man ohne Fingersätze gar nicht spielen‹; gibt es welche, heißt es: ›von welchem Idioten stammen denn die?‹ (Striche macht jeder Nörgler, der auf sich hält, sowieso zunächst einmal selbst und ganz anders als sie dasteh'n); das Stück ist natürlich viel zu schwer (›wir brauchen gar nicht erst anzufangen, spätestens bei Buchstabe A sind sowieso alle 'rausgeflogen‹), wo es ja noch dazu in dieser unmöglichen Tonart steht: ›B-Tonarten klingen ja grundsätzlich nicht auf der Geige, das hätte der Mozart eigentlich wissen müssen‹ und daß dieser Schumann keine Ahnung von Streichermusik hatte, wissen ja eh alle: ›die liegen echt saublöd, die Läufe, das *kann* ja nicht gehen‹; oder aber, beim zweiten Durchspielen eines zu probenden Werks: ›schon wieder das alberne Stück da, ich kann es schon nicht mehr hören!‹; oder: der Nörgler hat grundsätzlich etwas gegen den in Frage stehenden Komponisten; oder: er mag ihn schon, sehr sogar, aber gerade dieses Stück hat er noch nie leiden können, es haben ja alle Komponisten auch schwache Stücke geschrieben, und das hier ist ja wohl eindeutig so eines usw. usw.

♪: Man kann sich gut vorstellen, mit welcher Begeisterung und Hingabe ein Nörgler dann musiziert, sobald erst einmal alle erwähnten Probleme angesprochen, durchdiskutiert und von allen Anwesenden mit genügender Einfühlsamkeit hin- und herbedacht worden sind (natürlich ist kein Problem wirklich ›gelöst‹ worden, aber darum geht es dem Nörgler ja auch gar nicht): ›müssen wir wirklich alle Wiederholungen spielen?‹, erkundigt sich der Nörgler entrüstet und bestimmt kategorisch: ›den langweiligen zweiten Satz lassen wir lieber weg‹ sowie ›das unspielbare Finale können wir gleich vergessen‹; und dann, nach ca. einer halben Stunde: ›laßt uns aufhören, ich kann nicht mehr, ich halte xyz nicht mehr aus ...‹, wobei für xyz wieder eine Auswahl der schon vorher angesprochenen untragbaren widrigen Umstände in Frage kommt: die Raumtemperatur, die Akustik, die Beleuchtung, den Stuhl, die Mitspieler, die ausgewählte Musik ...

♪: Schwierig zu sagen, wie man mit Nörglern umgehen soll: die Strategie des geflissentlichen Ignorierens hat sich jedenfalls langfristig nicht bewährt, denn ein nicht beachteter, mit seinen Nöten alleingelassener frustrierter Nörgler entwickelt sich meist zum allergefährlichsten Typus des Laienmusikers, zum Totalverweigerer und Boykotteur (vgl. Kap. 24). Am vernünftigsten wäre es daher, ihnen entweder überhaupt aus dem Weg zu gehen (aber wer kann das schon bei ihrer statistischen Dichte?) oder aber mit ihnen zu rechnen, wie man eben mit anderen unabänderlichen Naturkalamitäten des Lebens rechnen muß (wie Inflation, ehelicher Untreue oder Fahrraddiebstahl). Sieht man die Dinge auf etwas distanzierte Weise, sozusagen als Spiel und Sport (etwa so, daß man miteinander Wetten darüber abschließt, worüber wohl das nächste Mal zuerst oder am meisten genörgelt werden wird), kann der Nörgler durch seinen Einfallsreichtum und seine Erfindungsgabe immer wieder für allerlei Überraschungen gut sein und sich daher auf seine Weise als echter ›Künstler‹ erweisen: ›Motz-Art‹ statt Mozart ...

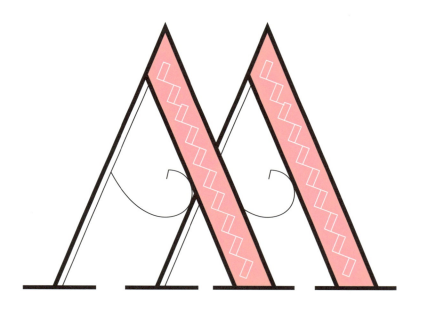

KAPITEL 3
DER MITLÄUFER

Da können die Originalklangfetischisten noch so lang von kleinen Besetzungen und leisen Tönen schwärmen: traditionelle Orchestermusik braucht eine gewisse Klang-Masse, braucht Substanz und Tonfülle, braucht daher zunächst einmal ›human resources‹; vor allem wenn Laienmusiker am Werk sind, muß ja bekanntlich die Quantität in gewisser, geschickter Weise die Qualität wettmachen. Das dazu nötige Humankapital wird zum großen Teil von diesem Typ gestellt: von den Vielen-Nie-zu-Vielen, dem Begleitstimmenvieh, den Kärrnern und Handlangern für die untergeordneten, undankbaren Arbeiten, den Mittelmäßigen ohne jegliche Staralüren, den vielen namenlosen, anonymen Freizeitfiedlern, deren isolierte Tonproduktion keinem halbwegs musikalischen Menschen zumutbar wäre, die in der Masse aber erstaunlicherweise erträglich sind und bei gutem Drill und angemessenen Anforderungen fast quasi-professionelle Resultate liefern können.

Denn allen, dem entgegenstrebenden musikrevolutionären Bemühungen zum Trotz: das Orchesterspiel ist keine gerechte und keine demokratische Veranstaltung. Den ganz wenigen exponierten, öffentlichkeitswirksamen Stellen im Rampenlicht steht eine Vielzahl von *no-name*-Posten und -Aufgaben gegenüber, die meist leicht austauschbare, ersetzbare Funktionsträger erfüllen können und müssen; da sind eben die zuverlässigen, aber anspruchslosen Mitläufer gefragt, die die unscheinbaren Plätze an den hinteren Pulten auffüllen: das ›Tutti-Schwein‹, wie es in Insider-Kreisen respektlos heißt. Und entsprechend sieht denn auch das psychologische Profil dieser ›Stillen im Lande‹ aus: fast immer schätzen sie ihre Fähigkeiten richtig und ihre untergeordnete Rolle daher als angemessen ein, wissen also, daß sie froh sein müssen, daß sie mit ihren beschränkten Kunstfertigkeiten überhaupt geduldet werden. Ausgestattet mit diesem realistischen, aber doch irgendwie auch tragisch-resignierten Selbstverständnis geben sie gutwillige Gefolgsleute ab, als – vor allem ab einer gewissen Altersreife – von keinerlei Ehrgeiz und Neid mehr geplagte sanftmütige Leisetreter. Sie sind, in ihren Grenzen, durchaus gewissenhaft und verläßlich: sie erscheinen pünktlich zu allen Proben, packen ihr Instrument aus und setzen sich auf ihren seit Jahren angestammten Platz, irgendwo ziemlich weit hinten, und warten dann, nach kurzem nachlässig-pflichtgemäßem Stimmen, geduldig darauf, daß man *bald* anfängt, damit man dann auch *bald* wieder fertig ist. Denn das ist die Hauptsorge des Mitläufertyps: es darf nur ja nicht ›zuviel des Guten‹ sein, man soll es ja nicht übertreiben mit dieser weniger angenehmen als eben irgendwie angewöhnten Freizeitbeschäftigung, die zur fatalen Last wird, wenn sie auch nur andeutungsweise ›in Arbeit ausartet‹.

¶ Daher nimmt der Mitläufer (*musicus occasionalis associatus distantis*) aus seinem nicht nur physischen Abstand heraus relativ verständnislos wahr, was da an den vorderen Plätzen, zwischen dem Dirigenten und den ersten Pulten, mitunter so intensiv verhandelt wird: die leidigen Strichdiskussionen, dynamische und agogische Detailfragen, Fragen zu den Tempi und den Tempowechseln usw. Das Ambiente, wo sich der mitlaufende Hinterbänkler wohl fühlt, sind die hinteren Ränge, die Peripherie des orchestralen Geschehens, da wo das ›Mitspielen‹ fast schon Zuschauercharakter hat und einen quasi unbeteiligt-kontemplativen Zug bekommt, wo kaum noch ein Schatten von jener Spannung, jener Geflissentlichkeit, jenem Ernst und jenem Eifer hinfällt, die vom ›Zentrum‹, dem Dirigenten und den übereifrigen Primadonnen an den ersten Pulten ausstrahlen und zu den hinteren Pulten hin exponentiell abnehmen. Was der Dirigent da an subtilen Interpretationsvorschlägen und akkuraten Ausführungshinweisen, von der rhythmischen Gestik ganz zu schweigen, in den Raum stellt, kommt in den bescheidenen, verschatteten Kreisen des Mitläufers nicht nur verzögert (›retardiert‹), sondern auch an Dringlichkeit und Überzeugung wesentlich entschärft an. Mit den vom Dirigenten geforderten dynamischen und klanglichen Quisquilien kann man da kaum etwas anfangen, da ist man froh, wenn man einigermaßen ›durchkommt‹, wenn ein möglichst hoher Prozentsatz der dastehenden Noten runtergefiedelt wird, wenn man gemeinsam mit den anderen anfängt und aufhört: ›nur nicht auffallen‹ ist das (nicht nur) musikalische Lebensmotto des Mitläufers.

¶ Dabei ist er durchaus nicht unengagiert, er ist immer da, wenn man seinesgleichen braucht (und weiß Gott, man braucht sie, diese selbstlosen Begleitfigurenfließbandarbeiter), er ist auf harmlose Weise lieb und nett, immer gleich mittelmäßig gut gelaunt, weder euphorisch hochgestimmt noch enervierend miesepetrig (vgl. Kap. 2), denn zu beidem fehlt es ihm an Hingabe und Anteilnahme. Oft gibt es ihn in der Erscheinungsform des hochdekorierten Gründungsmitglieds (Kap. 9), das man weniger wegen seiner musikalischen Kompetenz schätzt, sondern eher aus Gründen der Pietät toleriert, ist er doch dabei, schon so lange er denken und spielen kann (und seit wann und warum er das eigentlich tut, weiß eigentlich keiner, er selbst am allerwenigsten); er ist einfach verheiratet mit ›seinem‹ Orchester und verhält sich daher, wie es ein

Ehegatte im gesetzten Alter eben tut: immer treu und brav, aber nicht aufgrund von, sondern aus *Mangel* an Leidenschaft.

¶ Und doch soll hier ein mitfühlend-dankbarer Kranz am Denkmal für den unbekannten Mitläufer niedergelegt werden: wie gut, daß es auch ihn gibt! Wie gut zum Beispiel, daß es gegen Ende der Probe jemanden gibt, der zu verstehen gibt, daß und wann es wieder reicht, dem deutlich anzusehen und anzumerken ist, daß er jetzt nur noch in die Kneipe und zu seinem kühlen Bier will; oder nach dem Konzert: wenn die hypermotivierten Fanatiker noch über die Berechtigung des *ritardando* vor der Reprise fachsimpeln, wenn der Perfektionist (Kap. 7) die lange Liste der Dinge aufzählt, die doch wieder schiefgegangen sind, wenn der Nörgler (Kap. 2) über all die katastrophalen Zustände lamentiert, unter denen er diesmal wieder zu leiden hatte, wenn der blinde Aktionist und Vielspieler (Kap. 14) schon wieder ans nächste Programm und das nächste Konzert denkt: wie gut, daß dann auch jemand da ist, der sich primär nur noch dafür interessiert, wie die Borussia heute gespielt hat und ob im Gasthaus nebenan noch ein warmes Schnitzel serviert wird. Denn der Mitläufer erinnert uns daran, daß es auch noch andere wichtige und schöne Dinge im Leben gibt außer der Musik; mit seiner bodenständigen Erdenschwere verhindert er abdriftende Höhenflüge und, um mit ähnlicher Ballonfahrer-Metapher zu schließen: auch Ballast muß man mitschleppen, wenn man einen ruhigen, ausgeglichenen Flug haben will.

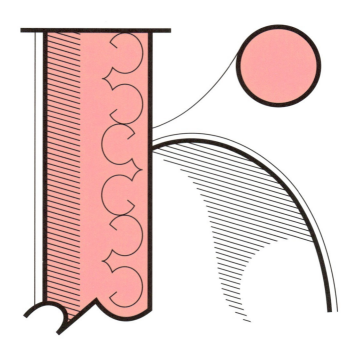

KAPITEL 4
DER KLANGÄSTHET

Es gibt typologisch erfaßbare Erscheinungen, die weniger für sich selbst interessant sind als für das, was sie durch ihr Erscheinen zeigen: sie sind Verweise, Indizien, Symptome. Der Klangästhet (*musicus exstaticus sonoris causa*) ist ein solches Phänomen: als dekadentes Spätprodukt laienmusikalischer Langzeit-Evolution manifestiert er einen bestimmten, eher fortgeschrittenen Stand der Liebhabermusikkultur. Er tritt dann auf, wenn die musikalischen *basic needs* befriedigt sind, wenn eine gewisse musikalische Minimalzivilisation etabliert und fundamentale Qualitätsstandards gesichert sind. In Provinz- und Anfängerorchestern ist er noch relativ selten, aber sobald man musikalisch trocken hinter den Ohren ist, kann man mit großer Sicherheit mit diesem ganz besonderen Typ von Quälgeist und Nörgler (*musicus nervens penetrantisque*) rechnen. Denn die unerschütterlich-unermüdliche Mission des Klangästheten ist es, sich zunächst einmal unbeliebt zu machen. Gerade dann, wenn man angesichts der geschilderten günstigen Ausgangslage frohgemut loslegen könnte, optimistisch auf die gesicherte musikalische Basiskompetenz vertrauend und auf ihr aufbauend, betritt er die Bühne – und erklärt erst einmal all das für noch lange nicht ausreichend. Egal, wie sehr man sich kasteit und geübt hat, egal, mit welcher Mühe und Intensität man seine musikalische Grundausbildung erfolgreich abgeschlossen hat (möglichst hohe Treffsicherheit des Tons, rhythmische Präzision, sogar die Beachtung elementarer Dynamikvorschriften), trotz all dem wird man sich von dem hier in Rede stehenden Typus immer vorwerfen lassen müssen, daß man eines ganz sicher vergessen und sträflich vernachlässigt hat: den ›Klang‹. Denn solange man an dem nicht arbeite, solange man diesen nicht in den Griff bekomme, so wird einem nun klargemacht, kann man all das andere, das man mühsam erworben hat (nicht nur ›um es zu besitzen‹, wie uns Goethe weismachen will, sondern um es unbeschwert anzuwenden), auch vergessen.

℃ Der ›Klang‹ also. Aber was das genau ist und sein soll, ist gar nicht einfach zu beschreiben, auch für den Klangästheten selbst (wobei er die Schwierigkeit, sich verständlich mitzuteilen, natürlich den anderen, diesen unbemittelten Klangbanausen zur Last legt). Es handelt sich um einen Parameter zur Beschreibung musikalischer Vorgänge, der gewöhnlichen Sterblichen auf Anhieb gar nicht in den Sinn käme; normalerweise hören wir eben ›Töne‹, keine ›Klänge‹. Töne können richtig oder falsch, zu hoch oder zu tief, zu früh oder zu spät, zu leise oder zu laut sein. Was man aber darüber hinaus noch über den ›Klang‹ des Tones sagen kann, sind Fragestellungen einer Geheimwissenschaft, zu deren Beherrschung eine esoterische Kennerschaft nötig ist: nur ganz wenige Eingeweihte haben da Zutritt, die meisten kennen die Mysterien des Klangs nur vom Hörensagen, also von dem, was ihnen der Klangästhet von seinem Hören sagt: und er hört ja leider nie das, was er hören möchte, sondern immer nur ziemlich schlimme, unangenehme Dinge.

℃ Noch schwieriger freilich, anzugeben, was man denn nun praktisch-konkret tun müsse, um dem eigenen für ›klanglos‹ oder ›noch-nicht-richtig-klingend‹ befundenen Spiel nun diesen so schmerzlich vermißten Glanz zu verleihen und es auf diese letzte noch fehlende Perfektionsstufe hinaufzuheben. Ein hochentwickeltes lyrisches und poetisches Verbaltalent ist vonnöten, um dies unfaßbare Geheimnis des Klangs zu beschreiben. Dazu muß die konnotative Macht von Metaphern und Allegorien bis an die Grenzen der Verstehbarkeit ausgeschöpft werden. Gerade angesichts des verbreiteten Unverstands in Sachen Klangästhetik empfiehlt es sich daher oft, metaphorisch recht dick aufzutragen. ›Das klingt ja wie eine trampelnde trächtige Elefantenherde, ihr sollt aber wie leichtfüßige Gazellen spielen!‹, meint der Dirigent beispielsweise. Aha, denkt jeder, das klingt einleuchtend. Aber was das genau heißt, und wie man denn nun gazellenfüßig spielen soll (insbesondere gerade diese schnellen, mehrfach gebrochenen Sechzehntel-Ketten!), weiß eigentlich keiner. Man spielt dann halt einfach ein bißchen leiser, der Dirigent kann sich seine Gazellen imaginieren, ist stolz auf seine didaktische Anweisungs-Formulierungskompetenz und alle sind es zufrieden. (Im Übrigen findet man solche pseudo-intuitiven Spielanweisungen schon in den Noten selbst, vom Komponisten selbst vorgeschrieben: aber was soll man eigentlich genau *machen*, wenn plötzlich ›espressivo‹ über einer Stelle steht? Oder ›dolce‹? Als ob man sonst dauernd möglichst ›ausdruckslos‹ und möglichst ›sauer‹ spielen würde!)

C Nichtsdestotrotz, am wohlsten ist dem Klangästheten im Verbalen: nebenbei findet man ihn häufig als Musikkritiker und CD-Rezensenten, da wo er sich schwärmend auslassen kann über den ›samtweichen Streicherklang‹, über ›strahlende‹ Blech- und ›melancholische‹ Holzbläsereinsätze; die Lyrik des Klangfetischisten erinnert sofort an die des Weinkenners und des Gourmets, wie er auch die typische Wolfram-Siebecksche Arroganz gegenüber allen Banausen, die keinen Bordeaux von einem Beaujolais unterscheiden können, an den Tag legt: wer je in ersterbender Bewunderung vor den ausgefeilten Lyrismen in der fachmännischen Beschreibung eines Wein-Bouquets erstarrt ist, weiß, wovon die Rede ist (auszugsweise sei an die Adjektive ›duftig‹, ›locker‹, ›erdschwer‹, ›rassig‹, ›kantig‹ erinnert) und woher sich der wahre Klangästhet die Inspiration zu seiner ästhetisierten Weltanschauung nimmt. Hier wie da sind schon die Beschreibungen allein ein Hoch-Fest der Sinnenfreude, die alle möglichen Vorstellungen assoziieren lassen (auch wenn sie, wie gesagt, keinen einzigen sachlichen Anhaltspunkt zur praktischen Ausführung liefern).

Was den Klangästheten aber zum Unsympathen macht, ist das übersteigerte Klang- und Selbstbewußtsein des musikalischen Feinschmeckers, das ihn nach seiner Ansicht dazu berechtigt, ja verpflichtet, seinen Zeitgenossen, die sich vergleichsweise zur musikalischen ALDI-Kundschaft rechnen, Manieren beizubringen. Wenn diese einfachen-allzu-einfachen Musikanten bei technisch spielbaren Stellen mal richtig schwungvoll loslegen wollen, werden sie sofort ausgebremst: ›viel zu schnell‹, sei das natürlich mal wieder, und vor allem, immer wieder: ›zu laut‹. Oder: wer sich schon im Besitz höherer musikalischer Weihen fühlt, wenn und weil er gelernt hat, den legato- und den staccato-Strich zu unterscheiden und differenziert anzuwenden, muß nun erfahren, daß das nicht einmal ein Bruchteil der möglichen Stricharten ist: da gibt es nämlich noch (und nicht zufällig klingt das wie das Vokabular einer teuren Speisekarte) den martelé, détaché, sautillé, tiré, coupé, estompé, frappez, jetté, pincé, picque, faites vos jeux ... und dann natürlich noch die möglichen Kombinationen aus diesen. Die gern ausgiebig diskutierte Frage, ob Ab- oder Aufstrich, wird vom Klangästheten nicht unter dem banalen Gesichtspunkt der Praktikabilität erörtert, sondern auf das schwammige Gebiet des natürlich grundlegend unterschiedlichen Klangresultats verschoben, und damit ist für stundenlangen Diskussionsstoff gesorgt, insbesondere wenn zwei Klangästheten anwesend sind (die natürlich gegensätzlicher Meinung sind, denn es gibt keine zwei identisch empfindende Ästheten!). Daß man natürlich Darmsaiten verwenden muß (die ›quietschenden, kreischenden‹ Stahlsaiten sind doch viel zu laut!), versteht sich von selbst.

℃ Was die Dynamik angeht, so kennt der Klangästhet sowieso nicht nur, wie Otto Normalstreicher, laut und leise (und vielleicht noch ›ganz leise‹ und ›ganz laut‹), sondern erst bei einer ca. zehnstufigen Differenzierung, wo auch die *mezzoforte, mezzopiano*- Schattierungen (***mf***, ***mp***), und das vier- bis fünffache *piano* (***pppp***) noch berücksichtigt sind, kann er einer Dynamik-Vorschrift überhaupt erst Sinn abgewinnen; darum muß er während der Probe vom Dirigenten zum Beispiel erfahren, ob das ***f*** in Takt 37 genauso *forte* sein soll wie das in Takt 15, und wenn ja, dann aber doch nicht so laut wie es in Takt 27 auf Schlag zwei gewesen war, also eher vielleicht so ein ***mp*** wie in Takt 19, nur eben ein bißchen weicher ... usw. usf. Von Seiten der klangästhetischen Instrumentaldidaktik hingegen sind auch selbsterklärende Anweisungen wie die folgenden sehr beliebt und hochinstruktiv: ›leise spielen – aber mit Kern‹, ›leise – aber nicht schüchtern‹, ›leise – aber so, daß man es auch in der hintersten Reihe noch hört‹ usw. Also: wasch mir den Pelz, aber mach mich nicht naß ...

℃ Und wenn man gerade schön vibrieren gelernt hat, heißt es auf einmal ***senza vibrato***; kaum freut man sich der eigenen Fähigkeit des Lagenspiels, soll man wieder leere Saiten spielen wie ein musikalischer ABC-Schütze. Doppelgriffe im Orchester werden natürlich grundsätzlich ***divisi*** gespielt, versteht sich (sonst sind sie zu unsauber, zu unschön, und natürlich: zu laut ...). Überhaupt ist das *Weglassen* die Strategie par excellence des empfindlichen Klangdiabetikers: lieber klein und fein, heißt die Devise; er propagiert eine puristische Diät-Musik, eine häppchen-produzierende musikalische Haute-Cuisine, bei der Liebhabermusiker anderen Schlages verhungern können. Daher spielt der solipsistische Klangästhet, wie jeder Snob, auch am liebsten allein, jeder dazukommende Dezibel-Produzent, der sich nicht seinem strengen Selbstbegrenzungs-Regime unterwirft, ist ein Angriff auf die hochempfindlichen Gehörnerven (deswegen darf man ihn auch nicht allzu lange beanspruchen, eineinhalb Stunden Laienmusik am Stück ist das Maximum, was seinen wählerischen Gehörgängen zugemutet werden darf; danach muß zu ihrer Regeneration sofort eine von einer internationalen Ästhetik-Jury für ihre ›Klangqualität‹ preisgekrönte CD eingelegt werden ...).

℃ Der Klangästhet verschafft sich Distinktionsgewinne durch die hochgradige Verfeinerung einer Sensibilität für das für andere Menschen Nebensächliche, für das Ornamentale und das Surplus, erklärt aber genau dies zum Fundament: *Der Klang macht die Musik*, heißt die Legitimationsideologie, nicht etwa der zum richtigen Zeitpunkt richtig getroffene Ton ist wichtig, und nur für uns Banausen verkümmern gegenüber diesen Basisfaktoren die Klangparameter zur *quantité négligeable*.

℃ Diese seltsame Bewertung zeitigt auch merkwürdige Auswirkungen auf das musiksoziale Verhalten: der kammermusizierende Klangästhet präferiert eindeutig den Stümper (Kap. 5), der alle fünf Takte rausfliegt, weil er nicht zählen kann, der aber in diesen zehn am Stück gespielten Sekunden einen ›schönen Ton hat‹, gegenüber einem andern, der anstandslos, aber ohne Klangkunststückchen seinen Part herunterspielt. Auch die Qualität der Komposition ist eigentlich egal (›auch das Hänschen klein kann man klanglich sehr schön spielen!‹), daher ist der Klangästhetizismus durchaus kompatibel mit der Präferenz von sogenannten Kleinmeistern, schon deshalb, weil das Spielen von bekannten Werken eine zu große Zumutung an die hohen CD-Hifi-dolby-surround-gewohnten Hörerwartungen des Klangästheten darstellen würde.

℮ Die Strategie im Umgang mit Klangästheten ist denkbar einfach, da bei genauerem Hinsehen (ähnlich wie beim Nörgler, vgl. Kap. 2) sein Primärbedürfnis im Reden besteht und sich in ihm erschöpft: man höre also ihren aus innerstem Bedürfnis rührenden Ausführungen mit interessierter Miene zu, gebe sein vollstes Verständnis zu erkennen und die Absicht, sich redlich bemühen zu wollen, nun alles ganz den hochsensiblen Vorstellungen und verfeinerten Wünschen des Ästheten entsprechend auszuführen. Dann spiele man einfach wie gewohnt weiter. Nur vielleicht nicht mehr ganz so laut …

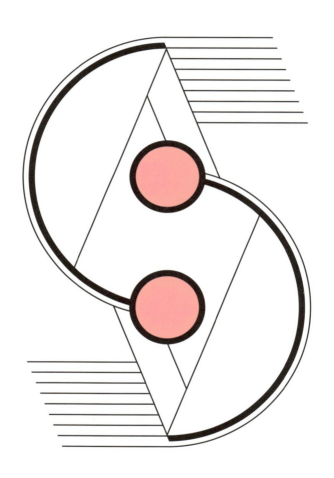

KAPITEL 5
DER STÜMPER[1]

Unter den unangenehmen musizierenden Zeitgenossen – und man sehe uns die nicht nur faktisch bedingte Einseitigkeit nach, mit der hier vor allem die unangenehmeren Gattungserscheinungen typologisch erfaßt werden – ist der Stümper zweifellos der unangenehmste. In der kleineren Kammermusikformation ist jeweils *ein* (1) Repräsentant dieser Spezies (*pfusconi cretinoides dementiae instrumentalis*) schon das Maximum des Ertragbaren; in Laienorchestern hingegen mag es hier und da an den hinteren Pulten ein paar Plätze geben, auf denen auch mehrere von ihnen – gerne auch paarweise in jahrelanger Pultnachbarschaft – weitgehend unerkannt überleben können (und sich per Anciennität manchmal sogar langsam zum Mitläufer (vgl. Kap. 3) mausern).

〰️ Überhaupt kann ein Ensemble, das nur von langer Hand geplante Werke probt und rechtzeitig vor Beginn der Proben schon die Noten austeilen kann, die Vertreter dieser Gattung leichter verkraften als zum Beispiel eine kammermusikwillige ad-hoc-Formation, die immer gewisse Ansprüche des Prima-Vista-Spiels stellen

---

1. Es darf vielleicht mit gewissem Grund auch an dieser Stelle nochmals darauf hingewiesen werden, daß diese Typologien lediglich der sprachlichen Einfachheit halber nur den jeweils männlichen Typenvertreter nennen; völlig haltlos wäre gerade hier die etwaige Unterstellung sexistischer Vorbehalte des Verfassers: die jeweilige weibliche Variante (hier: ›die Stümperin‹) braucht sich durchaus nicht von den Betrachtungen ausgeschlossen zu fühlen.

muß. Denn *das* kann der Stümper gar nicht: vom Blatt spielen. Er kann es aber nicht so wenig, wie es eben in dieser Hinsicht mehr oder weniger Begabte gibt (selbst unter den größten musikalischen Virtuosen soll es ja heute nur noch wenige Künstler geben, die noch das althergebrachte *ius primae vistae* wahrzunehmen verstünden ...), sondern eben ganz und gar und überhaupt nicht; und das heißt, unter anderem: jedesmal wieder fällt ihm erst nach der ersten halben Seite (wenn's gut geht) ein, daß man sich ja vorher einmal durch einen kurzen Blick auf den Anfang der Notenzeile über die Tonart und den Takttyp des Stücks hätte informieren können. Und selbst wenn dies dann nachholend geschehen ist, dauert es immer noch eine ganze Weile, bis der Stümper realisiert hat, daß beispielsweise die Tonart A-Dur *immer* ein gis verlangt (ja, auch ein *tiefes* gis auf der g-Saite!). Daß bei den wenigen Ausnahmen, wo ein g gefragt wäre, dann glatt ein (meist sowieso viel zu tiefes) gis gespielt wird, versteht sich fast schon von selbst. Wie gar ein mühsam als Doppelkreuz oder Doppel-b identifiziertes Notensymbol zu interpretieren sei, gibt ebenfalls jedesmal wieder Anlass für einen auflockernden kleinen Nachhilfekurs in elementarer Musiklehre, den die anderen Mitspieler gerne nutzen, um wieder einmal ihr Griffbrett zu reinigen, den Dämpfer bereitzulegen oder neue Saiten aufzuziehen. (Nicht viel nützen wird es übrigens, wenn man in diesem Zusammenhang den Stümper auch an die moderne Notationsregel erinnert, daß ein akzidentelles Vorzeichen immer für den ganzen Takt gilt: er wird dennoch die schönste a-Moll-Passage gleich wieder durch ein g statt gis verunstalten).

〰 Indes: auch wenn man, daraus lernend, vorzeichenintensive Tonarten meidet, wird man mit Stümpern immer noch genug Gelegenheit haben, sich in engelshafter Geduld zu üben; schon beim Stimmen der Saiten muß man sich zwingen, von jeder Intervention abzusehen und nicht ungeduldig dem Drang nachzugeben, selbst das (meist völlig unbrauchbare) Instrument des Stümpers in eine so weit wie eben möglich ›reine‹ Quintenstimmung zu bringen; und aus der Hand nehmen läßt sich der Stümper seine knarzende Zigarrenkiste sowieso nicht, weil er unbewußt – und zu Recht – fürchtet, daß er sie schon aus Gründen des akustischen Umweltschutzes nie wieder zurückbekommen könnte. Aber auch während des Spiels wird man großzügig pausieren können: so besteht zum Beispiel ein musikpädagogisch noch völlig ungeklärtes Phänomen darin, daß man beim Spiel mit einem Vertreter dieser Musikergattung jedesmal wieder im Menuett abbrechen muß, weil es *once again* nötig ist, zu erklären, daß die beiden Menuett-Teile jeweils wiederholt werden, daß darauf sofort das Trio folgt, worauf sofort noch einmal das Menuett, aber diesmal ohne Wiederholung gespielt wird (und D.C. heißt nicht ›Danke Cello‹, wie G.P. nicht gelesen werden kann als ›Geige pausiert‹). Sachverhalte derartig hochgradiger musikalischer Komplexität scheinen diesem Typus genau so unzugänglich zu sein wie die unmittelbare Wahrnehmung bestimmter wichtiger Signale im Notentext: der über der Notenzeile liegende Punkt mit einem Halbkreis darüber, der ja bekanntlich ein Angebot des Komponisten an die Musiker darstellt, sich an dieser Stelle wieder gemeinsam zu finden und zu sammeln (𝄐), liegt völlig außerhalb des Gesichtsfeldes des ›zunächst mal auf die Noten‹ konzentrierten (und davon meist schon reichlich überforderten) Stümpers. Ebenso wenig liest er natürlich zwischen den Notenzeilen auch die verschiedenen *p*'s, *f*'s, *ff*'s, oder, musikalisch naturgemäß am unangenehmsten, die *pp*'s. Angaben wie *crescendo*, **diminuendo**, **accelerando** scheinen überflüssige Zutaten der Partitur zu sein, die man übersehen und übriglassen kann wie den Pizzarand beim Italiener. Ein mit einem Stümper auf Anhieb gelingendes gemeinsames **ritardando** an der deutlich so bezeichneten Stelle hat die Wahrscheinlichkeit einer chopinetüdenspielenden Milchkuh.

〰️ Ähnlich selten sind übrigens Stümper, die mit Bescheidenheit und Einsicht in die eigenen Grenzen gesegnet wären: der kammermusikalische Super-GAU liegt vor, wenn ein am letzten Orchesterpult gerade noch duldbarer zweiter Geiger in kleinerer Runde meint, er wolle/müsse nun ›auch einmal‹ die erste Geige spielen. Wenn man für solche Fälle nicht über eine ausgeprägte christlich-karitative Ader verfügt oder die Sache sportlich als einen Extremtest der eigenen Sozialkompetenz betrachten kann, hilft nur noch die indiskrete Flucht nach vorn: ›ja, klar, wenn du uns mal kurz diese 32tel-Passage aus dem Presto vorspielen kannst … und zwar im Tempo?‹

〰️〰️ So wird das Musizieren mit dem Stümper, ob des dauernden Abbrechen- und Wiederanfangen-Müssens (hoffentlich hat man Noten mit Taktzahlen – auch dann dauert es noch lange genug, bis der Stümper den richtigen Takt gefunden hat), zu einem recht mühsamen und kaum auch nur annähernd den Gesamteindruck des Stücks vermittelnden Geschäft (vom ›Spaß machen‹ gar nicht erst zu reden). Dabei tragen die Schuld an jeder Unterbrechung eigentlich immer nur die anderen, denn das bemerkenswert niedrige Niveau von musikalischer Sensibilität gewährt dem Stümper kaum je die Einsicht, daß er, wenn schon einmal die richtigen Töne, sie doch zur falschen Zeit spielt: allen anderen ein Viertel, einen Takt, ja ganze Zeilen voraus oder – öfter – hinterher, kann er unbekümmert seinen Part exekutieren, ohne daß ihm der leiseste Verdacht käme, irgendetwas könne nicht stimmen. Die anderen sind doch schuld, wenn sie glauben, abbrechen zu müssen, weil sie offenbar durchaus der seltsamen Ansicht obliegen, das gerade zu spielende Werk von Haydn dürfe irgendwie nicht so stark nach Ligeti klingen.

〰️ Nun sage man nicht, das obige sei sehr ungerecht beschrieben, denn alles sei eine Frage der Praxis und der Erfahrung; alle hätten ja schließlich mal so angefangen, und irgendwann müsse man es ja und werde man es ja auch lernen. Nein. Wie auch aus gut unterrichteten Kreisen der Laienmusikszene immer wieder bestätigt wird, dementiert die Erfahrung eine derartig wohlmeinend-optimistische Sichtweise: es gibt gute Laienmusiker und es gibt schlechte Laienmusiker, aber daneben gibt es eben auch noch die, die es nie lernen und nie lernen werden. Wir werden versuchen, sie nicht zu verachten und immer menschlich und nett zu ihnen zu sein. Aber wir werden ihnen aus dem Weg gehen. Gott helfe ihnen.

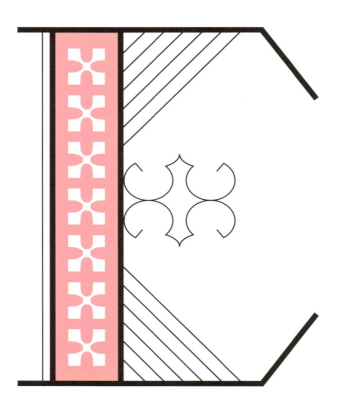

KAPITEL 6
DER EROTIKER[1]

›la verde milonga ... verde frontiera tra il suonare e l'amare ...‹
(Paolo Conte)

Über den abstrakten Zusammenhang von Musik und Eros ist viel gesungen und gesagt worden; über den konkreten Bezug der ausübenden Musiker zu der Sphäre geistiger und körperlicher Liebe wollte man schon weniger wissen; schon gar nicht wurde vergleichend untersucht, wie sich die professionelle und die nicht-professionelle Ausübung musikalischer Aktivitäten auf die Neigungen und Fähigkeiten auf dem Gebiet der Liebeskunst auswirken. Dabei liegt die Frage doch so nahe: ist der *Liebhaber*musiker ein guter (gar: der bessere) *Liebhaber*? Beherrscht der Amateur die *ars amatoria*? Trifft die ›Professionalität‹ auf beiden Gebieten nicht gleichermaßen der Vorwurf des Seelenlosen, Routinierten, Käuflichen, zutiefst Unmoralischen? Ist der Einfluß des schnöden Mammons nicht für die Musik ebenso schädlich wie für die Liebe?

---

1. Vielleicht muß hier hinwiederum, was die statistische Verteilung dieses Typs auf die Geschlechter anbetrifft, korrekterweise angemerkt werden, daß die sprachliche Bevorzugung des männlichen Vertreters dieses Typus im vorliegenden Falle nicht nur mit der bequemeren Ausdrucksweise zusammenhängt; gleichwohl kann man die Tatsache, daß der dürftige Bestand an weiblichen Repräsentantinnen der hier beschriebenen Spezies mit der natürlich-biologischen Asymmetrie der Hormonhaushalte korreliert, zwar verstehen, aber nicht genügend bedauern.

Liebt wie musiziert man nicht erst dann ausdrucksvoll, intensiv, mitreißend und originell, wenn man das ungelernt, unentgeltlich und nicht-subventioniert tut?

≫ Solche Fragen können nur in groben Zügen die interessante Problematik umreißen, die sich aus einem Vergleich der Sphären Musik und Eros unter dem besonderen Gesichtswinkel der (Un-) Professionalität ergeben würden. Nicht um eine systematische Untersuchung dieser Art ist es uns aber hier zu tun, sondern um die Skizze eines Laienmusiker-Typus, der in seiner Person und seiner Einstellung zum Liebhabermusizieren die produktive Verknüpfung beider Bereiche verkörpert und damit einen ersten phänomenologischen Zugang zum Thema Musik und Liebe ermöglicht. Zu unterscheiden wären dabei zwei miteinander verbundene, doch analytisch streng zu trennende Grundtypen von liebhabermusikalischen Erotikern (oder: erotischen Liebhabermusikern), nämlich der ›eigentliche‹ und der ›uneigentliche‹. Wir beginnen mit dem zweiten.

≫ Der uneigentliche Erotomusikomane ist sozusagen ein Instrumentalist zweiter Ordnung, denn – um es verkürzt auf den Punkt zu bringen – er instrumentalisiert sein Instrument. Für ihn ist die Musik nur Mittel zum Zweck, jede musikalische Proben- und Aufführungsaktivität lediglich Vorwand und Kulisse für seine zwischengeschlechtlichen Ansprech-, Kennenlern- und Abschleppbemühungen. Schon in der ersten Probe des Orchesters, vor der Sitz- und Pultverteilung ist dieser *musicus phallocentricus vulgaris* hellwach und wählt nach kurzem scharfen und trainierten Blick seinen Sitzplatz, und zwar unabhängig von jeglicher quasi-profimusikalischen Ambition nach größtmöglicher Dirigenten-Nähe, neben beziehungsweise möglichst nahe bei einem lohnenden und vielversprechenden Objekt des anderen Geschlechts.² Solange sich an den vorderen Pulten nichts Blondgelocktes oder sonstige eher extra-musikalischen Qualitäten Aufweisendes findet, überläßt er diese Plätze gerne den anderen frigid-freudlosen Strebern (auch um von den dort höheren spieltechnischen Ansprüchen nicht allzusehr abgelenkt zu sein) und richtet sich lieber einen Aussichts- und Jagdplatz in Sicht-, Sprech- und Tastweite von *schönen Menschen* ein (es soll schon wirklich gute erste Geiger gegeben haben, die freiwillig auf die Viola umgestiegen sind, nur weil neben der hübschen Bratscherin am letzten Pult noch ein Platz frei war – und die das bitter bereut haben, weil hübsche Bratscherinnen meist eher dem grobschlächtigen Charme von Blechbläsern erliegen). Ist so das Basislager erst einmal günstig gewählt, ergibt sich der Rest für geschulte Laienmusik-Casanovas eigentlich von selbst: beim Bezeichnen der gemeinsamen Stimme im Falle von Pultnachbarschaft (der Erotiker verfügt über ein ansehnliches Repertoire neckischer Eintragungen und mehrdeutiger Symbole), beim geflüsterten (=sinnlichkeitsfördernden) Bespötteln der Eigenheiten der Mitmusizierenden (›guck mal, wieder diese lustigen Grimassen des Perfektionisten am ersten Pult!‹), aber auch durch die intim-vertrauliche non-verbale Kommunikation während des Spielens, zum Beispiel das tröstend-versöhnliche Eingeständnis gemeinsamer (oder besser: *ihrer*) Fehler oder der ver-

---

2. Mein Freund Michael Knoch, Flötist bei *concentus alius*, dem ›Homophilharmonischen Orchester Berlin‹, hat mich beim Erscheinen dieses Texts auf dessen Unvollständigkeit und Voreingenommenheit durch eine einseitig *heterosexuell* veranlagte Problemkonturierung hingewiesen. Das sei zugestanden, ist aber in diesem Leben wohl leider nicht mehr zu ändern.

schwörerisch-einverständige Blickkontakt bei ganz bestimmten, einschlägigen ›Stellen‹, das gemeinsame Einschwingen der Körperbewegungen in den Rhythmus und den Rausch der Musik (der Musikerotiker spielt natürlich am liebsten schwülstig-spätromantische Symphonik) – all dies schafft unfehlbar eine Atmosphäre der Nähe und Intimität, auf die man bei den weiterführenden Bemühungen zur körperlich-geistigen Distanzverminderung bei der après-Probe trefflich aufbauen kann.

≫ Daß es dafür aber keine Erfolgsgarantie gibt und daß sich bestimmte Wirkungen eben nur erzielen lassen im Medium und im Kontext des gemeinsamen Musizierens (so daß der *sex appeal* des Fiedel-Don-Juans nach Probe oder Aufführung ebenso gnadenlos erlischt wie Draculas dämonische Macht bei Einwirkung von Sonnenlicht oder Knoblauchzehen), hat nun der *eigentliche* Erotiker nicht nur schmerzlich am eigenen Leib erfahren (das heißt: am Leib hat er's eben gerade *nicht* erfahren …), sondern auch zu einer Tugend und zu einem existentiellen Habitus kultiviert. Für ihn (den *musicus libidinem sublimans*) ist daher die musikalisch fundierte Kleinstgruppen-Interaktion nicht Mittel zum Zweck, sondern er erklärt kurzerhand den Weg zum Ziel: das gemeinsame Musizieren selbst *ist* schon das Höchst- und Vollmaß des erotisch Erstrebenswerten. Sich den gleichen körpervereinigenden physisch-psychischen ›Vibrationen‹ auszusetzen, diese im Ein- und Zusammenklang zu produzieren, nebeneinander in den Harmonien, den sinnlichen Rhythmen, den schwelgenden Wohlklängen zu baden, in gemeinsamer Anstrengung ein Werk zu meistern, Hand in Hand einen musikalischen Gipfel zu erstürmen – all dies schafft eine spirituelle Eintracht, eine fast übersinnliche Erfüllung, eine *unio musico-mystica*, die gemäß der Überzeugung des eigentlichen Musikerotikers keine konkret-körperliche Annäherung je überbieten könnte. Er macht Musik nicht ›um zu …‹, sondern ›anstatt‹. ›Make music not love‹ sagt sich der wahre Musikerotomane (vor allem die älteren und weiseren Vertreter dieses Typs, die um die Ungewißheit und Fallibilität der Real-Erotik wissen).

≫ Um dieses Geist und Sinnen erhebende Erlebnis noch eindringlicher zu gestalten, ist der eigentliche Musikerotiker sogar zu außergewöhnlichen Anstrengungen bereit, die man minder motivierten Laienmusikern sonst eher selten abverlangen kann; denn um einen größeren Gleichklang, eine engere Harmonie mit seiner Partnerin zu erreichen, ist er bereit, etwas zu investieren: er würde notfalls sogar – üben (!). Während der uneigentliche Musik-Liebende das häuslich-solitäre Üben für musikalische Onanie, Etüden und Solo-Sonaten für narzißtische Masturbationsvorlagen hält, weiß der eigentliche Erotiker, daß das Gelingen von Liebes- wie Tonkunst von den individuellen und individuell zu verbessernden Leistungsfähigkeiten abhängt.

≫ Demgemäß ist dem Erotiker mehr als jedem anderen Typ bewußt, daß die Kunst weniger im Gut- als im Zusammen-Spielen besteht. Gelungen miteinander musizieren bedeutet *gemeinsam* anfangen, und aufhören, *gemeinsam* crescendieren, und accelerieren, *gemeinsam* den dynamischen und agogischen Höhepunkt erreichen, um dann alles in einem entspannten *rallentando* und *morendo* ausklingen zu lassen – damit sind jene Übertragungsmöglichkeiten mehr als angedeutet, die der Erotiker dank seiner exzellenten Kompetenz im Transfer von der biologischen Reproduktions- zur künstlerischen Exekutionspraxis beherrscht. Gar nicht weiter auszuführen braucht man auch das einschlägige, Analogien und Assoziationen anregende Potential vieler konkreter musikalisch-technischer Fragestellungen, wie der nach der ›Lage‹, in der eine Melodie am besten gespielt wird, wie auch die Frage, ob ein Stück ›mit oder ohne Wiederholung‹ ausgeführt werden soll, wie lange man die ›Fermate aushalten‹ soll, welche Stimme ›führt‹, wer ›oben‹ und wer ›unten‹ spielt usw. (auch daß die Melodie einer Fuge manchmal in der sogenannten ›Krebs‹-Version, d. h. also ›von hinten‹ gespielt wird, zeigt, daß das ›variatio-delectat‹-Prinzip in allen menschlichen Bereichen zur Geltung kommt). A propos Fuge: daß die *Tokkata* – von der natürlich nur der Nicht-Erotiker nicht weiß, daß dieses Wort ursprünglich von ›toccare = berühren‹ kommt – eine in Orchesterwerken so seltene Genrebezeichnung ist, wird vom echten Erotiker immer wieder bedauert.

≫ Einen Untertypus des Erotikers bildet jener Laienmusiker aus, für den das orchestrale Musizieren noch nicht das wesentliche Betätigungsfeld seiner kombinierten Leidenschaften darstellt, weil ihn die Anwesenheit der anderen bei dem so intim erlebten Akt stört und an die indiskreten Massengruppen-Praktiken längst vergangener sexueller Revolutionszeiten erinnert. Der anti-exhibitionistische duale Erotiker (*musicus intimus monogamis discontinuus*) bevorzugt, zumindest zur Ergänzung des Gruppenerlebnisses, die diskrete musikalische Zweisamkeit, also das Duo. Bei allen Orchesterarbeitsphasen hat der erfahrene Laien-Erotiker daher, um jede mögliche Chance zu einem musikalischen Tête-à-Tête zu nutzen, eine gut sortierte Auswahl von Duetten in geeigneten Schwierigkeitsgraden dabei. Nicht zu schwer und nicht zu leicht darf das gemeinsam anzugehende Werk sein, denn der Erotiker weiß: musikalisch-technisch über- wie unterforderte Kandidatinnen reagieren auch auf außer- und postmusikalische Herausforderungen gereizt und unaufgeschlossen. So flexibel wie in der Besetzung, so wenig wählerisch darf der wahre Erotiker dabei sein: Mazas, Pleyel oder gar zweistimmige Geigenanfangsschulliteratur – alles ist recht, wenn es um den ›guten Zweck‹ geht (wobei sich auch hier wieder Unterschiede zum eigentlichen Erotiker ergeben, der ein gewisses musikalisches Minimal-Niveau *nicht* unterschreiten würde).

≫ Von Gerard Hoffnung gibt es eine Zeichnung mit dem Titel ›Das Violinduo‹, die die utopische Realisierbarkeit geigerischer Maximalkörpernähe untersucht: Wange an Wange spielen, mit hingebungsvoll geschlossenen Augen, ein Mann (linke Hand am Griffbrett) und eine Frau (rechte Hand am Bogen) auf *einer* Geige und halten sich mit den jeweils anderen Armen eng umschlungen; auf dem Pult vor ihnen liegt ein ›Double Concerto for *one* violin‹. Das mögen sich Streicher als ›Prinzip Hoffnung‹ (E. Bloch) so ausdenken; viel realistischer scheint aber das erotische Surplus, das etwa einem Pianistenpärchen zu Gebote steht: die dort offiziell vorgesehene und mit einschlägiger Literatur bedachte gleichzeitige Betätigung zweier einander emotional zugewandter Personen am selben Instrument bietet naturgemäß Chancen der Körperabstandsreduktion, auf die andere Instrumental-Erotiker nur neidisch sein können. Wie nicht nur leichtlebige Klavierlehrer und gewiefte à-quatre-mains-Komponisten wie W. A. Mozart schon wußten, gilt in der Tat für das Vierhändigspiel der Merkspruch: ›Sitzt du zu zweit vor'm Klimperkasten, mußt nicht nur nach den Tasten tasten!‹.

≫ In Ermangelung einer solchen Syntonie und -ergie hat sich jedoch das gemeinsame Duettieren auf dem *gleichen* Instrument (Geigenduo, Bratschenduo, Celloduo) als die Praxis mit dem größten erotischen Wirkungsgrad erwiesen, nicht nur wegen der dann möglichen anzüglichen Abwechslungsmöglichkeiten (›so, jetzt spielst mal du *oben* ...‹ und, mit ermunternder Stimme: ›doch, du kannst das auch!‹), sondern auch deshalb, weil man sich in diesem Falle gegenseitig konkrete Spielhilfen, Fingersätze, Hand-Griffe zeigen kann (insbesondere, wenn sich ein unaufdringlich-subtiles Lehrer-Schüler(in)-Verhältnis herstellen läßt: ›du, ich zeig dir das mal, versuch's mal mit diesem Finger‹ usw.), was manche taktilen Kontakte vielfältiger und ausbaufähiger Art zustande kommen lassen dürfte.

≫ Man ahnt es schon: der uns hier zur Verfügung stehende Platz reicht bei weitem nicht aus, alle Möglichkeiten, Varianten und Weiterentwicklungen der laienmusikalisch-erotischen Betätigung zu schildern. Andererseits sollten hier ja auch keine indiskreten Handlungsanweisungen für phantasielose Voyeure und Imitateure ausgebreitet werden; die obigen vorsichtigen Andeutungen müssen genügen, um uns dieser, nur bei oberflächlich-moralistischer Betrachtung anrüchig und verwerflich erscheinenden Einstellung zum Laienmusizieren zu nähern. Bei genauerem Hinsehen müssen wir jedenfalls erkennen, daß die Umkehrung des vielstrapazierten laienmusikalischen Grundprinzips ›aus Liebe zur Musik‹ in die Devise ›durch die Musik zur Liebe‹ nicht nur nahelegt, sondern daß deren Umsetzung auch wegen der gesteigerten musikalischen Intensität, Hingabe und Begeisterung der liebhabermusikalischen Eros-Adepten dem gemeinsamen orchestralen Resultat förderlich ist. Darum laßt uns weder mit Verachtung noch mit Neid jenen Musikern begegnen, die sich die vielbeschworene Kraft der Musik zur Überwindung zwischenmenschlicher Ab- und Widerstände und zur Befriedigung ihrer ganz konkreten Libido zunutze machen: die heilige Cäcilie, die sich durch ihre Heiligkeit ja auch nicht zu durchgängiger Keuschheit verpflichten ließ, wird es ihnen sicher verzeihen.

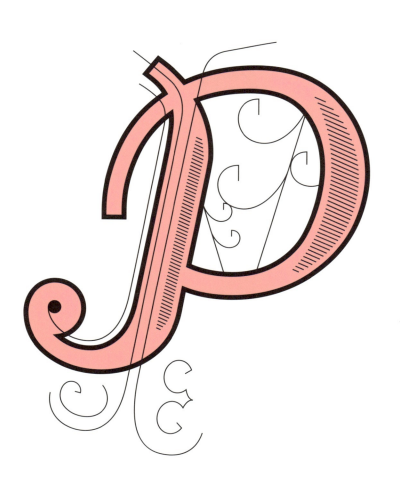

KAPITEL 7
DER PERFEKTIONIST

Eigentlich ist er eine Rand- und Übergangserscheinung, der nur zur Hälfte zum Universum des Musikdilettantismus gehört: mit einem Bein steht er im Profibereich, fühlt sich eigentlich eher A-Orchester-Musikern nahe (wenn nicht ebenbürtig) und orientiert sich musikästhetisch an den internationalen Stars der Klassik, deren Einspielungen er alle auswendig kennt. Seine Haltung gegenüber seinen laienmusikalischen Freunden ist geprägt durch eine Mischung aus Ressentiment und Herablassung; dafür, daß er den Sprung ins Professionelle, ins hauptamtliche Musikstudium nicht geschafft, d.h. letztlich nicht gewagt hat (obwohl er das Zeug dazu durchaus gehabt hätte, wie man neidlos zugestehen muß), rächt er sich bei all den von vornherein mit bescheideneren Ansprüchen angetretenen genügsamen Amateuren, indem er sie nicht so sehr seine technische Überlegenheit, als vor allem die Höhergespanntheit seines Anspruchs und die Unbefriedigbarkeit seiner Erwartungen ständig – und mal mehr mal weniger subtil – spüren läßt.

So versäumt der Perfektionist (*artisticus eccelens exclusivusque semper optimalis zero tollerans*) keine Gelegenheit, um einfließen zu lassen, daß ›ja eigentlich all das noch lange keine Musik, sondern nur maßloses Gestümper ist, was wir da machen‹, dieses ›wir‹, in das sich der so Sprechende bescheiden miteinzuschließen scheint, ist natürlich im Klartext ein nur allzu offensichtliches ›ihr‹. Denn es sind ja vor allem die *anderen*, die selbst, wenn sie so intensiv üben würden wie der Perfektionist (und *er* übt und übt, in stundenlanger asketisch verbissener Einsamkeit; eigentlich fühlt er sich musikmachend nur ganz wohl, wenn er sich voller nie nachlassender Hingebung im stillen Kämmerlein mit der ewig gleichen Bach-Partita abquält), eben nie über ein bestimmtes Laien-Niveau hinauskämen, und weil sie das ganz genau wissen, tendieren sie dazu, sich mit ihren eigenen gemäßigteren Intentionen, Erwartungen und Maßstäbe zu arrangieren.

𝄢 Dementsprechend divergieren zwischen ihm und seinen minder begabten Mitmenschen auch die Vorstellungen über das für machbar gehaltene Repertoire: fast alles ist für ihn schlicht ›zu schwer‹, denn wenn man den schnellen Satz im Mendelssohn- oder im Schubert-Quartett nicht so irrwitzig schnell machen kann, wie es das Melos-Quartett auf dieser CD tut (die der Perfektionist zur allgemeinen Einschüchterung erst einmal allen vorspielen muß), dann braucht man nach seiner Meinung ja ›gar nicht erst anzufangen‹. Der Perfektionist weiß genau, welche Komponisten und welche Werke man sich ›gerade noch zumuten‹ kann, und welche hingegen definitiv und ein für alle Mal so weit über den technischen Horizont der Gruppe hinausgehen, daß schon die bloße Nennung eines Namens aus diesem erlesenen ›Nie sollst du es wagen‹-Tabu-Repertoire und die schüchterne Frage des Vielspielers (vgl. Kap. 14): ›Könnten wir nicht einmal auch einen XYZ versuchen?‹ mit einem schallenden Hohngelächter beantwortet wird. Im Streichquartett ist man nach Meinung des Perfektionisten daher mit Haydn und frühem Mozart schon hart an der Grenze des ›Menschenmöglichen‹. Ein später Mozart? Oder gar Beethoven? Höchstenfalls noch ein oder zwei Sachen aus opus 18, aber alles Spätere und alle Späteren sind schlicht ›unspielbar‹ (für *uns* wohlgemerkt, nicht für ihn, denn *er* übt ja ...).

Dabei hat der Perfektionist eine eigentümlich schematische Vorstellung einer Musikgeschichte mit durchwegs progressiv zunehmendem Schwierigkeitsgrad: je später desto schwerer, Klassik ist ›leichter‹ als Romantik, und Spätromantik und 20. Jahrhundert sowieso jenseits jedes denkmöglichen Horizonts. Daß dabei ein ›durchsichtiger‹ Haydn oder Mozart schwerer sein kann als ein ›kompakter‹ Mendelssohn oder Schumann, ist in seinen Augen eine vollkommen häretische Idee. Sein Gebaren ist also nicht nur paternalistisch (›diese großartige Musik ist noch nichts für euch kleine Stümper‹), sondern auch oberpriesterhaft: das Tempel-Innere der Musik, das Sanctum Sanctorum der Kompositionen, der heilige Gral der großen Werke darf nur wenigen Eingeweihten, Gereinigten und besonders Befähigten zugänglich sein, sonst wird er beschmutzt und befleckt vom gotteslästerlichen, blasphemischen, laienmusikantischen Pöbel.

Schon klar, daß ein solcher alttestamentarischer Tempelhüter einen schweren Stand hat heutzutage, wo ja die multimediale Devise eher heißt ›kein Respekt vor gar nichts‹, und jede noch so heilig-unberührbare Musik zum Klingeltonfetzen, zum Werbe-Jingle und zur Hintergrund-Kuschelklassik verkommt. Daher lassen wir ihn dort gerne stehen, dicht bei (oder schon auf?) dem Sockel, auf den er, uns Laien unerreichbar, die Musik gern stellt, denn wir wissen auch, was wir an ihm haben; ungern verdirbt man es sich völlig mit ihm. Das sehr restringierte, wohlweislich ausgesuchte Basis-Repertoire, das man mit ihm in schweißtreibender und frustrationsschürender Weise einstudieren konnte, hat Hand und Fuß, klingt sogar in seinen Ohren ›für unser (= euer!) Niveau halbwegs akzeptabel‹ und kann daher sogar mit Erfolg halb-öffentlich vorgespielt werden; sogar der Mitläufer (Kap. 3) und der

Vielspieler (Kap. 14), der – wie immer übertreibend – behauptet, er könne die Musik schon ›auswendig‹ und ›im Schlaf‹ und daher ›bald nicht mehr hören‹, haben nun ihre Freude daran, einmal etwas wirklich ›gut‹ zu spielen. Natürlich, man hat viel Streit mit ihm, und ihn zum Mitspielen zu überreden, ist eine schwere Kunst: aber wenn er nicht da ist, vermißt man ihn, besonders wenn als Alternative etwa nur Nörgler (Kap. 2) oder alte Hasen (Kap. 1) zur Auswahl stehen.

𝄢 So bleibt als Resümee: der Perfektionist ist eine Art musikalischer Halbgott auf Erden, der nur vorübergehend und nur mit halbem Herzen in den niederen Gefilden der Laienmusik wandelt – verschrecken wir ihn nicht, behandeln wir ihn freundlich und zuvorkommend, er ist nicht von dieser unserer Welt; aber er rückt das für uns Unerreichbare in fast erreichbare Nähe, er ›vermittelt‹; er ist ein Hohepriester mit höheren Weihen, anstrengend, arrogant, ärgerlich; aber: ein unverzichtbarer Mahner im Kampf gegen die tägliche Versuchung der Schlamperei und der Mittelmäßigkeit.

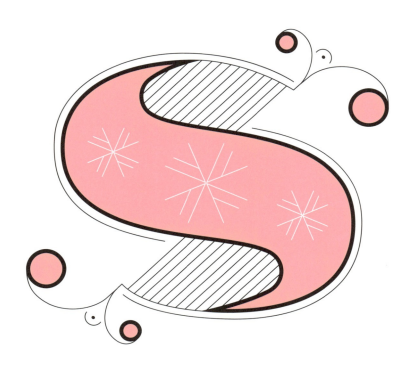

KAPITEL 8
DER SCHLAMPER[1]

Ein nicht allzu wohlwollender Gemeinplatz will ja, daß der Schlamper nicht etwa einen Typus unter vielen anderen innerhalb der Laienmusiker-Szene darstellt, sondern daß er sie geradezu paradigmatisch in ihrem gesamten tieferen Wesen repräsentiert. Mangelnde Sorgfalt und Geduld, Nachlässigkeiten und Halbheiten, Schludrigkeit und oberflächliche Unkultiviertheit, die schon von Deutschlands geistigem Turnvater Jahn, nämlich Altmeister Johann Wolfgang von Goethe, festgestellte fehlende ›Gründlichkeit‹ (›Der Dilettant macht nichts gründlich‹), also in einem Wort eben: die ›Schlampigkeit‹ ist, zumindest in den heutigen Augen einer durch einen fetischisierten Professionalismus irregeleiteten Öffentlichkeit, das charakteristische Kennzeichen jedes Liebhabermusizierenden. Etwas nur ›nebenbei‹, als Hobby und Freizeitbeschäftigung zu treiben, während andere derselben Angelegenheit ihr ganzes Leben und Streben, das Studium und die Ausbildung, von Kindesbeinen an überhaupt jede Minute und Stunde widmen, muß zwangsläufig den Verdacht der Halbherzigkeit und Trägheit erregen, den Verdacht, genau dort allzu

---

[1]. Bei diesem Typus ist es vielleicht nicht überflüssig, darauf hinzuweisen, daß als genderspezifische weibliche Variante des hier analysierten Typs die ›Schlamper*in*‹ anzusprechen ist, während die feminine Bezeichnungsvariante, die durch Weglassung des letzten Buchstabens vom Maskulinum entsteht, definitiv aus dem hiesigen Betrachtungszusammenhang ausgeschlossen werden kann, da mit ihr bekanntlich ganz andere, hier nicht entfernt zur Rede stehende Konnotationen verbunden sind.

bequeme Abkürzungen nehmen zu wollen, wo es nur den einen alleinseligmachenden Königsweg zur Perfektion gibt, wo das lange Bohren dicker Bretter gefordert ist, die saure Langzeitkur auf der Basis der bewährten bittren Hausmittelchen wie Tonleitern, Fingerübungen und Etüden (die im übrigen seit Jahrhunderten eine clevere musikalische Fitness-Industrie, angeführt von den Branchenführern Czerny, Hanon, Kayser, Ševčík und Kreutzer am Leben erhält): also der alte biblische, angeblich die ganze Menschheit definierende ›Schweiß des Angesichts‹. Wer nie sein tägliches Übe-Brot mit Tränen aß, wen seine ausgefeilt-virtuose Instrumentaltechnik nicht ›blood, sweat and tears‹ gekostet hat, der kann es nicht ernst meinen und den kann man nicht ernst nehmen, der muß eben ein leichtfertiger, flacher, nichtsnutziger Schlamper sein.

¶ Man müßte daher den Schlamper eigentlich als einen künstlichen Popanz, als einen funktionalen Kampfbegriff in der ewigen und ewig-unentschiedenen Schlacht zwischen den professionellen und den dilettierenden Musikern (nennen wir sie, ganz unter uns kalauernden Streichern, ›Geigantomachie‹?) begreifen und als solchen ideologiekritisch demaskieren und kategorisch zurückweisen. Allzu klar liegt es auf der Hand, daß der Vorwurf der Schlampigkeit aus dem korporativistischen Ungeist einer Zunft geboren ist, die sich nur durch die Abgrenzung von einem wohlfeilen Feindbild definieren und gesellschaftlich legitimieren kann, das mit Unterstellungen, Diffamierungen und Verleumdungen arbeitet – wobei freilich meist übersehen wird, daß der Profi-Musiker auf diese Weise selbst die Latte sehr hoch legt, über die er täglich springen muß: wenn man einem Berufsmusiker irgendwo und irgendwann auch nur einen *Hauch* von Schlamperei vorwerfen kann, hat man praktisch sein karrierezerstörendes Todesurteil ausgesprochen.

❡ Nichtsdestotrotz wollen wir hier, für diesmal, den monotonen Kampf der Selbstverständnis-Ideologeme auf sich beruhen lassen, und stattdessen lieber den Versuch wagen, mit einer Art argumentativer Judo-Taktik den Vorwurf auf doppelte Weise aufzufangen und zu akzeptieren, indem wir ihm einen durchaus positiven Sinn abzugewinnen.

❡ Zwar muß einerseits zunächst zugegeben werden, daß es, entgegen dem vorschnellen Vorurteil, auch sehr gewissenhafte, ja gar pedantisch präzise und sorgfältige Repräsentanten der Liebhabermusikerzunft gibt (vgl. etwa Kap. 4 und 7); aber andererseits ist innerhalb dieser Zunft durchaus des öfteren auch ein Charaktertypus anzutreffen, der nicht anders denn als Schlamper im engeren Sinne (*homo dilettanticus non curantis disastrosus specificus*) bezeichnet werden kann. Im Gegensatz zum Stümper (vgl. Kap. 5), mit dem man ihn zuweilen verwechseln kann, liegen seine unbestreitbaren menschlichen Defizite nicht primär auf musikalischem Gebiet, obwohl sie natürlich bis in es hinein ausstrahlen. Seine existentielle Problematik rührt her von einer schier unkontrollierbaren Gedankenlosig- und Vergeßlichkeit, von einer prinzipiellen organisatorischen Inkompetenz, von einer mangelnden Übersicht in allen Dingen der praktischen Lebensführung. Der laienmusikalische Schlamper stellt ein andauerndes Betriebsrisiko für die Effizienz jeder Probe und das Gelingen jedes Konzerts dar, weil ihn schon die einfachsten Vorbereitungs- und Selbstorganisationsmaßnahmen hoffnungslos überfordern.

❡ Der Schlamper kommt grundsätzlich zu spät zu Probe und Konzert, weil er sich den Termin und den Ort nicht gemerkt hat (er hatte sich zwar beides aufgeschrieben, weiß aber nicht mehr, wo); wenn er sein Instrument auspacken will, merkt er, daß er dieses selbst oder aber zumindest den Bogen oder das Mundstück zu Hause gelassen hat; daß er, wenn er endlich mit einem in großzügiger Annäherung gestimmten Instrument dasitzt, überhaupt spielen kann, liegt daran, daß an Notenständer und an Noten zum Glück wieder einmal der Pultnachbar gedacht hat (selbstverständlich hat er für Eintragungen nie einen Bleistift und für **con sordino**-Stellen nie einen Dämpfer dabei). Überhaupt Noten: sie einem Schlamper zu überlassen, ist ungefähr so verantwortlich, wie einem Pyromanen ein Streichholz oder einem Bratscher Solo-Stellen mit Sechzehnteln anzuvertrauen; denn erstens übt der Schlamper sowieso nicht (und wenn, dann so fahrig und geistesabwesend, daß er genau den gleichen Wirkungsgrad erzielen würde, wenn er in der Zeit die Namen aller Mitglieder der Berliner Symphoniker auswendig lernte) und zweitens gehen dem Schlamper Noten unweigerlich verloren; sie werden verlegt, verbummelt, verwechselt, und wenn der Schlamper wirklich einmal leibhaftige Noten zu einer Probe dabei hat, sind es sicher die falschen, meistens die, die, wie man dann betreten bemerkt, seit langem gesucht wurden und wegen deren Fehlen man bei der BDLO-Leihnotenbibliothek empfindliche Strafen hat zahlen müssen.

¶ Während man also glauben könnte, hier sozusagen dem wörtlichen ›Verlierer‹ unter den Normalo-Loosern von Angesicht zu Angesicht zu begegnen, zeichnen sich jedoch bei genauerem Hinsehen und vor allem beim Übergang von solchen Äußerlichkeiten auf die rein musikalisch-akustische Erfahrungsebene, neben den irritierend-ärgerlichen Zügen, auch die *tragischen* Aspekte im Dasein des Schlampers ab. Tragisch, weil die Figur des Schlampers haarscharf an der Grenze zu der des Genies vorbeischrammt und eben dadurch *völlig* daneben liegt: der kleine Unterschied macht einen ums Ganze aus und bewirkt, daß dem quasi-genialischen Schlamper jeder völlig ungeniale mittelmäßige Pedant haushoch überlegen ist. Der Schlamper ist jenes Möchtegern-Genie, das (in Negation des beliebten Spruchs) das Chaos eben nicht *beherrscht*, das sich ständig in der hohen Kunst des Sich-Durchwurstelns, der Fähigkeit zu großzügigen Kompromissen und zum flexibel-souveränen Umgang, etwa mit den oft unnötig und übertrieben rigiden Vorgaben eines Notentexts, versucht, aber ebenso ständig daran scheitert – im Normalfall leider, ohne dies Scheitern selbst im geringsten zu bemerken. Denn ›irgendwie‹ kommt der Schlamper eben immer auch durch, ›irgendwie‹ ist er immer dabei, ›irgendwie‹ übersteht und überlebt er alle Schikanen und Malheure (auch das unterscheidet ihn vom *Stümper*, der an jeder Hürde definitiv zugrundegeht) und dieses fragwürdige Erfolgserlebnis, es immer ›irgendwie‹ geschafft zu haben, verleitet ihn zu der fatalen Selbstüberschätzung, auf Augenhöhe mit dem Genialischen zu verkehren.

¶ ›Irgendwie‹ – das ist überhaupt das Lieblingswort des Schlampers, denn eben nicht das ›Wie‹, sondern das ›Daß‹, das ›Überhaupt‹ ist entscheidend. Um hier noch einmal Theodor W. Adorno zu zitieren, den pedantisch-dünkelhaften Schlamperei-Gegner par excellence, und nochmals mit dem schon bemühten Zitat: ›Der Begriff des Musikanten aber meint insgeheim bereits den Vorrang des Musizierens über die Musik; *daß* einer fiedelt soll wichtiger sein, als *was* er geigt‹. Falsch, Herr Professor! *Daß* er fiedelt, ist dem musikantischen Schlamper vor allem wichtiger, als *wie* er geigt!

Damit sind wir wieder bei der Pauschalabqualifzierung des Laienmusikers als ›Schlamper im weiteren Sinn‹ (*musicantus generosus notae falsae generalis*) angelangt. Hier muß nun eingesehen werden, daß dieser Vorwurf mit einem anderen zusammengenommen und wie dieser gegen den Strich gelesen und affirmativ angeeignet werden kann. Tradition, meinte bekanntlich Gustav Mahler, sei nichts anderes als Schlamperei. Wenn wir uns heute, etwas ernüchtert vom Fortschrittsrausch der letzten Jahrhunderte (gerade auch auf musikalischem Gebiet), der Tradition mit wohlwollenderen Gefühlen nähern, dann können wir dieses kritisch-forsche Statement auch umdrehen und andersherum einen für Laienmusiker anziehbaren Schuh daraus werden lassen: erst die Schlamperei, so muß man im Umkehrschluß wohl folgern, läßt Tradition, Überlieferung, Kultur überhaupt *entstehen*. Nur die unbeschwerte Herangehensweise des Laien, nicht der überkandidelte neurotische Perfektionismus, nicht die hemmenden Selbstzweifel des schizoid-autistischen Genies, nicht der Stumpfsinn hochtechnisierter Selbstkasteiung weltfremder Instrumental-Asketen bringt das Dauernde, das Überlebensfähige, das den Zeitläuften Trotzende in die Welt. Das rohe unbearbeitete Holz ist langlebiger als die kostbare geschnitzte Statue, die klobige Mauer steht Jahrhunderte länger als das kunstvoll gemeißelte Steinrelief, der einfache Pop-Song-Schmachtfetzen wird noch gegrölt, wenn alle raffiniert gedrechselten Hexameter längst vergessen sind: den kulturellen *survival of the fittest* gewinnen die Produkte, die mit übermütig-legerer Fahr- und Nachlässigkeit ›irgendwie‹ hingeworfen wurden. Was aber bleibet, stiften die Schlamper.

¶ Vor diesem kulturhistorischen Hintergrund läßt sich die Mission des Laien sozusagen als die des ›professionellen Schlampers‹

(*musicus disordinatus creativus productivusque*) würdigen: der Laienmusiker sorgt für Kontinuität und Substanz, wo der Profi nur punktuelle Highlights produzieren, minutenkurze hochvirtuose Feuerwerke abbrennen kann, die zwar dem staunenden Publikum bewundernde ›Ahs‹ und ›Ohs‹ abnötigen, aber so blendend überhell und so schnell vorüber sind, daß sie kaum je in das Herz der Menschen dringen, geschweige denn einen Sitz im Leben einer Kultur einnehmen können. Wenn also das nächste Mal wieder der eine oder der andere Schlamper im Orchester (mehr als zwei erträgt sowieso kein Ensemble auf die Dauer) auf die Nerven geht, weil er seine Noten nicht dabei, die Sechzehntelstelle immer noch nicht geübt und das tausendmal ausgemachte *ritardando* schon wieder übersehen hat, dann sollten wir uns trösten: im Grunde ist er nur einen Schritt *weiter* als wir Laienmusiker alle. Im Grunde waren alle großen Musiker Schlamper: keiner von ihnen konnte sorgsam umgehen mit Geld,[2] Aufträgen oder Frauen, und dann sehe man sich nur einmal diese schlampigen Handschriften von Beethoven oder Schubert an, die bis heute ein Heer von Urtext-Editions-Pfennigfuchsern ernähren. Schubert hat ja bekanntlich in der h-moll-Symphonie schlicht vergessen, noch die zwei fehlenden Sätze zu komponieren; und Bach hat offenbar bei seinem langweilig-monotonen C-Dur-Präludium die schöne Melodie verschlampt, die glücklicherweise Charles Gounod viel später wiedergefunden hat. Musik lebt von der Schlamperei, von den Menschen, die den Mut zur Schlamperei aufbringen. ›Schlamper

---

2. Beethoven schreibt bekanntlich nicht nur ein Stück aus Wut über den von ihm verlorenen ›Groschen‹, sondern vergißt offenbar auch gleich noch, das überlange Machwerk rechtzeitig zu beenden.

aller Länder, vereinigt euch!‹ möchte man ihnen ermunternd fast zurufen – wenn man nicht wüßte, daß eine solche weltweite Vereinigung ihre organisatorischen Fähigkeiten bei weitem übersteigen würde.

¶ P.S. Eigentlich hatte der Autor eine viel bessere Idee für die Schlußpointe für diesen Text gehabt; aber der Zettel, auf den er sie sich notiert hatte, konnte jetzt beim besten Willen nicht mehr gefunden werden ... Naja, Hauptsache, man ist auch diesmal ›irgendwie‹ zum Ende gekommen.

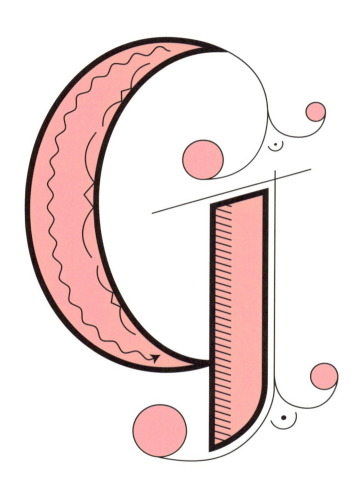

KAPITEL 9
DAS GRÜNDUNGSMITGLIED

Bald wird es soweit gekommen sein, in diesen unseren so manisch innovations- und initiativewütigen Zeiten, durchhallt von fast täglich neuen Ruck-durch-Deutschland-Kommandos und markigen Befehlen zur Bildung von Start-Ups, Ich-AGs und anderen Kamikaze-Gründungunternehmungen: bald wird die Figur und der Begriff des *Gründers* durch inflationäre Verwendung und sozialpolitische Überforderung endgültig der Lächerlichkeit preisgegeben sein. Kurz vorher soll hier dem aussterbenden *role model* des *foundation father's* noch rasch ein leichtfüßiges Epitaph gesetzt werden – auch auf die Gefahr hin, daß dieses aufgrund der epigonalen Froschperspektive des Verfassers und seiner Ungnade der späten Geburt mitunter vielleicht doch zu böswillig geraten wird, um als vorbehaltlos trauernder Nachruf durchzugehen.

Angemessen gewürdigt werden sollen jedenfalls all jene zahlreichen realhistorischen Gründerpersönlichkeiten in unseren Liebhaberensembles (*patres familiae musicalis meritorissimi seniores*), die gestandenen und hochehrwürdigen Damen und Herren jener allererste Stunde, in der, in längst vergangener mythisch-grauer Vorzeit, das traditionsreiche Ensemble, in dem wir Jüngeren heute, Zwerge auf den Schultern von Riesen, zu musizieren die Ehre haben, konzipiert, ausgedacht, geboren und aus der Taufe gehoben wurde: und zwar nicht aus einer Stammtisch-Idee, einer Bierlaune heraus wie unsere heutigen leichtsinnig-ephemeren Gründer-Ideechen, sondern als verantwortungsschwere und geschichtsträchtige Tat, im harmonischen Einklang mit einem damals noch *natur*-schwangeren Zeitgeist, und daher mit Absichten und Zielsetzungen, unter Maßgabe von Erwartungen und Einstellungen, die uns heute wie aus einer anderen Welt anmuten. Um die epochale geistige Distanz zu diesen pathosdurchtränkten Gründerjahren zu erfassen, genügt es in der Tat, sich einmal vom Gründungsmitglied die in jenem Privatmuseum des vergangenen Jahrhunderts, in dem es nebenbei auch wohnt, sorgsam aufbewahrten vergilbten Geburtsdokumente des Orchesters, die ›Gründungsaufrufe‹ sowie die Programmhefte und Zeitungsberichte der ersten Konzerte, vorführen zu lassen.

℃ So steht das Gründungsmitglied für die leibhaftige Präsenz des langen Atems der Geschichte, ein wandelndes Mahn- und Erinnerungsmal an unser aller Herkunft und Abkunft; es verkörpert unsere historisch-rückwärtsgewandten Verpflichtungen, Bindungen und Fesseln an die Tradition, an die Geschichte, an das Vergangene. Das Gründungsmitglied ist sozusagen der Bauchnabel am Orchesterkörper, jenes unauslöschliche Zeichen, das wir alle mit uns herumschleppen und das uns an unseren biologischen Ursprung erinnert, daran, daß wir uns nicht ›selbst gemacht‹ haben; und während die meisten diesen Körperteil verschämt versteckt halten (denn es gibt ja durchaus auch Anfänge, die man gerne vergessen würde), glauben andere, es sich leisten zu können, ihn zu schmücken und zur Schau stellen: die allfällige Verleihung von BDLO-Ehrennadeln an unsere Gründungsmitglieder wäre dann, um eine ohnehin verstiegene Metapher auf das Gewagteste zu überspannen, so etwas wie eine Form von öffentlichem Bauchnabelpiercing.

℃ Aber sie sind doch eher selten, diese Gelegenheiten zur altväterlichen Bauchnabelschau, jene offiziellen dezimalzahlen-fetechistischen Jubiläumsfeiern, bei denen sich das Gründungsmitglied von seinem angestammten hinteren Pult ins Rampenlicht zerren und zum Gegenstand gewundener Lobreden und ritueller Danksagungen machen läßt, wenn es von der Lokalpresse wieder mal dankbar und vielfach abgelichtet und zum Sujet geflissentlich-diensteifriger Provinz-Hagiographien wird. Und doch sind diese Jubel- und Gedächtniszelebrationen, diese ›Feier‹-Tage im Gedenken an die Vergangenheit und die vergangenen Meriten, nur seltene Goldfäden im grauen Alltagsteppich des Gründungsmitglieds, die Rosinen in seinem oft schwer zu kauenden täglichen Brot des Alters: denn gemeinhin steht das Gründungsmitglied nicht gerade in der allerersten Linie der Verantwortung und Führung (*et pour cause ...*).

So will es jedenfalls dem ungeübten, kenntnislosen, externen Beobachter scheinen. Nur wer etwas tiefer vertraut ist mit den subtilen Machtstrukturen, den Befehls- und Hörigkeitsverhältnissen im Orchesterverband, also nur der eingeweihte Insider, weiß genauer abzuschätzen, welche Rolle die Gründerväter und -mütter im fragilen Sozialgefüge eines Orchesters *de facto* spielen; also etwa die Rolle der grau(haarig)en Eminenzen, der heimlichen Drahtzieher und Untergrund-Rädelsführer, der Stimmungs- und Gegenstimmungsmacher, der An- oder Quertreiber, der loyalen Führungskraft oder aber der schleichend-verdeckten Opposition. Das Oberflächen-Erscheinungsbild sagt darüber meist wenig bis gar nichts aus: das Gründungsmitglied ist allzumal ein aufgeschlossener, gesprächiger, mitteilungsseliger und daher überaus geselliger Mensch, der nach der Probe in der Kneipe gerne allen und jedem einen ausgibt, und sei es nur, um jemand um sich zu haben, der glaubwürdig so tut, als interessierten ihn seine alten, tausendmal schon erzählten Geschichten ...

Überhaupt: Aufmerksamkeit ist die Münze, in der der Tribut des Alters und der Verdienste um den Verein eingefordert wird. Denn der vom Leben eines ganzen Jahrhunderts vollgesogene Schwamm verliert beim langsamen Austrocknen kostbare Tropfen von Geschichte(n) aus all seinen Poren, und schade wäre es doch, wenn sie unbeachtet auf unfruchtbaren Boden fielen, und nicht (wieder und wieder) dispergiert und verbreitet werden sollten, auf daß sie einsickerten in den frischen Humus der brachliegenden unerfahrenen Nachkommen-Generation. Und interessant ist es allemal: selbst bei Abzug der alterstypischen Übertreibungen, der unweigerlichen Egozentrismen und der rückschauend-verklärenden Idealisierungen bleibt für historisch Interessierte ausreichend aussagekräftiges und verwertbares Zeitzeugenmaterial übrig, um einen profunden Einblick in die Ab- und Hintergründe des vormaligen Laienmusizierens zu gewinnen. Aber wenn man sich beim Zollen dieses allfälligen Aufmerksamkeitstributs sinnvoll ablöst (›heute kümmert ihr Celli euch um Dr. XYZ‹ – denn das Gründungsmitglied hat meist einen akademischen Grad, ist ›Ing.‹ oder ›Geheimrat‹ oder ›Ritter der Ehrenlegion‹, und Träger des Bundesverdienstordens mit Eichenlaub am Band sowieso – ›wir Bratschen waren das letzte Mal dran‹), um allzu störende Redundanzeffekte zu vermeiden, kann man es lange aushalten … während man sich ein paar Runden lang aushalten *läßt*.

C Nun gilt für die mit diesem Laienmusiker-Typ auftretende gesellig-gesellschaftliche Problematik in noch stärkerem Maße, was für viele hier behandelten typologischen Problemkomplexe ohnehin galt: das Liebhaberorchester widerspiegelt als ein sozialer Kleingruppen-Mikrokosmos all die Probleme und Problemchen, die unserer Gesellschaft heute auf nationaler wie globaler

Skala ebenfalls den etwas größeren Schuh drücken. Denn selbst die alleroberflächlichste Kenntnis heutiger gesamtgesellschaftlicher Verhältnisse genügt, um zu sehen, daß das Gründungsmitglied im Liebhaberorchester und der Umgang der Orchestermitglieder mit ihm nichts anderes wiederholen als das aktuelle Demographie-Problem, heruntergerechnet auf die handlichen Miniaturverhältnisse einer face-to-face-Primärsozialeinheit. Um es pessimistisch zu wenden: die gerontokratische Verfilzung und der ›Methusalem-Komplott‹ (Schirrmacher) der reichen Industrienationen schlägt hier vor unseren Augen voll auf die Ebene der Laienorchester durch: LOMs (*lazy old men*) soweit das Auge und (schlimmer) das musikalisch empfindliche Ohr reicht. Daher ist auch eine nicht-biologische ›Lösung‹ des Problems kaum in Sicht, in der Gesellschaft nicht und noch viel weniger unter den extrem verschärften sozialmoralischen Bedingungen einer durch das stetig köchelnde Feuer der jahrelangen Aneinandergewöhnung geschmiedeten, weitgehend zweckfreien Freizeit-Gemeinschaft. Denn die brisant-heikle Frage ist einfach: wie soll man Grenzen der Toleranz bestimmen in einer Sozialgruppe, die sich durch grenzenlose wechselseitige Toleranz definiert, ja ohne sie nie zustande gekommen wäre? Wo sind ausschlußrelevante Niveauschwellen anzusetzen in einem ›Leistungsverband‹, der sich grundsätzlich *nicht* an Leistung, sondern am sogenannten ›Spaß‹ (*diletto*), also an der möglichst hohen Anzahl und Dauer von skrupellos dilettierend-dilettantischen ›flow-Erlebnissen‹ (Csíkszentmihályi) orientiert? Wie könnte man einen altersbedingten Rausschmiß und damit die freiwillige Dezimierung der meist ohnehin nicht so üppigen *human resources* rechtfertigen, wenn unsere nachwuchsschwache Branche doch um jeden froh sein muß, der bei drei noch einigermaßen die Geige an den Hals gestemmt bekommt?

Freilich, das Musikmachen mag eine noch so gemeinschaftliche, von allerlei moralischen Verpflichtungen durchwachsene Angelegenheit und kein reiner unpersönlicher Zweckverband sein: irgendwo und irgendwann gibt es gewisse Effizienz- und Qualitätsstandards, die man auch beim besten Willen schwerlich unterschreiten kann. Wenn man daher den Mut aufbringt, sachlich-kühl zu reflektieren, zum Beispiel darauf, daß jede auf ein Ziel hin gerichtete Vereinigung immer nur so stark ist wie ihr schwächstes (Mit-)Glied, daß es daher auch nur so jung, frisch und dynamisch spielen kann wie ihr ältester Teil, daß jenes vor allem in Dilettantenkreisen gern zitierte olympische Motto, nach dem das ›Dabeisein alles‹ sei, in musikalischen Verhältnissen zumindest dahin zu präzisieren ist, daß man auch bei jedem Sechzehntel noch, auch und vor allem bei jeder Pause, bei jedem Auf- und Abstrich und jeder Spielanweisung noch ›dabeisein‹ sollte (zum Beispiel bei Spielanweisungen wie ›non legato‹, ›non vibrato‹, die jeden altgedienten Laienmusiker, der etwas auf sich hält, begreiflicherweise etwa so reagieren lassen: ›Wie? Was? Nicht vibrieren? Ich habe 70 Jahre lang jeden meiner Streichertöne mit einem schönen intensiven Vibrato versehen und soll nun, nur weil irgendsoein junger Schnösel sich das einbildet, umdenken und gegen meine Natur anspielen?‹) – wenn man all dies mit grausamem Effizienzdenken berücksichtigt, dann stellt sich die früher oder später unumgängliche Gretchenfrage jedes laienmusikalischen Tuns, jene moralisch höchst unkorrekte und für das orchesterinterne Personalmanagement peinlich brisante Frage, die wir in abgeschwächt-euphemistischer Reimform sehr vorsichtig etwa so zu formulieren wagen würden: ›Die Frage lautet gnadenlos: / Wie wird man bloß Senioren los?‹

Denn es läßt sich nicht verleugnen: leider ereilt zuweilen das Gründungsmitglied die Tragik, daß sich die jeweiligen musikalischen Fähigkeiten *in actu* nicht unbedingt proportional zur akkumulierten musikalischen Erfahrung verhalten (›Alter schützt vor Falschton nicht‹). Oft muß das hochverdiente Gründungsmitglied ohne Vorbehalt als unwissender Träger gewisser mehr oder weniger geringfügiger physisch-geistiger Beeinträchtigungen identifiziert werden (wir haben es im Extremfall dann zu tun mit dem Typ *musicus senilis tattricus quasimortus artoscleroticusque*) – Beeinträchtigungen, von denen sich kaum sagen ließe, daß sie sich musikalisch zu seinem oder gar zum allgemeinen Vorteil auswirken würden. Da mögen sich zwischen der ältesten und der jüngsten, leicht esoterisch angehauchten, Generation aufgrund der ›Entdeckung der Langsamkeit‹ (Nadolny) noch so wunderbare Parallelen der Denk- und Handlungsweise ergeben – wenn das Werk 32tel-Tonleiter-Passagen im Aufstrich verlangt, oder der Dirigent ungestüm drängend ›Takt 59 auf die dritte Viertel – eins und zwei und …‹ einzählt, nützt das alles nichts: da ist eine Wachheit und Präsenz, da sind visuelle, auditive, intellektuelle und feinmotorische Höchstleistungen gefragt, die dem Gründungsmitglied beim besten Willen (und bei all seinen sonstigen Fähigkeiten und Verdiensten) nicht mehr abzuverlangen sind. Was also tun? Soll man nun – grausam und unvorstellbar genug – unseren nicht mehr ganz so rüstigen musikalischen Vorfahren ›schonend‹ (wie das in diesen trostlosen Zusammenhängen gern benutzte Adverb heißt) beibringen, daß es für Rentner außer dem Orchesterspiel auch noch andere sinnvolle und lohnende Freizeit-Beschäftigungen gibt, die noch dazu meist mit weniger Lärm verbunden sind, wie zum Beispiel Schachspielen oder Gärtnern …? Wer brächte das über das Herz, ohne daß es ihm dasselbe bräche?

C Wir können daher hier, der moralischen Verantwortung dieses auch einer gewissen Aufklärungsmission verpflichteten Buchs bewußt, nicht umhin, auf das Vehementeste für die strikte und vorbehaltlose Einhaltung des laienmusikalischen Generationenvertrags zu plädieren. Damit ist nicht nur gemeint, daß wir ›sie halt weiter mitspielen lassen‹ wollen, in dem von ihnen (!) gegründeten Verein, sondern daß wir diese benefaktorisch-christliche Haltung auch fundiert zu wissen wünschen in dem tieferen Bewußtsein, daß wir es hier nicht zu tun haben mit rücksichtslos austauschbarem ›Menschenmaterial‹, sondern mit lebenden Realsymbolen unserer eigenen Vergangenheit – und Zukunft: denn es ist ja nicht nur so, daß ›wir alle so mal angefangen haben‹ – will sagen, mit dieser ungetrübten naiven Spielfreude, mit dieser ländlich-idyllischen Lust auf Geselligkeit und Aktionismus, mit dieser hemmungslosen Fehleinschätzung unserer eigenen Fähigkeiten – sondern auch, viel schlimmer: ›so werden wir auch alle mal enden‹ – mit diesem zähen Festhalten an dem gemeinschaftlichen Verband, der uns so lange schon ertragen hat, mit dieser mitleidserregenden Unfähigkeit, aufhören und sich zurückziehen zu können, mit diesem uneinsichtigen Am-Pult-Kleben mit getrübten Sinnen und langsam, aber stetig schwächer werdendem Verstand … Zu dieser, schon in Aischylos' ›Persern‹ souverän zugestandenen Grundeinsicht des Abendlandes (›wir kommen später genauso dran …‹) kommt noch, daß später einmal wir selber, im Unterschied zu jenen Altvorderen, um unsere alters- und demenzbedingte Zwangsverrentung und Verbannung aus der zu jung gewordenen Musiziergemeinschaft abzuwenden nicht einmal die unbestreitbare Tat einer erfolgreichen LOG (Liebhaberorchestergründung) als doch gnädig in Anschlag zu bringende Leistung vorzuweisen haben werden!

C Darum, meine lieben jungen, dynamischen und aufstrebenden Liebhabermusikerinnen und Liebhabermusiker draußen im Lande, wenn wieder einmal die ›ehrenvolle Verabschiedung‹ eines ›verdienten Kollegen‹ aus eurem Orchester ansteht, denkt, bevor ihr allzu erleichtert aufatmet, an Hemingways bekannten Roman und sein von John Donne geliehenes Motto: fragt nie, wem die Stunde schlägt! Sie schlägt immer auch für euch, sie schlägt uns allen! (Und möge Gott uns gnädig sein, jedenfalls gnädiger als er Beethoven war: möge er geben, daß wir sie dann wenigstens noch *hören*!). Amen.

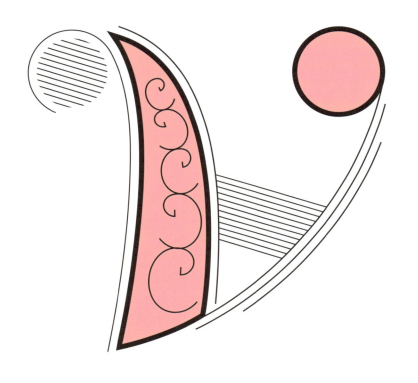

KAPITEL 10 / DER
VOM-BLATT-SPIELER

Wenn man es einmal grundsätzlich bedenkt: es gibt nicht sehr viele *sehr gute* Gründe, Dinge, die nicht zu den wenigen überlebensnotwendigen (wie Atmen, Essen, Schlafen, usw.) gehören, öfter als *einmal* zu tun. Unter den kaum zu widerlegenden Prämissen, daß erstens jedes Tun zumindest eines sicher *kostet*, nämlich: Lebenszeit, und daß diese zweitens angesichts der Fülle an möglichen zu tuenden Dingen sehr eng bemessen ist, muß jeder Wiederholungstäter sich die peinliche Frage stellen lassen: warum tust du genau das (schon) wieder, anstatt (endlich einmal) etwas Neues zu beginnen?

〰 Nun steht außer Frage, daß der Mensch auf Wiederholungen und deren Verläßlichkeiten überlebensnotwendigerweise angewiesen ist; das Privileg, wirklich ständig ausschließlich Neues zu tun, ist wohl nur unter den stark pathologischen Bedingungen des Verlusts elementarer kognitiver Kompetenzen zu genießen und heißt dann meist ›Morbus Alzheimer‹. Gleichwohl braucht es kein besonders pessimistisches Menschenbild, damit einem unangenehm auffiele, wie sehr sich das Gewohnheitstier Mensch, über den strikt unverzichtbaren Anteil an Redundanz weit hinaus, auf das Immergleiche, das ständig Selbe, das tausendmal schon Getane, Gesagte, Erfahrene verläßt und jegliches Wagnis des Neulands, des Überraschenden und Einzig- und Erstmaligen scheut.

〰 Dies gilt nun in ganz besonderem Rahmen – die Leserinnen und Leser werden es längst erwartet haben – für die Musik. ›Wann haben Sie das letzte Mal etwas zum ersten Mal gehört?‹ fragte

2006 eine Werbekampagne des Collegium Novum in Zürich, und natürlich tritt die sogenannte ›Neue Musik‹ auch heute noch mit programmatischer Emphase an, um das Versprechen des ›So-noch-nie-Gehörten‹ einzulösen. Daß bekanntlich 95% aller Erstaufführungen auch Einzig-Aufführungen bleiben, ist freilich in diesem modernen Neuheits-Anspruch nicht mitgedacht gewesen; daher sucht auch der radikalste zeitgenössische Komponist den Weg genau dorthin, von wo er seine schon viel zu lange dort verstaubenden Konkurrenten verdrängen will: ins ›Repertoire‹, also ins Reich des Anerkannten, Gepflegten, Tradierten und oft Wiederholten.

〰 So darf mit Fug und Recht behauptet werden: auf dem Gebiet der Musik ist der Einzige, der dem Anspruch des Neuen, Erst- und Einmaligen wirklich existentiell und performativ gerecht wird, der laienmusikalische Vom-Blatt-Spieler (*musicus immediatus spontaneusque et primissimae vistae*). Denn diesen kennzeichnet weniger eine spezifische Kompetenz (die Fähigkeit zur sofortigen, relativ exakten Umsetzung eines ihm fremden Notentexts) als eine Haltung, ja eine Lebenseinstellung: er pflegt das prima-vista-Spiel nicht aus einer oberflächlichen Laune heraus, nicht aus Angeberei und Stolz, sondern aus der Überzeugung, daß es beim ersten Mal einfach schon sofort ›klappen‹ muß: er weiß, daß er und dieser vor ihm liegende Musiktext sich nur einmal, nur gerade jetzt begegnen werden, daß es nur diese eine einzige Chance gibt, das in beiden, sowohl in den Noten wie in ihm als Musiker liegende Potential zu realisieren. Es geht ausschließlich um das *hic et nunc*, um pure Gegenwart, um die absolute Singularität des jetzigen Augenblicks, in dem die Musik eben gelingen muß, schon weil es kein zweites und anderes Mal geben wird, an dem man ein etwaiges ›Mißlingen‹ oder eine bessere oder schlechtere Aufführung wird messen können.

Warum ist der Vom-Blatt-Spieler so fixiert auf diesen Moment des allerersten Erklingenlassens einer schriftlichen Musikvorlage, warum steht er ihren zwei- und mehrmaligen Aufführungen so ablehnend und verweigernd gegenüber? Verkommt hier das musikalische Erbe nicht zum fast-food-Produkt, zum ›use-and-throw-away‹-Objekt, das man ex-und-hopp oberflächlich konsumiert und gleich wieder vergißt? Die tiefere existentielle Motivation wurde schon angedeutet; gleicherweise und für viele sehr viel nachvollziehbarer könnte man natürlich auf die analogen Reize hinweisen, die Erstkontakte *in eroticis* haben (besonders eben auch in unwiederholter Form, im sogenannten *one-night-stand*); zartfühlende Leserinnen werden es verzeihen, wenn in diesem Zusammenhang die heute ja eher selten gewordene männlich-chauvinistische Ehre einfällt, die Hochleistungsalpinisten durch ›Erstbesteigungen‹ und ›Erstbegehungen‹ gewinnen können. Jedenfalls erklärt das erhabene Gefühl, als ›erster Mensch‹ Spuren auf dem Mondboden oder im Schnee am Nordpol zu hinterlassen auch, warum der Vom-Blatt-Spieler natürlich vor allem immer wieder ›unbekannte‹ Werke und Komponisten entdecken und einmal (in Zahlen: 1-mal) spielen muß.

〰️ Aber es gibt neben dem elitären Charme der Auserlesenheit in der Beschäftigung mit einer seltenen, den Massen nicht zugänglichen Materie, noch triftigere Gründe für die selbstauferlegte Wiederholungsverweigerung[1]: den vielmusizierenden blattspielenden Laienmusiker treibt auch die so erfahrungsgesättigte wie zutiefst pessimistische Überzeugung, daß sich ein zweites Mal einfach ›nicht lohnen‹ würde. Zum Einen, weil die musikalische Qualität gerade der unbekannteren Kompositionen meist den Grund für ihre Unbekannt- und Vergessenheit nur allzu deutlich einsehen läßt und kaum je einmal auf ein Werk zu stoßen ist, von dessen mehrmaliger, vielleicht sogar öffentlicher Aufführung man guten Gewissens erwarten könnte, daß sie den kulturellen Reichtum der Menschheit in entscheidendem Maße wachsen lassen würde. Oft bestätigen kurzfristig angesetzte und zum Erklingen gebrachte Werke durch den ihnen abhörbaren eigenen Anspruch, daß ihr Urheber mit ihnen nie mehr intendiert hatte als *genau einmal* gespielt und gehört zu werden. Man denke nur an die berufsbedingte Auftrags-Massenproduktion vieler Barockkomponisten: sie wären zu Tode erschrocken, wenn sie geahnt hätten, daß ihr für einen speziellen Abend bei Hof bestimmtes, schnell hingeworfenes Gelegenheits-Stückchen noch dreihundert Jahre später aus akribischen, jeden zufälligen Tintenklecks vermerkenden sogenannten ›Urtext‹-Ausgaben pedantisch-peinlich genau nachgespielt werden würde!

〰 Zum anderen ist der blattlesenkönnende Liebhabermusiker aber einfach nur ein ehrlicher Mensch, der seine eigenen instrumentalen Fähigkeiten nur allzu realistisch einschätzt (insofern ist er eigentlich der wahre Profi unter den Laienmusikern!): ein Stück mehr als einmal zu spielen, ›lohnt sich‹ für ihn auch deswegen

---

1. Der hier zu erwartende Einwand, daß die Musik ja selbst oft ›Wiederholungen‹ vorsieht, sei es in ausnotierter Form (›Reprise‹) oder per Wiederholungszeichen, ist für den Prima-Vista-Spieler nur eine Bestätigung: wenn der Komponist schon keine Gestalt-Einheit zuwegebrungt, ohne sich werkintern zu wiederholen, also ohne einen Einfall bis zu seiner Erschöpfung auszureizen, wäre es doch eine völlig unangemessene serielle Multiplizierung und eine klonierende Hypertrophierung des Schon-Mehrmals-Existierenden, wenn man dieses Ganze seinerseits nochmal öfter in die Welt bringen würde!

nicht, weil er jene miserable Hoffnung des naiven Dilettanten als Chimäre erkennt – weil er weiß, daß es eh beim zweiten Mal nicht besser wird. Über die Ur-Illusion jeglicher Wiederholung, die sich uns durch den universalen Klippschulen-Drill zur schmerzvoll eingetrichterten, eingeprügelten Spießer-Maxime verfestigt hat, daß angeblich ›repetitio iuvat‹, ist der Vom-Blatt-Spieler längst hinaus. ›Paganini non ripete‹, lautet hingegen der Wahlspruch des nachbürgerlichen musikalischen Abenteurers – zweimal ist schon genau einmal zuviel, solange noch immer neue Ufer auf uns warten, und solange noch soviel Ungespieltes entdeckt (fast würde man sagen wollen: musikpraktisch ›entjungfert‹) werden will, und solange daher ein genuines Interesse daran besteht, sich angesichts neuer, frisch ausgegrabener und noch nie aufgeblätterter Noten die spannend-neugierige Frage zu stellen: wie das wohl klingt (im Musikerjargon: wie das wohl ›tut‹?)? Denn mehr will der Vom-Blatt-Spieler gar nicht von der Musik (wissen): seine vielgescholtene flüchtige Oberflächlichkeit ist nichts anderes als Ausdruck von Diskretion und bescheidener Zurückhaltung; er will sich einer Musik nicht aufdrängen, sie nicht – wie es die vielen anderen tun – zu seinen Zwecken ausnutzen, überstrapazieren und totüben, er will sie nur kurz ›kennenlernen‹ (so wie die one-night-stand-Partner es bei Licht besehen ja so gut miteinander meinen, daß sie sich gegenseitig vor einer eheähnlichen Langzeitbeziehung bewahren wollen).

〰 Der Vom-Blatt-Spieler ist also ein realistischer Pragmatiker, den die schmale Bandbreite des Gewohnten und Bekannten, vor dem beängstigenden Hintergrund des weiten Horizonts des Möglichen und Noch-zu-Entdeckenden auf der einen Seite und, auf der anderen, der engen Zeitspanne, die uns – im Vergleich dazu – zu leben vergönnt ist (*ars longa, vita brevis*), zu der Einsicht zwingt, daß man das Beste aus dieser Gesamtsituation nur dadurch machen kann, daß man im Einzelfall gerade nicht das Beste aus einem besonderen Einzelfall macht. Aus dem tristen Gemeinplatz, daß man ›nicht alles gut machen‹ kann, folgert der Prima-Vista-Laienmusiker eben nicht wie viele seiner dilettantischen Brüder im Geiste, daß man zumindest einiges ein bißchen besser, weil öfter, machen muß, sondern daß man (möglichst) ›alles einmal irgendwie gemacht haben‹ muß. Der Vom-Blatt-Spieler ist daher der perfekte Imperfektionist, ein flexibler Realisator des Ungefähren, ein Durchwurstler, ein Improvisator, der mit sicherem Blick erkennt, was man ohne großen Verlust weglassen kann, was nur angedeutet werden muß, damit der Gesamteindruck eines Werks im ›Groben‹, so wie es eben unter den gegebenen, immer eingeschränkten Bedingungen relativ bestmöglich ist, zur Geltung kommt. Der Blattspieler ist kein schwieriger Experte, kein komplizierter Virtuose, kein Freund langer Vorbereitung und ausgeklügelt-monotoner Methoden: er ist ein radikaler Optimierer des Aufwand-Wirkungs-Verhältnisses, ein Genie des extemporierten Wesentlichen.

〰 Und wem all das zu wenig sein sollte: der musiktheoretisch disponierte Prima-Vista-Spieler (*musicus intelligens theorico-practicus reflexivus*) kann seine Fähigkeiten auch analytisch-heuristisch nutzen: er weiß, daß überall (und *nur*) dort, wo seine routinierten Fähigkeiten beim Durchspielen ins Stolpern kommen, wo sich inmitten der bekannten musikalischen Floskeln und Phrasen plötzlich Widerstände zeigen, sich das eigentlich musikalisch Wertvolle verbirgt: die überraschende Wendung, die ungewohnte Faktur, die unerwartete Weiterführung. Die Aufforderung: ›Surprise me!‹, die im kunstpädagogischen Kontext gern als kreativitätsförderndes Mantra herumgereicht wird, hat sich der Vom-Blatt-Spieler so zu eigen gemacht, daß er all die handelsüblichen Wendungen und Muster (wie ›den Dominantseptnonenakkord auf der siebten Stufe mit tiefalterierter Quinte und der Terz im Bass‹) kennt, sofort wiedererkennt und daher mühelos bewältigt und nur deswegen allein vom wirklich Abweichend-Originellen tatsächlich noch überrascht werden kann. Das bedeutet im Umkehrschluß: all das eigentlich Geniale in der Musik übersieht, wer sich mühsam durch jeden noch so simplen Takt quälen muß; nur wer als Blattspieler über all die einfallslos-durchschnittlichen Passagen (also gefühlte 90% der sogenannten klassischen Musik) wie selbstverständlich hinweghuschen kann, erahnt ab und an im leichten Stocken seiner geläufigen Hände die flüchtige Spur des leibhaftigen musikalischen Genies.

〰 Was immer das sogenannte Geniale genau sein mag, es ist vor allem eines: selten. Und das Seltene tendiert zum idealen Grenzwert ›Eins‹. Nicht umsonst spricht man vom Einzigartigen und ›Einmaligen‹. In einer Zeit, in der die Expansion von billigen Speichermedien, der Zwang zur konstanten Selbstoptimierung, die Tendenz zur Dritt- und Viertehe, zur technischen Reproduktion und zur Klonierung auch des individuellsten Individuums ihr Aller-Welt-Heil in der Wiederholung sucht, ist der Vom-Blatt-Spieler der Fels in der Brandung der seelenlosen Routinisierung. Ein Profi mag sich der Sklaverei des Immer-wieder-und-jedesmal-besser-machen-Müssens unterwerfen; der Dilettant weiß: entweder es klappt sofort, oder nie. ›Play it again, Sam!‹ war in der Tat eine Anweisung an einen Subalternen; ein echter Held wie Humphrey Bogart selbst hingegen küßt seine Angebetete nur ein einziges letztes Mal, und nimmt dann Abschied für immer. Wie ja auch *ein* Zug an der Zigarette vollkommen ausreicht: dann gehört sie weggeschnippt. Das sieht nicht nur cool aus, sondern ist auch gesünder.

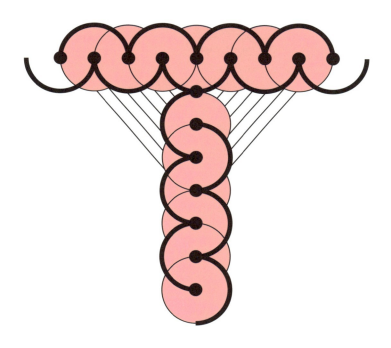

KAPITEL 11
DER ETWAS SELTSAME TYP

Die Bezeichnung für den im Folgenden abzuhandelnden Laienmusikertyp (*musicus amatorialis abstrusus obscurusque cum multis schrullibus*) verbleibt gewollt im Vagen, weil man ihm und seinen vielfältigen Erscheinungsformen mit jeglicher weiteren begrifflichen Einschränkung und Präzisierung Gewalt antun würde. Und ›Gewalt‹ kann gerade er am allerwenigsten gebrauchen: nicht nur der persönliche, auch der definitorische Umgang mit ihm verlangt Sensibilität, Zurückhaltung, Diskretion und sehr viel Einfühlungsvermögen. Zu beschreiben ist er daher nur sehr zurückhaltend und vorsichtig als ›ein wenig absonderlich‹, ›komisch‹ (im bekannten nicht-komischen Sinn), leicht ›verhaltensauffällig‹, mitunter eben recht ›eigenartig‹; kurz und prägnant und neudeutsch könnte man reden von ›strange people‹, ohne daß man der damit ausgedrückten befremdenden Fremdheit näher auf den psychoanalytischen und psychopathologischen Grund gehen müßte.

≫ Nun sind Menschen, die ihre Umwelt zu solchen Einschätzungen provozieren, natürlich über alle Bereiche gesellschaftlichen Tätigkeiten relativ gleichmäßig verteilt, und keinesfalls gehören die Laienmusiker zu den gesellschaftlichen Arealen mit signifikant erhöhter Seltsamer-Typ-Dichte – obwohl durchaus professionelle Gruppierungen mit speziellen gesellschaftlichen Aufgaben identifiziert werden können, die auf Leute mit tendenziell bizarrer Persönlichkeitsstruktur auf überproportionale

Weise anziehend wirken (wie etwa Künstler, Psychologen, Modelleisenbahner, Anlageberater, Gymnasiallehrer oder Bademeister). Der ›etwas seltsame Mensch‹ unter den Liebhabermusikern lädt gleichwohl ein zu einigen spezifischen Überlegungen, die – so hoffen wir, wie immer in diesen unseren typologischen Betrachtungen – den Standort der selbst ausgeübten Musik im Spannungsfeld von gesellschaftlicher Normalität und individuellem Wahnsinn erhellen können.

≫ Damit ist bereits angedeutet, daß die Übergänge hier – wie bekanntlich überall – fließend sind (und daß es uns daher auch nicht um Ausgrenzung oder Pathologisierung gehen kann). Der Laienmusiker an sich (also der *musicus normalis incompetens sola dilettatione causa*) ist schon, vor dem Hintergrund des großflächigen sozialen Normalverhaltens betrachtet, ein statistisch relativ unwahrscheinlicher Sonderling, so daß es nur noch einer *graduellen* Steigerung der Abartigkeit bedarf, um jene Form wunderlicher Ungewöhnlichkeit in einem ganz besonderen und extremen Fall hervorzubringen, die wir hier wiederum typologisierend zu verallgemeinern versuchen.

≫ Daher gilt: unter all den Individualisten, die Laienmusiker aus Prinzip allesamt meistens sowieso schon *sind* (natürlich mit Ausnahme der – ebenso aus Prinzip – immer als Horde und im Rudel auftretenden Blechbläser, vgl. Kap. 19), ist der ›seltsame Typ‹ also lediglich ein noch etwas individuellerer Individualist, ein *ganz* ›eigener‹ Mensch, ein Eigenbrötler und Einzelgänger also. Sein tägliches ›Eigenbrot‹, wenn wir die konkrete Erscheinungsweise seines empirischen Wesens einmal so nennen dürfen, kann – wie bereits angedeutet – ein äußerst breites Spektrum an Formen annehmen, um so einer jeweils ganz unverwechselbaren Individualität Raum zu geben. Wir können folglich hier nur eine wenig systematische Aufzählung einiger phänomenologischer besonders hervorstechender Ausprägungen leisten.

> Zu unterscheiden wäre etwa zwischen ›allgemein menschlichen‹ und musizierbezogenen Eigenheiten (*deformitates et abnormitates humanae musicantesque*): zu ersteren wären zu zählen Besonderheiten in den alltäglichen Umgangs-, Kommunikations- und Interaktionsformen. Menschen mit eigenwilligen Weisen der verbalen Artikulation etwa fühlen sich naturgemäß oft in Gemeinschaften zu Hause, in denen das *live* gesprochene Wort gerade nicht zu den Primärzielen des gemeinsamen Zweckhandelns gehört, ja von der eigentlichen Hauptbeschäftigung der Gruppe mehr oder weniger vollständig überflüssig gemacht und ausgeschlossen wird. Das Liebhaberorchester kann daher als das natürliche Habitat von Nuschlern, Lisplern, Stotterern und anderen Sprechwerkzeugindividualisten betrachtet werden. Aber es reserviert auch genügend Nischen für kommunikativ verarmte Mitmenschen, denen es gewisse Mühe bereitet, mit sozialen Kommunikationsereignissen umzugehen, die komplexer wären als etwa die klare Anweisung: ›setz' dich auf diesen Stuhl und spiel', was auf dem Notenständer liegt‹. Die klaren organisatorischen und hierarchischen Strukturen des Orchesters (Dirigent kommt vor Stimmführer, Stimmführer vor Tutti-Schwein, erstes Pult vor zweitem Pult, erste Geige vor zweiter Geige, Streicher vor Bläser, alle vor den Bratschern) ebenso wie der routinierte Ablauf der gemeinschaftlichen Tätigkeiten (Instrumente auspacken, spielen, Instrumente einpacken, einen trinken gehen) bieten auch stark verhaltenslabilen und schwierig sozial zu integrierenden Persönlichkeiten mit schwach ausgeprägter Fähigkeit zum autonomen

Selbstmanagement sehr einfache und leicht durchschaubare Kriterien, um sich reibungslos und konfliktfrei in das gemeinsame Ganze einzugliedern.

> Etwas schwieriger gestaltet sich die Integration, wenn die normalerweise standardisierten Gelegenheiten zum sozialen Austausch ausgeweitet und differenziert werden, wie es etwa bei einer längeren Orchesterfahrt oder -freizeit der Fall ist. Dann ergeben sich zwangsläufig größere endogene Reibungsflächen der Gruppe, die dementsprechend zu intensiveren interpersonalen Auseinandersetzungen Anlaß geben können, und zwar gemäß den beiden konträren menschlichen Urtrieben sowohl in *positiver* (etwa: erotischer) als auch in *negativer* (also: konfliktueller) Form. Unter solchen erschwerten Umständen sind naturgemäß auch die Eigenheiten des ›seltsamen Typs‹ einer größeren Belastung wie einer strengeren Prüfung und Bewertung ausgesetzt. Hier erst geraten auch sonderbare *außermusikalische* Verhaltensweisen in das Blickfeld der verwunderten Mitreisenden, wie etwa das einsame und scheinbar ziellose nächtliche Herumschleichen, oder eine merkwürdig stutzige Langsamkeit beim Reagieren auf gemeinsame, für alle anderen unproblematische Ad-hoc-Absprachen und -Vereinbarungen, usw. Und hier erst macht sich beispielsweise auch ein etwas eigenwillig laxes Verhältnis zur Körperhygiene auf möglicherweise auffällig ungünstige und unangenehme Weise bemerkbar: ein (auto-erotisch?) fixiertes Festhalten an bestimmten, tagelang immer wieder verwendeten Kleidungsstücken mag dann eventuell nicht mehr als verzeihlicher liebenswürdiger Tick durchgehen, sondern durch die Erregung olfaktorischer Aufmerksamkeit dem jeweils nahesitzenden peer-group-Umfeld Anlaß zu Ein- und Widerspruch geben.

Aber nicht nur in solchen Fällen wird empfohlen, mit größtmöglicher Sanftmut und Toleranz zu reagieren, ist doch das Phänomen der neurotischen Fixierung auf bestimmte unverzichtbare Begleitumstände zum einzig richtigen Musizieren gerade unter den Amateuren sehr weit verbreitet (anders als bei den professionellen Orchestermusikern, denen man in der strengen und langen Schule sowieso schon längst jeden Mut zum Anders- und Besonderssein ausgetrieben hat, damit sie als perfekt funktionierende Rädchen im Musikgetriebe keinen Widerstand mehr leisten). So ist nicht nur die felsenfeste Überzeugung gang und gäbe, daß man (natürlich!) nur mit seinem eigenen, gehegten, gepflegten, geliebten und verhätschelten Instrument spielen kann (vgl. Kap. 27), sondern daß es auch des einen und einzigen Notenständers (samt des darauf befestigten ›Maskottchens‹, versteht sich) bedarf, auf dem die Noten unverwechselbar optimal zum Liegen kommen. Auch die besonderen Ansprüche an die Sitzgelegenheit (jeder fremde Stuhl wird erst durch das – wie Linus' Kuscheldecke – überallhin mitgeschleppte Po-Unterlege-Kisschen zu einem zumutbaren Möbel) nehmen oft Züge an, die das psychopathologische Prädikat einer anal-regressiven projektiven Objektfixiertheit durchaus rechtfertigen. Und daß man nur an dem einen gewissen Pult – und möglichst nur mit dem einen langjährigen Pultnachbarn – überhaupt sinnvoll im Orchester mitwirken kann, ist zwar genauso irrational, aber gegenüber diesen und anderen möglichen fetischistischen Vorlieben und Abneigungen bezüglich der außermusikalischen Begleitumstände schon fast musikamatorialer Normalzustand. (A propos Fetisch: wer einen tiefen Blick in die psychologischen Abgründe der Laienmusikerseele werfen will, braucht nur einmal das selbstgestaltete äußere und innere Arrangement eines Instrumentenkoffers in Augenschein zu nehmen: kein orthodoxer Hinduist pflegt seinen Hausaltar, kein alpenländischer Katholik seinen Herrgottswinkel mit tiefer empfundener religiöser Verehrung als eine Streicherin ihren samtausgeschlagenen Geigenkasten mit all den süßen Kinderleinphotos!).

> Beim Übergreifen solcher und anderer Idiosynkrasien auf den eigentlichen musikalischen Bereich (etwa in Bezug auf das Repertoire: ›ich mag keinen Beethoven‹, ›Bach reizt mich unweigerlich zum Erbrechen‹, ›bei Schubert bekomme ich Hautausschlag‹, ›zeitgenössische Musik führt bei mir zum Darmverschluß‹) wird es Aufgabe eines möglichst mit psychoanalytischen und gruppentherapeutischen Erfahrungen gesegneten Dirigenten sein, zwischen den verschiedenen, sich oft genug gegenseitig exkludierenden Eigensinnigkeiten aller präsenten Sonderlinge pazifizierend zu vermitteln. Er wird, bei allen An- und Überforderungen seiner Koordinations- und Führungskompetenzen, dafür dankbar sein, denn nur so findet auch er zu erfahrungsgestützten sinnvollen Kriterien bei seiner Programmauswahl. So wie überhaupt erst das Leben mit den ›seltsamen Typen‹ dieses nicht nur bunter und abwechslungsreicher, sondern auch reflektierter, durchdachter und insgesamt fundierter, erfahrungsgesättigter macht. Die langweiligen Normalos sind vielleicht einfacher zu *handeln*, aber wenn wir es wirklich einfach haben wollten, würden wir dann vielleicht Musik *machen* (statt einfach 'ne CD aufzulegen)?

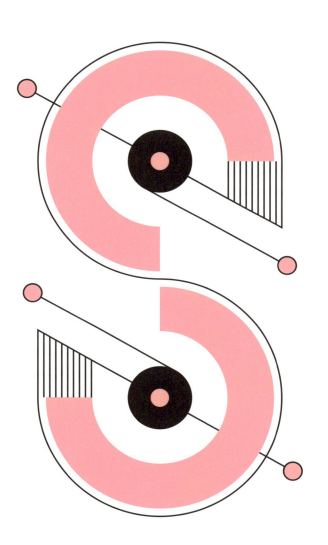

KAPITEL 12
DER STIMMFÜHRER

Wer immer im Kontext des Ensemble- und Orchesterspiels die abgestandenen Phrasen vom ›gemeinsamen Musizieren‹ und von den damit angeblich unweigerlich verbundenen Freuden der zwischenmenschlichen Harmonie, Zuneigung und inneren Verbundenheit drischt, hat nie wirklich in einem echten Orchester gesessen. Es gibt wohl keinen Ort der modernen Welt, in dem die Normen der Kooperation, der Gleichberechtigung und der Brüderlichkeit nachhaltiger außer Kraft gesetzt sind als beim angeblich ›gemeinsamen‹ Spiel im Orchester. Daß das Ensemblemusizieren keine ›demokratische‹ Veranstaltung sei, ist eine von unschuldig tuenden und gewollt witzigen Dirigenten zwar oft bemühte, aber die grausame Realität leichtfertig verschleiernde und beschönigende Platitüde. In Wirklichkeit herrscht nicht nur keine Demokratie im Orchester, sondern schreiendste Ungerechtigkeit, inhumanste Menschen-Ausbeutung und brutalste Hackordnung. Insider wissen es noch, auch wenn sogar sie selbst es gern verdrängen, daß ›konzertieren‹ trotz der so kooperativ klingenden Vorsilbe vom lateinischen *concertare*, ›miteinander streiten, kämpfen‹ kommt. Daß am Ende ein irgendwie scheinbar ›gemeinsam‹ erzieltes Resultat steht (so jedenfalls nimmt es das wie immer völlig ahnungslose Publikum wahr), läßt vollkommen vergessen, mit welchen Frustrationen, Opfern und Niederlagen der Weg dorthin gepflastert ist. Jede scheinbar so ›harmonische‹ und ›gemeinschaftliche‹ Aufführung läßt hinter sich ein Schlachtfeld mit psychisch Verwundeten, seelisch Verkümmerten und oft lebenslang in ihrem Selbstbewußtsein geschädigten Verlierern, denen es nur ihr eigenes Schamgefühl verbietet, ihre Nöte sichtbar zu machen.

♀: Nur um auch den Außenstehenden der Liebhabermusikszene dieses geflissentlich verschwiegene Skandalon einigermaßen zu verdeutlichen (nur die Eingeweihten werden je um das reale Ausmaß der Qualen wissen), seien hier die jedem Musiker nur allzu vertrauten verborgenen Hintergründe dieses permanenten Zustands psychischer Tristesse hinter den Kulissen des Orchestermusizierens andeutungsweise mitgeteilt. Die Ursünde der abendländischen Musizierpraxis liegt in der fundamental hierarchischen Struktur der europäischen Musik-Denkweise. Schönberg & Co. hatten darauf bekanntlich mit der Auflösung des Tonika-*Dominanten*-Verhältnisses (in dieser Fachbezeichnung der 5. Stufe der Skala wird das autoritäre Machtprinzip ja offen ausgesprochen) und mit der wahnwitzigen Idee der ›Gleichberechtigung‹ aller zwölf Töne reagiert. Daß dabei musikalisch nichts Nennenswertes herausgekommen ist, ist lange nicht so schlimm wie der Umstand, daß das eigentliche Übel, nämlich die grundsätzliche soziale und sozialpsychologische Schieflage des okzidentalen Musizierens davon gar nicht berührt und in ihren inhärenten, jahrhundertealten Dominanz-Verhältnissen überhaupt nicht tangiert wird. Daß man zwischen Tonika und Dominante nicht mehr unterscheiden kann und braucht, ist so lange nichts wert, solange immer noch brav und autoritätsgläubig zwischen 1. und 2. Geige, 1. und 2. Flöte (1. und 2. Oboe, Fagott, usw.), erstem und zweiten Pult und vor allem eben zwischen dem sogenannten ›Stimmführer‹ und dem normalen ›Tutti-Schwein‹ unterschieden wird. (Der Dirigent übernimmt dann quasi die Funktion der ›Doppeldominante‹).

Die machtgeprägte Urszene, die sich bis heute in allen Formationen repliziert, tritt schon in musikalischen Kleingruppen auf und wurde das erste Mal, in der damals offenbar noch möglichen Deutlichkeit, von Ernst Heimeran in seinem nur euphemistisch so zu nennenden ›stillvergnügten‹ Streichquartett beschrieben (›stillvergnügt‹ aus gutem Grund: weil ein Streichquartett nur dann ›vergnügt‹ sein beziehungsweise scheinen kann, solange eben ›Stille‹ verordnet ist und die vorhandenen Spannungen nicht thematisiert werden). Fernab jeder heutigen *political correctness* beschreibt Heimeran, sichtlich aus der Erste-Person-Perspektive des underdogs, wie hier in der Gründungsphase die Rollenverteilung zwischen Primarius und ›zweiter Geige‹ mit ihren langzeitschädigenden Folgen ausgehandelt wird: ›Die Verteilung der Rollen zwischen den beiden Geigen ist eine Angelegenheit der rohen Gewalt. [...] Es ist ein Ausschnitt aus dem Kampf ums Dasein!‹[1]

𝄢: Der Unterschied zwischen der Heimeranschen Streichquartett-Rang-Rangelei und der orchestralen Rollenverteilung zwischen ›erster‹ und ›zweiter‹ Rolle, zwischen ›vorne‹ und ›hinten‹, zwischen ›maßgeblich‹ und ›zweitrangig‹ (sprich: vernachlässigbar) besteht lediglich in der größeren Undurchsichtigkeit des Rollen- und Rangordnungs-Zuweisungsverfahrens. Ausschlaggebend ist hier eine äußerst schwer zu durchschauende und noch schwerer zu beeinflussende Gemengelage von angestammter Autorität (sogenannter ›Ancienität‹), Sympathie und Nähe zum

---

1. E. Heimeran / B. Aulich, Das stillvergnügte Streichquartett, München 1968, S. 41f. Das Buch ist voll von wunderbaren Beobachtungen ›teilnehmender Feldforschung‹, wie man heute sagen würde, auf dem wenig untersuchten Gebiet der psycho-musikalischen Unterdrückung und Ausbeutung.

Dirigenten, aus externen Quellen herrührendem Ansehen und vermeintlicher Reputation oder schlichter Willkür der jeweiligen Verantwortlichen. Abgesehen davon verdanken sich offenbar die meisten lange angestammten Vorrechte und Privilegien auch dem schlichten Zufall; es fallen einem beispielsweise Listenplätze zu, nur weil jemand ein einziges Mal wegen Krankheit oder aus sonstigen Gründen gefehlt hat: einzig deswegen schleppen sich ja heutzutage auch alle von Gicht, Rheuma oder Zipperlein geplagten ›Altvorderen‹ (= Senioren-Inhaber der vorderen Pulte) noch in die Orchesterprobe, weil sie wissen, daß hinter ihnen die Jugend ungeduldig mit den Hufen scharrt und jeden Ausfall ohne jede Chance auf Wiedergutmachung schamlos zum Pultaufstieg ausnutzen würde.

𝄢: Während die Rangdifferenz zwischen erster und zweiter Geige noch als ›natur‹-gegeben hingenommen werden kann (natürlich ist sie das *nicht*), und beispielsweise bei den Hörnern diese Zahlenordnung nicht notwendigerweise einen Qualitäts- und Rangunterschied ausmachen muß – da das dritte Horn oft mehr spielen darf als das zweite –, ist der *gruppeninterne* Hierarchieunterschied sehr viel schwerer zu tolerieren und eine garantierte Dauerquelle von Ressentiment und Frust. Diese entladen und entzünden sich vor allem am sogenannten ›Stimmführer‹, den man auch ›Verantwortlichen Leiter einer Registergruppe‹ nennen könnte; allerdings trifft die gebräuchliche Bezeichnung ›Stimmführer‹ oder besser noch ›Stimmgruppenführer‹ den faschistoiden Sachverhalt doch viel präziser als man es sich gewöhnlicherweise wünschen würde. Der Stimmführer (*dux autoritarius quasi-nazisticus reverentissimus nasus-in-altus*) ist die langzeit-konservierte Verkörperung des sonst überall obsoleten Führerprinzips, die skrupellos-indiskrete

Realisierung des Mottos ›divide et impera‹ in der ungeschminkt unterdrückerischen Klassengesellschaft des europäischen Orchesters. Wer zum Stimmführer ernannt wird, darf endlich seinen oft in jahrelangem Hinterbänklertum akkumulierten Frust dadurch abarbeiten, daß er nur noch – nach oben – gegenüber einem (dem Dirigenten) buckeln muß, dafür aber nun – nach unten – gegenüber allen anderen seiner Gruppe treten darf. Er darf die Ausführungsrichtlinien (Striche! Strichart!) nach seinem (meist vollkommen beliebigen) Gutdünken vorgeben, darf alle, die sich nicht an seine absurden Vorgaben halten, besserwisserisch zurechtweisen und Disziplin und bedingungslosen Gehorsam einfordern, und er darf furchtbar schlaue, als wohlmeinende ›Ratschläge‹ verpackte Direktiven geben (›ich würde den Takt 134 in der dritten erhöhten Lage spielen‹). Nicht zuletzt genießt er es aber, in seiner rollentypischen Körperhaltung, halb nach hinten umgedreht zu seinen Untergegebenen, halb nach vorne hingewendet zu seinem Boss am Dirigentenpult (der es natürlich genau mithören soll, wie sachkundig er wiedermal seine Leute zurechtweist), so klare wie grundlose Anschuldigungen von sich geben wie: ›ihr schleppt‹, ›ihr treibt‹, ›ihr seid nicht zusammen‹ und meistens natürlich: ›ihr seid zu laut‹ (und auch wenn er dabei ›wir‹ sagt – ›wir Celli sind zu laut‹ – meint er natürlich: ›ihr‹). Die letztgenannte Zurechtweisung ist nicht zufällig die häufigste, denn mit der Lautstärke nimmt er seinen Untertanen die einzige Macht, die sie ihm gegenüber noch besitzen: die der puren Quantität der Masse.

𝄢: Ein Stimmführer hat es freilich nicht leicht, als meistverachtete Person des gesamten Orchesterapparats. Ertragbar sind die Anfeindungen, denen man in diesen euphemistisch als ›Funktionsstellen‹ verzeichneten Hass-Posten ausgesetzt ist, nur mit einem grobschlächtigen, unsensiblen und latent sadistischen Charakterprofil. Er sitzt auf der Höhe des Rosses seiner angeblichen höheren instrumentalen Kompetenz und war eigentlich gedacht als ›Vermittler‹ zwischen dem normalen Orchestermitglied und dem alleinherrschenden Chef-über-alle(s), dem Dirigenten. Aber er kippt dabei ganz deutlich auf die Seite des Machthabers (der ihn ja auch eingesetzt hat) und profitiert unentwegt von dessen uneingeschränkter Autorität. Das führt dazu, daß er – päpstlicher als der Papst – sich ständig auch hochtrabend an dessen Stelle zu setzen versucht; seine heftigen Dirigierbewegungen mit dem Körper, seine ostentativen ›Einsätze‹ mit dem Kopf sollen den Hintermännern signalisieren: schaut her zu *mir, ich* bin eigentlich euer Befehlshaber hier, *ich* bin der Stellvertreter Gottes auf der orchestralen Erde, euer ganz wörtlicher ›Vor-Gesetzter‹, euer einziger Führer heim ins Reich der musikalischen Perfektion.

Klar, daß nur wenige Musiker die moralisch abgestumpfte Dickfelligkeit besitzen, einem solchen exponierten Posten gewachsen zu sein; nur wenige können psychisch damit umgehen, nicht mit, sondern *gegen* eine Gruppe zu musizieren: gegen eine Gefolgschaft, die in Feindschaft traulich vereint ständig am Stimmführer-Stuhl sägt. Denn ganz machtlos ist man als Tutti-Sklave ja nicht: es gibt durchaus immer wieder gern begangene Wege, die Autorität des Stimmführers zu untergraben; etwa indem man den durch seine Person institutionalisierten Dienstweg geflissentlich mißachtet und unmittelbar, quasi als performatives Misstrauensvotum gegenüber dem direkten Vorgesetzten, den Dirigenten selbst *coram publico* unmittelbar anspricht: ›Sollten wir nicht besser in Takt 35 auf die drei einen Abstrich haben?‹ Jetzt ist nämlich der einsame Mann mit dem Dirigentenstab in einer gefährlichen Machtausübungs-Zwickmühle: soll er dem Hinterbänkler, der ja meist in der Sache Recht hat, einfach Recht geben und damit die Autorität seines Statthalters erschüttern? Oder soll er sich als musikalisch inkompetenter sturer Bock erweisen, der gegen jede musikalische Vernunft an den vorgeschriebenen Kommandostrukturen festhält (wir alle kennen ja das bürokratisch bestens bewährte Prinzip, nach dem jemand aus der zweiten Reihe einfach nicht Recht haben *kann*)?

𝄢: Aber wenn dann gar an den hinteren Pulten ein veritabler Fehler in den Noten entdeckt wird (und nur dort hinten hat man ja auch genügend Zeit und Ehrgeiz, nach solchen akribisch zu suchen), dann sind das die seltenen, aber langersehnten balsam-träufelnden Triumph-Momente der Zukurzgekommenen: der arrogante Trottel vorn am ersten Pult hat es die ganze Zeit und mit all seiner tollen ›Professionalität‹ nicht im geringsten gecheckt, daß er vollkommenen Unsinn spielt! Das ist meist noch befriedigender, als wenn er wiedermal seine lächerlichen Solo-Takte versemmelt! Welche wonnige Genugtuung, welch hämisches Grinsen an Pult zwei bis sieben! Das entschädigt doch reichlich für die permanente Zurückstellung, für die andauernde Schmach der Ewig-Hinteren. Dem dermaßen übertölpelten Stimmführer bleibt nichts anderes, als das Ausmaß des Druckfehlers abzuwiegeln (›den Unterschied hört ja sowieso keiner‹ – das Superargument überhaupt beim Spiel von Noten!), ansonsten aber plötzlich sehr kleinlaut den Schlag einzustecken und sich vorübergehend etwas kleiner zu machen – und zu fühlen.

𝄢: Die meisten Stimmführer sitzen daher auf einem Schleudersitz und müssen oft wegen purer seelischer Erschöpfung ausgetauscht werden. Zu unterscheiden wäre daher grundsätzlich zwischen zwei Sorten von Orchestergruppen-Leitwölfen: zum einen dem langjährigen, praktisch auf seinem Sitz vorne links festgewachsenen Stimmführer (*dux senex traditionalis intoccabilis honoris causa*), der seine Rolle weniger seinen musikalischen Fähigkeiten als seinen grauen Haaren und seinen organisatorischen Verdiensten um den Verein verdankt (siehe auch Kap. 9). Zum Anderen trifft man aber den kurzfristig eingesetzten, meist von extern herbeigerufenen und damit mit kaum nachprüfbaren Kompetenzen ausgestatteten Aushilfe-Stimmführer (*dux auxiliaris temporalis stravagantis elitarius*) an, oft ein sogenannter ›Profi‹, dessen Autoritätsvermutung sich vor allem in der distanzierten Fremdheit erschöpft, die jeden vor kurzem erst ›Reingeschmeckten‹ umfängt (es ist eine soziologische Binsenweisheit, daß sich vor allem Fremde, Auswärtige und Nicht-Zugehörige als Herrscherfiguren über eine ungezähmte chaotische Gruppe eignen). In der Zeit, die vergeht, bis man sich auf ihn eingeschossen und seine Schwachstellen ausgemacht hat, kann er, noch immun gegen Spott und Hohn und unter Neulings-Schutz stehend, seine anfängliche Macht ungestört ausüben. Sobald jedoch sein Autoritätspotential erschöpft ist, wird er vom Dirigenten ausgewechselt; Horden von vielversprechenden Musikern sind auf diese Weise am ersten Pult verheizt und menschlich ruiniert worden.

℞: Trotzdem gibt es auch Grund zur Dankbarkeit: der Stimmführer und der mit ihm verbundene Psycho-Streß konfrontieren uns immer wieder neu mit der lebendigen Erinnerung daran, daß das Orchester eben keine vergnügliche, sinnenfrohe und harmonieselige Sonntagsausflug-Gemeinschaft darstellt, sondern eine straff geführte Bodenkampftruppe mit absoluter Kommandostruktur und überlebensnotwendiger, gefechtserprobter, martialischer Rollenverteilung: die ersten Geigen sind ausgebildet für den

Nahkampf, die zweiten decken ihnen den Rücken, die Bratschen schützen die Versorgungswege, die Celli halten eisern jede Stellung und die Kontrabässe bilden notfalls die letzte Bastion der Defensive; die Blechbläser werden eingesetzt im groben Getümmel, das Holz ist brauchbar für kühne Einzelvorstöße der Vorhut, das Schlagwerk erledigt gnadenlos den Rest. In den Partituren stehen Anweisungen wie **marcato**, **sforzato**, **col legno** und **attacca** und das alles heißt immer nur eins: ›hau drauf‹, ›schlag zu‹, ›mach nieder‹. Gefangene werden keine gemacht, denn wenn es schlimm ausgeht, gilt eben: **morendo**.

𝄢 Und spätestens dann, wenn es völlig daneben geht, lohnt es sich wirklich, weiter hinten zu sitzen: wer sich selbst erhöht, wird erniedrigt werden, und wenn das faule Obst oder wenigstens die Buh-Rufe fliegen, werden die feinen Herren Offiziere in den ersten Reihen ihren unterwürfigen Willen zur Chef-Nähe und ihre lächerliche Nach-Vorne-Drängelei bitter bereuen. Leider passiert auch das viel zu selten, obwohl wir heimlichen Boykotteure in den hinteren Reihen uns solche Mühe geben … In der Tat, mehr oder weniger raffinierte Formen der Arbeitsverweigerung sind die geheimen Selbstschutzmaßnahmen aller hinteren Pulte der Geigen, Bratschen und Celli; sie dürfen sich dabei nicht nur auf den Doppelsinn des ›Streichens‹ berufen (nach dem Motto ›diese blöden schwierigen Noten lassen wir mal lieber ganz weg‹), sondern auch auf den – sicher auf eine altgermanische Sprachwurzel zurückgehenden – Wortgleichklang: ›streichen‹ ist ›streiken‹, jedes Tutti-Schwein leistet auch bei eifrigstem Engagement subtilen Widerstand durch peniblen ›Dienst nach Vorschrift‹ und entrüstet sich: ›Wie jetzt: *Musik* machen? Wir spielen, was dasteht!‹ Es lebe der zivile Ungehorsam im Liebhaberorchester!

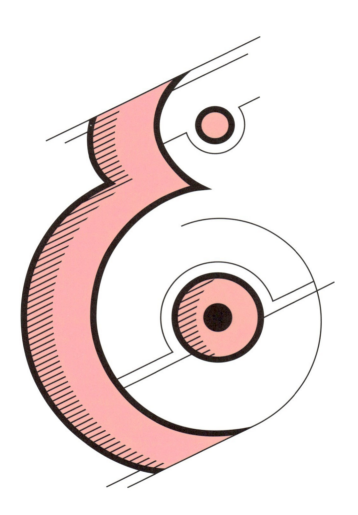

KAPITEL 13
DER EILER

Seit Jahrzehnten, ja seit Jahrhunderten schon klagen die Kulturpessimisten jeder Couleur über die unaufhaltsame, ständig ansteigende Beschleunigung des modernen Alltags. Zeitknappheit, Termindruck, Fristen-Hetze, Torschlußpanik – die ganze Welt jagt einer viel zu schnell vergehenden Zeit hinterher, ständig die nächste *dead-line* im Auge und darüber (wie die Existentialisten beklagen würden) die jeweils eigene, große, wirkliche und allerletzte *death-line* aus dem Auge verlierend. Da scheint doch ein Hobby wie das unsere, mit seiner Abkopplung von Pflicht, Dienst und Arbeit, dafür prädestiniert, der unmenschlichen Übereilung des Alltagsgeschehens einen Riegel vorzuschieben. Die Laienmusik sollte und könnte doch ein Reservat des Zeithabens, der Ruhe, des ausgeglichenen, in einem gleichbleibenden gemeinsamen Rhythmus Schwingens darstellen. Der Laie ist ja zumindest insofern ein gelebter Ausnahmezustand, daß er nichts muß, sondern alles nur will. Er *muß* zum Beispiel nicht unbedingt richtig spielen (das müssen nur die Profis), er *muß* nicht unbedingt pünktlich zur Probe kommen und sie vor allem nicht pünktlich wieder verlassen (das müssen nur die Profis), und er *muß* auch gar nicht besonders gut spielen (die 2. bis 7. Pulte bieten genug Schutzraum für die etwas bequemeren und bedächtigeren Charaktere, die im *survival-of-the-best*-Kampf der Profis keine Überlebenschance hätten). Und der Liebhabermusiker muß vor allem nicht schnell spielen: zum einen, weil er die elastische Interpretierbarkeit der handelsüblichen Tempoangaben völlig zu seinen Gunsten ausnutzen kann; was soll zum Beispiel schon ›Allegro‹ heißen? Jedes Kind weiß, daß das ja zunächst nur ›fröhlich, lustig‹ meint, und gerade ›lustig‹ ist's eben ab einem bestimmten Tempo für uns Laienmusiker dann nicht mehr ... ›Vivace‹, ›con brio‹ und was sich die Komponistentradition sonst noch so alles an vagen Unklarheiten ausgedacht hat: das ist alles stark relativ; ›lebendig‹ ist bestimmt etwas ganz Anderes als ›übereilt‹ und ›hippelig‹, ›con fuoco‹ oder ›con brio‹ heißt wohl eher ›mit Bedacht‹; und à propos ›fuoco‹: am effektivsten sind ja sowieso die *langsam* kochenden Feuer ...

♀ Natürlich setzt die hochgeschätzte Konkurrenz aus den Profi-Musikerkreisen genau dort, an unserem Schwachpunkt, an und will uns weismachen, daß das einzig ›richtige‹ Tempo eines Stücks jenes sei, bei dem unsereins beim besten Willen mit der Geschicklichkeit der Finger, der Hände beziehungsweise des Zungenstoßes am Ende ist. Spezielle Ensembles sind in den letzten Dekaden einzig deswegen angetreten, um uns endgültig auch noch jene Musikepoche wegzunehmen, in der wir Laien uns tempomäßig eigentlich so richtig wohlgefühlt hatten: die der Barockmusik. Nicht nur, weil das technische Anforderungsprofil dort bekanntermaßen liebhaber-konform daherkommt, sondern weil die Tempobezeichnungen, sofern überhaupt vorhanden, so frei nach unten korrigierbar sind, daß man sich praktisch jedes Stücktempo auf die eigenen Bedürfnisse zurecht-temperieren kann (nichts anderes muß ja auch Bach mit seinem sogenannten ›wohltemperierten‹ und ansonsten tempobezeichnungslosen Klavier gemeint haben: spielt's das Zeug halt so schnell wie ihr's grad könnt, wollte er uns ›wohl‹ sagen ...). Wer aber nun einmal die *fast-and-furious*-Kollegen vom Musica-Antiqua-Köln-Racing-Team gehört hat, wie sie beispielsweise durch die Brandenburgischen Konzerte wetzen gleich einem Rudel aufgescheuchter (wenn auch ziemlich gut miteinander koordinierter) Karnickel, der weiß, daß uns Liebhabermusikern hier wieder einmal gezeigt werden soll, was eine Harke und was eine Tempo->›benchmark‹ ist.

¶ Aber trotz – und gerade wegen – solcher unbegreiflich subtilpolemischen Exzesse könnte sich die Liebhabermusikerszene ja als eine Oase der Ruhe und Gemächlichkeit, als eine sanft pulsierende Wellness-Zone der Entschleunigung etablieren; wir haben es nicht nötig, an diesem wie an keinem anderen Geschwindigkeitswettbewerb der Moderne teilzunehmen, wir lassen uns keine Vorgaben machen, weder von den Angaben in den Noten (die italienischen Umschreibungen sind, wie gesagt, Sache der Auslegung, die Metronomzahlen, wie jeder weiß, reine Herausgeberwillkür beziehungsweise von den Komponisten ganz falsch abgelesen), noch von anderen Zeit-Einschränkungen; daß die Musikergewerkschaft ziemlich klare Vorstellungen über die Dauer der Belastbarkeit von Musikern hat, äußert sich ja meist darin, daß es gegen Ende der Symphonie immer schneller wird, weil die berufsgenossenschaftlich organisierten Musik-Werker den Schluß-Doppelstrich so herbeisehnen wie der Ackergaul die Tränke im Stall. Nicht so wir: wenn's mal ein bißchen später wird, nur weil wir das ›Presto assai‹ halt eher als ein ›Presto assai comodo‹ auffassen und auch so spielen, kriegen wir trotzdem nachher noch einen Platz in der Kneipe beziehungsweise ein warmes Abendessen von unserer liebhabermusikerliebenden Ehefrau (vgl. Kap. 28). Der Tyrannei der Geschwindigkeit unterliegen nur die Profis, die ja ihr karges Musikerhonorar auch sonst mit sehr vielen schmerzlichen Unterwerfungsgesten bezahlen müssen (Tyrannei der Werktreue, der Aufführungstradition, des Stardirigententums, des Spielplans, usw., usf.).

Sollte man jedenfalls meinen. Denn ein seltsames Phänomen gilt es zu konstatieren: auch in unseren gemütlichen Kreisen des entspannten, die Langsamkeit hegenden und pflegenden Liebhabermusikertums gibt es tatsächlich bizarr-fremde Repräsentanten eben jener *Speed*-Kultur, von der wir uns doch so gern fernhalten wollen. Der Eiler (*festinator accelerans maniacalis barbarusque sine sensibilitate temporalis*), der dem Orchester und seinen Stimmgruppenkollegen immer um mindestens ein Achtel voraus ist, stellt offenbar einen unausrottbaren Auswuchs der geschwindigkeitsfanatischen Umwelt dar, die störend in unser so beschauliches Orchesterleben hineinragt. Paradoxerweise sind es gerade die sogenannten ›schweren‹ Stellen, an denen Eile am allerwenigsten geboten wäre, die aber den laienmusikalischen Eiler animieren, nochmals einen Zahn zuzulegen. Und wenn er (›Ohren zu und durch!‹) aus dem verhuschten Chaos seiner Sechzehntelketten wieder emportaucht und seinen Mitstreitern vielleicht wieder ein halbes Ohr leihen kann, wundert er sich, warum diese denn plötzlich so weit ›zurückgeblieben‹ sind. Der Eiler ist ja oft ein frustrierter Möchtegern-Führer, der seinen uneingestandenen (und völlig unrealistischen) Führungsanspruch im Orchester (vgl. Kap. 12) nicht anders ausleben kann als durch jenen Sekundenbruchteil-Vorsprung, mit dem er, wie die Weltmeister-Rodler im Eiskanal, einfach immer vor den anderen im Ziel ist. ›Primus *ante pares*‹ lautet sein musikalischer Wahlspruch und seine Version vom verbreiteten Alltags-Mythos des ›Ganz-vorn-mit-dabei-sein-Müssens‹, das ganz persönliche Verständnis seiner ›Avantgarde‹-Mission.[1]

¶ Ist der Eiler also jemand, der das pseudo-olympische ›schneller, höher, weiter‹-Syndrom aus dem Sport und sonstigen kompetitiven Situationen (wo er vielleicht gerade *nicht* immer die vorderen Plätze erreicht) in seinen musizierenden Ausgleichssport hinübergenommen hat, und mit seiner unmusikalischen Hastigkeit kompensieren will, woran er anderswo scheitert? Dagegen mag sprechen, daß manche Aspekte der Eil-Symptomatik ja auch als Ausdruck nicht eines hypertrophen, sondern eines *mangelnden* Selbstbewußtseins gedeutet werden müssen. Der Eiler ist ja auch jemand, der es allen recht machen will: nur die gemeinschaftliche Unternehmung nicht aufhalten, nur den Tross beziehungsweise die Karawane, in der man mitzieht, nicht bremsen, nur nicht zurückbleiben, nur nicht das schwächste Glied der Kette sein, keine Lücken entstehen lassen in der Formation, keine Blasen und Staus bilden; das ist es, was den Eiler an- und (leider oft etwas weit) vorwärtstreibt. Daher mag es kommen, daß man in der Laienmusikerszene das Eilen meist rasch als eine Anfänger- und Neulingskrankheit, als ein Indiz für den unreifen *newbie* im musizierenden Kollektiv identifiziert: der Eiler ist ein übermotivierter Novize unter neurotischem Bewährungszwang. Seine pflichtversessene Übererfüllung des Kollektiv-Plansolls läßt ihn jede Pause für nichtsnutzig verschwendete Zeit (das Wichtige und Zählbare sind doch die Noten, oder? nicht diese freien Leerstellen dazwischen!) und jede ausgehaltene Note für zuviel des Gleichen und für mangelnde Innovationsfreude halten (Punktierungen? Überbindungen? Das bringt doch nichts und hält nur unnötig auf!).

1. Eine sehr aufschlußreiche Version des musikalischen Höchstgeschwindigkeits-Fanatismus anhand eines eher inadäquaten Objekts (Bachs Ave-Maria-C-Dur-Präludium) hat Hans-Ulrich Treichel in seiner (autobiographischen?) Erzählung ›Solo für die Luftgitarre‹ (im Merkur 6, 1998) geschildert.

Der Eiler ist äußerst unbeliebt, weil er das Orchester jagt, aber wir müssen ihn selbst verstehen als einen Gejagten: nämlich von seinem quantitativen Leistungsverständnis, das ihm die Ausführung von möglichst vielen Noten in möglichst kurzer Zeit zum kategorischen Imperativ macht.

¶ Wenn der Eiler auf die mangelnde Qualität seines *outputs* angesprochen und ein höheres Gestaltungsbewußtsein im Detail eingeklagt wird (er solle doch jene überhastete Passage ›ausspielen‹, ›genießen‹, ›gesanglich gestalten‹ usw.), wenn also der Eiler als alles überstürzender Pfuscher denunziert wird (*velociferator maximus expressus hudelensis*), dann sollte man vielleicht auch dem Verdacht nachgehen, daß es sich hier um etwas ganz anderes handelt: um den nur allzu voraussehbaren Protest einer jeglichen (von Natur aus) trägen, bequemen, genußsüchtigen und inerten Masse gegen jeden Einpeitscher, Antreiber und *Agitator* (von agitare = jagen), der dem schläfrigen Pöbel zum Trotz ein nicht verhandelbares Ideal der Höchstleistung durchsetzen muß.

¶ Deswegen beruht der beliebte Vorwurf ›du treibst‹ in der Orchesterarbeit und im kammermusikalischen Kreis immer auch auf einem populistischen Ressentiment, weil dieser oberlehrerhafte Tadel auf die Zustimmung aller anderen Beteiligten rechnen kann, die ebenfalls von dem bösen Unruhestifter in ihrer schlichten Gemächlichkeit aufgescheucht wurden. Es ist eine gleichmacherische, musikbolschewistische Aufforderung an den musikalischen Mittelmaß-Mob zur verbalen Lynchjustiz an dem, der das Verbrechen begangen hat, etwas mehr und etwas schneller zu wollen. ›Du treibst‹ lautet die stereotype Anklage der ewig Zu-kurz- und-zu-langsam-Gekommenen; sie muß übersetzt werden in den Klartext: ›wir kommen nicht mit dir mit und das nehmen wir dir übel, du fieser Einpeitscher‹. ›Du treibst‹, das ist die reflexhafte Standard-Unterstellung, mit der sich die Galeerensklaven gegen den aufmüpfigen Kollegen zur Wehr setzen, der zwischendurch auch mal eigenständig und respektlos, *just for fun*, eine höhere *Schlag*zahl vor*schlägt*.

¶ Außerdem ist Beschleunigung (***accelerando fino al prestissimo***) ja ein gängiges und probates Mittel der musikalischen Intensitätssteigerung; wer da nicht mitgehen ›will‹ (d.h.: kann), erweist sich damit schlicht als ein scholastisch-spießiger, langweilig-unflexibler Tempo-Bürokrat, der von ausufernd-expressiver Emotionalität, von quasi-erotischen Hochgeschwindigkeits-Erregungszuständen, von einem Fest (das ja nicht umsonst auch eine ›Sause‹ heißt) der flinken Hurtigkeit noch nie etwas gehört, geschweige denn erfahren hat. Dabei besteht doch jeder höhere Musikunterricht gerade darin, dem Interpreten die stupide Metronom-Automatik wieder auszutreiben und den durch jahrelanges tempostures Training festinstallierten Geschwindigkeits-Autopiloten wieder auszuschalten. Und gerade wenn sich durch unsere Städte (›grüne Welle‹) und über unsere überfüllten Autobahnen nur noch ein per Tempomat gesteuerter und gleichgeschalteter Kolonnenverkehr schiebt, muß es doch zumindest in der Kunst noch erlaubt sein, mit unterschiedlichen und individuell variierenden Geschwindigkeiten unterwegs zu sein. So wird auch klar, warum man eigentlich, und nicht nur in der Musik, notgedrungen zum ›Solisten‹ wird: um endlich all diesen kleinlich-polizeilichen Verfolgungen wegen Geschwindigkeitsüberschreitungen zu entgehen, und einfach schlicht ›sein eigenes Tempo‹ machen zu dürfen[2]: oder hat schon mal jemand (und sei es der Dirigent) im Klavierkonzert dem Pianisten vorwerfen dürfen, er ›eile‹?

Wer ›schleppt‹, tut also nicht viel mehr, als dem allzu menschlichen Naturinstinkt des Laien nachzugeben; er darf auf Mitgefühl und uneingeschränkte Sympathie aller konservativen Prokrastinatoren hoffen. Der Eiler hingegen macht sich der Übertretung eines ungeschriebenen (und durch ein uneingestandenes Tabu geschützten) Gesetzes der ›Kontrollgesellschaft‹ (Foucault) schuldig: er zelebriert eine die Zukunft kühn vorwegnehmende Eigenzeit. Wir sollten ihn nicht ausgrenzen und stigmatisieren, sondern als unverzichtbaren und anspornenden Stachel in unserem sonst so langsam vor sich hin welkenden Fleisch akzeptieren.

2. Diesen notwendigen individuellen Zugang hingegen verstanden haben Komponisten wie Schumann und Pfitzner, die die so simple wie sympathisch flexible Tempobezeichnung ›So schnell als möglich‹ über bestimmte Stücke setzten.

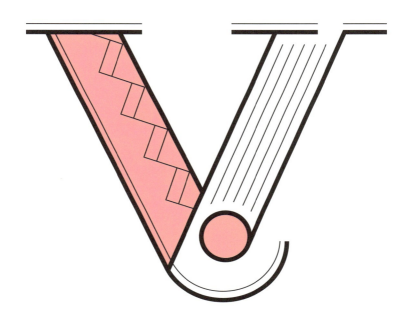

KAPITEL 14
DER VIELSPIELER

Aus der sich schon vom alten Hippokrates herschreibenden Weisheit, daß die Kunst zu lang für das zu kurze Leben sei (*ars longa vita brevis*, oder Ὁ μὲν βίος βραχύς, ἡ δὲ τέχνη μακρά), wird der Laienmusiker zweifellos richtig schließen, daß darum etwas weniger als die (hohe) Kunst nicht nur genügt, sondern auch genügen *muß*; vor allem, wenn man den dazugehörenden richtigen Hinweis in Senecas ›De brevitate vitae‹ nachliest: er leitet die Einsicht des griechischen Arztes mit der bitteren Erkenntnis ein, daß die meisten Menschen das Leben ›schon bei der Vorbereitung des Lebens‹ (*in ipso vitae apparatu*) im Stich läßt. Wir würden sagen: beim Üben. Daß dieses sogenannte Üben einen ungedeckten Wechsel auf eine ungewisse Zukunft ausstellt – wie so viele andere gefährliche Dinge, wie das Heiraten, die Zahlung von Studiengebühren der Kinder oder selbstauferlegte Diätpläne –, macht es in den Augen des Laienmusikers zu einer Risiko-Investition, die zumindest gut überlegt sein will. Die nüchterne Abwägung der jetzigen psycho-physischen Belastung durch die repetitiven Trockenübungs-Einheiten gegen das potentielle, prospektierte Surplus an Selbstverwirklichung und -bestätigung bei der dann hoffnungfroherweise trainingsbedingt optimierten ›Aufführung‹ würde das Votum vieler Liebhabermusiker eindeutig zuungunsten des Ersteren ausfallen lassen – wenn sich dem nicht der soziale Druck und die herrschende Leistungsideologie widersetzen würden. Daß heutzutage selbst ein Discounter-Heimwerkerlieferant meint, die eigene Billigware seinen dilettantischen Pfusch-it-yourself-Kunden unter dem hochtrabenden Motto ›Wenn's *gut* werden *muß*‹ andrehen zu müssen, zeigt, wie sehr auch die Apostel der Marke Eigenbau von einem Qualitäts- und Perfektionswahn befallen sind, der mit der gutmütigen, fröhlichen Hobby-Bastelei vergangener, unbeschwerterer Zeiten nichts mehr zu tun hat. Als ob es nicht im Bereich des Laientums gerade darauf ankäme, daß *gar nichts* ›muß‹; und schon gar nichts muß ›gut‹ werden.

Realistischer und lebensnaher (im Sinne von: der Kürze des Lebens adäquater) sind da die Versuche, statt der (angeblichen) Qualität die (messbare) Quantität der Erfahrungen der Aufmerksamkeit des wachen und leistungsideologie-resistenten Zeitgenossen zu empfehlen. Die angelsächsische Kultur, uns Deutschen von jeher an pragmatischem Realitätssinn genauso haushoch überlegen wie durch ihre Fähigkeit, existentielle Zusammenhänge klar und pietätlos auf den Punkt zu bringen, beschert uns daher klare Anweisungen, die uns schon als programmatisch knallhart formulierte Buchtitel entgegenspringen: ›1000 Places to See Before You Die‹ – und neben ›1000 Places‹ etwa auch ›100 Movies‹ oder ›1001 Books You Must Read Before You Die‹, oder auch ›1001 Albums You Must Hear Before You Die‹ usw. (sehr bezeichnend, daß dieser letzte Buchtitel mit dem etwas versöhnlicheren Nachsatz ›bevor das Leben vorbei ist‹ ins Deutsche übersetzt worden ist). Man könnte nun – wenn man denn (*vita brevis*) dafür Zeit hätte – ausgiebig über das kulturelle Phänomen solcher Listen (und von Listen überhaupt) nachdenken, über die Symbolhaftigkeit der gewählten Anzahl (›1000‹ soll wohl heißen: gerade so viel, daß man einige sicher schon befriedigt als ›gemacht‹ abhaken kann und angesichts des ausstehenden Pensums nicht verzweifeln muß, aber auch gerade noch so viel, daß man noch einiges vor sich hat und nicht gleich jetzt abzutreten braucht ...), genauso wie man sich natürlich kritisch über die Willkür solcher torschlußpanik-getriebener Kanonisierungsversuche und ihre fragwürdigen pseudo-objektiven Auswahlkriterien auslassen könnte. Aber hier soll lediglich interessieren, wie sich das Bewußtsein menschlicher Endlichkeit angesichts musikalischer Unendlichkeit auf das Laienmusizieren auswirkt, also wie dieses Bewußtsein im Charaktertyp des Vielspielers (*musicus quantitativus opera omnia totalis mundialis urbi et orbi sine pausa*) deutlich hervortritt. Der Vielspieler hat alle altbackenen Skrupel des ›Wie‹ hinter sich gelassen und feiert nur noch das blanke ›Daß‹. Nur ein noch nicht gespieltes Stück ist ein gutes Stück, und *repetita nervant*. Er arbeitet, wenn nicht wissentlich und mit peinlich genauer Selbstdokumentation wie der buchführende Vielspieler-Laienmusiker vom Typus des Controllers (*musicus burocraticus omnis notiziam per diem in die*), dann eben unbewußt und undokumentiert den bis zum Mond reichenden Riesenstapel aus mindestens 500 Jahren europäischer Instrumentalmusik ab. Der Vielspieler ist der einzig wahre ›global player‹, er frißt sich durch den Brei der angestauten musikalischen Gesamtproduktion von allem und jeglichem je Komponierten, aber nicht um *dann* im Schlaraffenland zu sein, sondern dieses wahllos alles hinwegputzende ›Große Fressen‹ *ist* bereits sein Schlaraffenland. Sein Kommentar bei der Repertoirewahl-Diskussion ›Das haben wir schon gespielt‹, gern in der Steigerungsform ›Das haben wir doch neulich erst gespielt‹ (wobei das temporale Adverb ›neulich‹ eher großzügig ausgelegt wird und gegebenenfalls ein ganzes Musiker-Leben umfassen kann), ist für ihn das Totschlag-Argument gegen jegliche Form von Wiederholung, Vertiefung, Konstanz, Bestandsbildung und -sicherung. Nur den

Vergeßlichen unter den Vielspielern (*musicus intellectus cortus memoria brevis quasi prae-alzheimerius*) kann manchmal unter Vorspiegelung angeblicher Neuheit und Unbekanntheit ein Stück ein zweites Mal abgetrotzt werden. Die Musikverlage scheinen übrigens mit einem ähnlichen Trick zu arbeiten, wenn sie alle paar Jahre das gleiche Stück in einer anderen Ausgabe herausbringen; und auch wenn es nur ein anderes Coverdesign oder ein ›modernes‹ Notenbild ist, sollen wir offenbar glauben, daß wir mit diesen ›neuen‹ Noten ein ganz anderes Stück in den Händen halten.

Darum braucht der Vielspieler keine Listen (obwohl man ja auf den Titel ›1000 String Quartets to Play Before You Die‹ wirklich gespannt wäre), und keine Musikverlage, keine Kanones und keine Neuausgaben, er braucht nur eines: Noten-Bibliotheken. Also Orte, an denen genauso wahllos und urteilsfrei, wie er spielt, gesammelt und bereitgestellt wird: einfach alles, was ›es gibt‹. Egal, ob gut oder schlecht (was heißt das schon?), ob bekannt oder unbekannt (warum?), ob interessant oder uninteressant (für wen?), ob schwer oder leicht (wen kümmert's?), ob erfolgreich oder nicht (seit wann geht's denn darum?): wie eine Enzyklopädie alles Wißbare, versammelt die Noten-Bibliothek alles Spielbare, damit es ausgeliehen, einmal (*1* mal) gespielt und wieder zurückgegeben werde. Auch die Bibliothek hat, wie der Horizont des Vielspielers, nur eine quantitative Kenngröße: ihren Umfang, ihre Regalmeter, ihr Bestandsvolumen, möglichst nach oben offen; auf solche Überfluß vortäuschende Symbol-Zahlen wie ›1000‹ oder gar läppische ›1001‹ wird man sich da gar nicht erst einlassen. Bibliotheken liefern genau die Art von kriterienloser Vollständigkeit und Unerschöpflichkeit, die das Lebens- und Musizierprinzip des Vielspielers ausmachen. Sie stellen zusammen, was nicht zusammengehört. Sie vereinen auf ihren Regalen in einem friedlichen Buchdeckel-Nebeneinander die Kleinmeister, die Vergessenen, die Versager und die Zu-Kurz-Gekommenen mit den Guten, Großen und Wichtigen, also mit den Allzu-Bekannten und musikgeschichtlich (freilich oft: zu Recht) Erfolgreichen. Neben einem gewissen Herrn Beethoven stehen da Beer und Beez, gleich neben dem überschätzten Komponisten namens Mozart findet man Mouret und Mraczek, und warum sollte es so danebengegriffen sein, wenn man statt nach dem üblichen ollen Haydn nach dem danebenstehenden Hayakawa oder Hawkins greift? Das sind, wie der Kenner unschwer erkennen wird, alles Namen aus dem alphabetischen Verzeichnis des Katalogs der BLDO-Notenbibliothek, und dieser ›Nürnberger Katalog‹ ist und bleibt mit seinen 6.124 Einträgen ein wahres Eldorado für den Vielspieler, nur noch übertroffen von der Web-Seite der ›IMSLP-Petrucci Music Library‹ mit ihren ›85,814 works and 294,619 scores‹, die meisten davon direkt zum Herunterladen, Ausdrucken, Durchspielen und … Wegwerfen (natürlich in die Blaue Tonne, damit man auf das recycelte Papier gleich wieder neue Noten drucken kann). ›294,619 Scores to Play Before You Die‹, Tendenz steigend, heißt jedenfalls die ungeschriebene Devise, der der Vielspieler seit den Errungenschaften des Internets hinterherhecheln muß und darf.

C Der Vielspieler verkörpert daher den leibhaftigen dreifachen Widerspruch zu jenem hochtrabend-salbungsvollen Baumarkt-Slogan: es muß *nicht* gut werden, weil es erstens nicht *muß*, weil zweitens *gut* kein Kriterium ist und weil drittens nichts *werden,* sondern weil es *sein* soll; es geht nicht um irgendwelche Zukünfte, sondern um das Hier und Jetzt. Darum ist der Vielspieler auch der ideale Kunde von Leihbibliotheken, denn er unterliegt nicht dem zukunftsfixierten Besitzwahn des raffgierigen, papierhortenden, sammelwütigen Privatnotensammlungseigentümers, dessen gesellschaftlicher Wert für die Musikwelt erst dann erwiesen ist, wenn nach seinem Ableben alle seine – größtenteils ungespielten! – Noten einer öffentlichen Notenbibliothek überlassen werden, so daß das verstaubte Zeug wenigstens *einmal*, nämlich auf den Pulten des ausleihenden Vielspielers, seine wahre Bestimmung erfährt. Der Vielspieler braucht keine eigenen Noten, denn er ist kein konservativer Idealist der unkritischen Traditionspflege, sondern ein empirischer Pragmatiker mit dem Anspruch des selbständigen ›Testers‹: er will sofort wissen, wie ›das klingt‹, er will ausprobieren, wie ›das tut‹, wie sich etwas anhört, wenn man es unbefangen (und d.h.: unbeeinflußt von der verbreiteten Ehrfurcht vor den großen Namen) das erste Mal spielt und hört.[1] Daher unterwandert und unterminiert der Vielspieler auch die herkömmliche Musik(rezeptions)geschichte, weil er zwischen den wenigen Leuchttürmen, auf die unsere phantasielose offizielle Musikkulturlandschaft fixiert

---

1. Es muß hinzugefügt werden, daß der Vielspieler natürlich auch der ideale Kunde von sogenannter ›Neuer Musik‹ wäre; denn diese hat ja meistens auch keine andere ästhetische Existenzberechtigung als die, eben ›neu‹ im Sinne von ›noch nicht gespielt‹ zu sein. Leider haben aktuelle Produzenten von konsumierbarem Noten-Nachschub es sich aber offenbar zur Auflage gemacht, vom *user* erst einmal die Lektüre langer Gebrauchsanleitungen zur Interpretation des Notenbilds und komplizierte Einweisungen für absonderliche Spieltechniken zu verlangen. Da greift der Vielspieler, der ja *spielen* und nicht lesen oder gar üben will, lieber doch gleich wieder auf den gefügigen Fundus traditionell notierter Musik zurück.

ist, das graue, morastige, trostlose, ungepflegte Ackerland der ›Sonst-auch-noch-Komponierenden‹ durchpflügt.

℃ Manchmal fördert dieses pionierhafte Trüffelschwein auch tatsächlich zu Unrecht vergessene Kleingewächse zu Tage. Dann hat der Vielspieler kurz auch mal Freude am eigenen Tun. Aber das geht gleich vorbei, er muß ja sofort weiterwühlen. Fassungslos schauen wir ihm hinterher, wie er, die Nase im Dreck der Musikgeschichte vergraben, mißmutig vor sich hin grunzend, eine ungenießbare Bitterknolle nach der anderen kurz prüfend ins Maul nimmt, und gleich wieder ausspuckt. Aber einer muß die Sauarbeit ja machen …

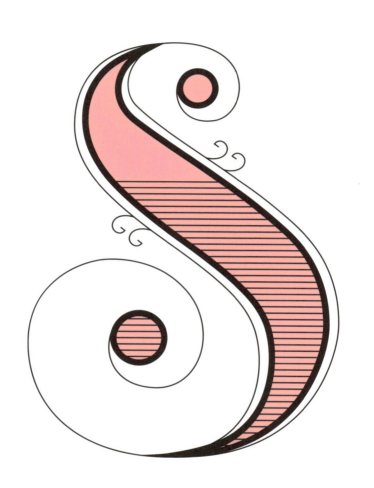

KAPITEL 15
DER SCHWÄTZER

›Wo die Sprache aufhört, fängt die Musik an‹. E.T.A. Hoffmanns abgelutschter Poesiealben-Spruch gilt für den hier näher zu beschreibenden laienmusikalischen Schwätzer (*homo minus musicans quam plapperans*) genau anders herum: wo die Musik aufhört, fängt sein Sprechen an. Und zwar sofort, kaum daß der letzte Ton so richtig verklungen ist: ›when the music's over‹, sangen die Doors 1967 in einem (immerhin auch schon elf Minuten langen) Song: ›turn out the light‹. Des Schwätzers ›Licht‹ hingegen geht dann erst richtig an: quasi permanent auf Plaudersendung eingestellt, blubbern sofort muntere Sprechblasen aus nur allzu temporär stillgelegten Stimmwerkzeugen. So wie man die aristotelisch/mittelalterliche (und falsche) Vorstellung des ›horror vacui‹ auch all jenen Graffiti-Sprayern unterstellt hat, die keine glatte und freie Großstadt-Fläche ohne mehr oder (meist) weniger gefällige und als wirklich *nötig* empfindbare Verschönerungen lassen können, so können Schwätzer redefreie Räume im metropolitanen Lärmdschungel unseres Alltags nicht ertragen, aus Angst vor der Leere, der Pause und der Stille.

〰 Auch wer das Ärgernis kennt und die Klage teilt, wird einwenden, daß damit aber noch lange keine musiker- beziehungsweise gar laienmusikerspezifische Eigenheit angesprochen ist. Viele, ja viel zu viele Menschen aus allen Schichten, Zünften und Verhältnissen kennen wir, die zu ihrem Sprechorgan das gleiche selbstbewußte Verhältnis pflegen wie Charles Heston, der Präsident der amerikanischen Gewehrträger-Vereinigung NRA (*Natio-

nal Rifle Association) zu seiner Flinte: abnehmen würde man sie ihm erst können, hat er in einer berühmten Rede verkündet und dabei den Schießprügel hoch in die Luft gereckt, ›from my cold, dead hands‹. Genauso trotzig gibt sich jeder Anhänger der global operierenden NSA (*National Schwafel Association*): bis zu meinem Ableben gehört mein Mund mir und keiner hat drein- oder mitzureden, wenn ich bei allem drein- und mitrede.

〰️ Aber trotzdem wird man den Verdacht nicht los, daß die Plaudertaschen- und Quatschtantenfraktion, der Ratschkatteln- und Quasselstrippenklub in den Liebhaberorchestern in manchmal geradezu beängstigender Überproportionalität vertreten ist. Gibt es vielleicht spezifische Gründe, die gerade Laienmusikerinnen und Laienmusiker (und wir verzichten hier auf naheliegende genderspezifische Ungleichgewichtungen, die über diese – natürlich nur höflich gemeinte! – Erstnennung der weiblichen Musikerinnen hinausginge) dazu anregt, sich und uns mit derartigem Übereifer in Konversation, Kommunikation und Kolloquium zu engagieren? Ist es etwa kein Zufall, daß vor, während und nach den Proben wie vor, während und nach den Konzerten (ganz zu schweigen von Vorstandstreffen, Vereinstreffen, und natürlich auch von BDLO-Verbands-Sitzungen auf allen Ebenen) soviel *geredet* wird?

〰️ Eine erste Erklärung wäre: es liegt gar keine reale Prädominanz der Dampfplauderer vor, sie fällt hier nur besonders auf, besteht doch die allererste soziale Abmachung, die unausgesprochene Grundvoraussetzung jeder musikalischen zwischenmenschlichen Interaktion darin, eben *nicht* miteinander zu sprechen, sondern stattdessen ›nur‹ (?) miteinander zu musizieren. Wie hoch unwahrscheinlich und, in einer insgesamt auf globale Vernetzung und Kommunikation zustürzenden Welt, historisch-evolutionär unplausibel eine solche Vereinbarung ist, klingt noch in den Metaphern an, mit denen man Formen und Strukturen des eigentlich stummen Musikmachens wieder auf alltägliche *Sprech*situationen zurückführt: da ist vom ›Dialog‹ der verschiedenen Stimmen die Rede, von ›Klangrede‹ und ›Artikulation‹, von angeblichen ›Frage und Antwort‹-Spielen, von ***declamando***, ***sussurando***, ***scherzando*** und ***sotto voce***; und daß der Hinweis ***tacet*** sich nur auf das Schweigen, also das Aussetzen des jeweiligen *Instruments* bezieht, also äquivalent der Aufforderung ***molto plapperando con gusto e senza problema*** zu lesen wäre, hat sich sowieso immer schon verstanden. Wenn gar der Dirigent wieder mal dazu auffordert, sich doch auch einmal beim Spielen gegenseitig ›zuzuhören‹, da wird sich mancher denken, daß man ja gerade *dafür* hier am allerwenigsten zusammengekommen ist: ›zuhören‹ muß man ja heute immer und überall. Musik ist doch gerade eine der ganz wenigen gesamtgesellschaftlich tolerierten Kommunikationsverweigerungsstrategien, die uns heute überhaupt noch zu Gebote stehen.

〰️ Diese Leistung, sich die bewußte Unterbrechung der sprachlichen Kommunikation auf die Fahnen zu schreiben, kann, wie gesagt, auch als historische Errungenschaft nicht hoch genug geschätzt werden. Nicht umsonst ging die Musik dieses Vorhaben ganz vorsichtig und scheinbar harmlos an: nämlich mit dem Gesang, also dem gesungenen Geschwätz. Sprachlose Musik, die sogenannte ›absolute‹ oder Instrumental-Musik wagte es erst viel später, das Gerede gänzlich zu verabschieden und zumindest für die Dauer der Musik zu übertönen beziehungsweise im Idealfall (zumindest temporär) sogar vollständig stillzustellen. Wie man weiß, gelang auch das nicht auf Anhieb: bis heute bleibt sehr viel Musik in einer demütigen, nur halb geduldeten Zwischenposition zwischen Absenz und Präsenz stecken und läßt sich als sogenannte ›Hintergrundmusik‹ (früher etwas vornehmer als ›Tafelmusik‹) auf einen faulen Kompromiß mit den Schwätzern ein: sie wird geduldet, wenn und solange sie die ständigen Schwadroneure nicht allzu sehr stört. Auch heute wird sie nur in seltenen Momenten als vollwertige Kämpferin in dem globalen Duell um Aufmerksamkeit geduldet. Die abendländische Musik ficht dann einen spiegelbildlichen Kampf zu dem der morgenländischen Scheherazade in ihren 1001 Nächten: die geschichtenerzählende Tochter des Wesirs muß reden und reden und reden, um die grausam monotonen Trauertrommeln ihrer Hinrichtung hinauszuschieben, die europäische Konzertmusik muß spielen und spielen und spielen, um den Wiederbeginn des grausam monotonen, nerv- und zeittötenden Geplappers der übermächtigen Schwätzer hinauszuschieben.

〰️ Es gibt eine bekannte Anekdote, die diesen schon Jahrhunderte währenden Machtkampf um die Diskurshoheit zwischen Sprache und Musik sehr hübsch illustriert. Als Liszt einmal ein Privatkonzert vor dem russischen Kaiser gab, soll sich dieser bei einer Piano-Stelle zu seinem Adjutanten gewandt und ihm laut einen Befehl gegeben haben. Liszt hörte daraufhin sofort zu spielen auf und ließ die Hände in den Schoß sinken. Als der Zar ihn unwillig nach dem Grund der Unterbrechung fragte, antwortete Liszt mit höflicher Verbeugung: ›Wenn Fürsten sprechen, haben die Diener zu schweigen.‹[1]. Die hinter-lisztige Botschaft ist klar: die Musik beansprucht, die normalen Machtverhältnisse des Sprechendür-

---

1. Vgl. http://glareanverlag.wordpress.com/2007/11/27/musiker-anekdoten

fens und Schweigenmüssens zu ihren Gunsten umzudrehen, sie fordert *Silentium* auch von den Rede- und Sprach-Mächtigen, deren Stimme sonst alles übertönen darf. Aber wie Liszts in den Schoß sinkende Hände zeigen: sie kann diesen subtilen Anspruch nur anmelden, indem sie aufhört zu spielen – und stattdessen eben redet.

〰️ Kein Wunder also, daß sich der in uns offenbar tiefen-anthropologisch verankerte Sprechtrieb, das humanoide Lautgebungsbedürfnis, die zivilisationstypische Redewut auch und gerade unter den unnatürlichen Bedingungen des schweigepflichtigen Musizierens immer wieder Bahn bricht. Die Schwätzer, gegen die wir Musiker eigentlich einmal angetreten sind, sitzen als ›fünfte Kolonne‹ mitten unter uns. Da mag man noch so romantisch schwärmen, daß man ›mit Musik alles sagen kann‹: das hindert viele Musiktreibende ganz und gar nicht daran, auch *ohne* Musik noch einmal alles zu sagen. Hinter den Orchesterpulten staut sich ein unaufhaltbares Mitteilungsbedürfnis an, das den laienmusikalischen Schwätzer einfach nicht zur Ruhe kommen läßt – und alle ihm unglücklicherweise nahe-stehenden Mitmenschen auch nicht.

〰️ Verschiedene Grund-Typen lassen sich unterscheiden: da ist der notorische Proben-Zwischenbabbler (*probus interruptus munteris parlans*): jedes Abwinken des Dirigenten gilt ihm als Wink, möglichst unmittelbar den Mund zu öffnen. So als hätte man selbst diese Unterbrechung genau an dieser Stelle gewollt, gibt es der geneigten Pultnachbarschaft umgehend eine hochbrisante eigene Beobachtung mitzuteilen, deren Relevanz und Werthaltigkeit natürlich alles, was eventuell diese seltsame Figur mit ihren eigenartigen Hand- und Armbewegungen da vorne zusätzlich kundzugeben hätte, weit in den Schatten stellt und daher unbedingten Vorrang hat (... äh ... was hat er jetzt gesagt? ... wo fangen wir noch mal an? ...).

〰️ Und dann gibt es den Vorleser (*pro-lector stolzus alphabetizzatus*), immer im Dienst des Kollektivs: jede Reisegruppe hat ihren hauptamtlichen Vorleser, der beim Stadtbummel jedes Plakat und jedes Schaufenster-Schild allen anwesenden mit sonorer Stimme verlesen muß, auch wenn sich unter den Begleitern noch nicht allzu viele als komplette Analphabeten geoutet haben; jede Wandergruppe hat den buchstabenbegeisterten Kameraden, der jeden Wegweiser, jede Inschrift und jeden Wirtshaus-Aushang zur besseren Verständlichkeit für alle in Freiluftlautstärke rezitiert. Und so gibt es in den Liebhaberorchestern den musikalischen Vorleser, der vor, während und nach jeder Beschäftigung mit einem Stück jede Tempo- und Dynamikbezeichnung laut mitliest, obschon auch hier mit einem gewissen Weltvertrauen davon ausgegangen werden dürfte, daß alle Mitspielenden nicht nur die ellipsenförmigen Punkte zwischen und auf den Notenlinien, sondern auch all die anderen herkömmlichen alphanumerischen Zeichen und Symbole auf intersubjektiv vertretbare Weise zu interpretieren in der Lage sind. Vermutlich ist sich ein vorwiegend oral orientierter Mensch wie unser laienmusikalischer Schwätzer selbst nicht so ganz sicher, sobald er es mit Schriftzeichen zu tun hat, und überprüft daher zur Sicherheit, ob die Produkte seines Lesevermögens mit den unterstellten Lektüre-Erkenntnissen seiner Mitmenschen übereinstimmen. Kulturhistorische Studien klären uns ohnehin darüber auf, daß das stille Nur-Für-Sich-Lesen eine relativ späte Errungenschaft einer mit- und umweltschonenden Diskretions-Gesellschaft war; wer, wie eben ein Musiker, darauf trainiert ist, Schwarz-auf-Weiß-

Symbolik auf systematische Weise in real hörbare *Laute* umzusetzen, mag gewisse Schwierigkeiten haben, hier zu differenzieren und für rein sprachlich-intellektuell und formal gemeinte Anweisungen auf deren akustische Umsetzung zu verzichten.

〜 Darüber hinaus aber gibt es, von diesen Sondertypen abgesehen, den allgemeinen liebhabermusikalischen Immer-Schwätzer und Dauerredner (*musicus comunis schwatzus longus*): denn ständig gibt es im so vielfältigen Umfeld des gemeinsamen Musizierens etwas zu erzählen, zu klären, zu kommentieren, zu korrigieren, zu kritisieren, zu verurteilen, zu erinnern, zu präzisieren, zu versichern, zu parodieren, zu betonen, zu beweisen, zu garantieren, mitzubestimmen, nachzufragen … und auch nach alledem ist noch lange nicht Schluß, dann gilt es, noch mal Resümee zu ziehen, das Ganze abzurunden, zusammenzufassen, einen Schlußstrich zu setzen, um selbst dann aber ›letztendlich‹ immer noch ›einen draufzusetzen‹ … Kommunikation ist, wie der Soziologe Niklas Luhmann sagt, auf permanente Anschlußfähigkeit angelegt: sie kann ohne Ende immer weiter gehen, und genau das ist die Chance und der Lebenszweck des Schwätzers. Es muß eben immer, überall, bei jeder Gelegenheit und jedem Anlaß, geredet werden, und seien es so wertvolle wie nie verblassende Phrasen, so sinnfreie wie kontextinsensitive Floskeln wie ›So jung kommen wir nicht mehr zusammen‹, ›Alles hat einmal ein Ende‹, ›Man kann nicht alles haben‹ und ›Es ist alles nicht so einfach‹. Alles klar? Alles klar. Gut, daß wir darüber geredet haben.

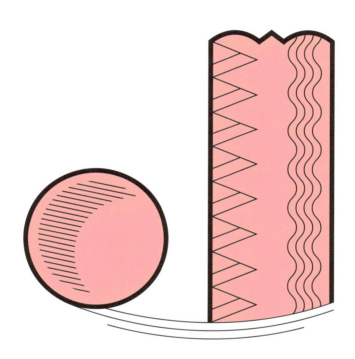

KAPITEL 16
DER JAZZER

Nur selten ist der hier als ›Jazzer‹ (sprich: dschäser) bezeichnete Laienmusiker (sprich: *musicus classicus denaturatus et americanizans*) wirklich ein solcher, d.h. ein auch mit einer leibhaftigen ›Combo‹ oder ›Band‹ spielender und auftretender Jazzmusiker. Aber er wäre es wohl gerne, so wie andere eben gern Klavierkonzertsolist in der Carnegie Hall, Playboy auf Haiti oder Milliardär in Liechtenstein wären – und genau wissen, daß sie es nie sein werden. Aber daß er irgendwie Jazzmusiker sein könnte, ja eigentlich sein müßte – das sagt dem Jazzer, wo er geht und steht, sein unwiderstehlicher Drang zum Schwingen und Swingen, zum Wippen und Tänzeln, zum Zucken und Zappeln, Dudeln und Klimpern, zum Trällern, Pfeifen, Brummen von mehr oder weniger sinnlosen Melodiefetzen: zwar selten melodisch, aber dafür um so fetziger.

> Irgendetwas an ihm ist immer am Beben, Federn, Schaukeln, Zittern; ein unfachmännischer Fachmann mag ›RLS‹ diagnostizieren und Baldrianpastillen verordnen; aber es ist nicht das ›Restless-Legs-Syndrom‹, sondern ein konstant gefühlter, gespürter, gelebter Rhythmus hält alle Gliedmaßen des Jazzers in unaufhörlicher Bewegung, fieberhafte Synkopen erschüttern und durchjagen seinen Körper, lassen ihn ständig mit den Fingern trommeln, mit den Knien wippen und mit den Hüften wackeln. Auch geistig und psychisch ist die bizarre Harmonie seines Gefühls- und Seelenhaushalts nicht nur metaphorisch wohl am ehesten so zu beschreiben: statt banaler reiner Dreiklänge dominieren sein ›inneres Klingen‹ Vier-bis-Sechsklänge voller hinzugefügter

Sexten, großer Septimen, verminderter Nonen und übermäßiger Undezimen.

≫ Der Typ ist also musikalisch irgendwie ›schräg drauf‹, und zwar – und das ist erstaunlich – altersunabhängig von seiner realbiologischen Jugendlichkeit. Denn es sind nicht etwa die ›Jungen‹, die da ständig mit dem Finger schnipsen und (gottseidank fast) unhörbare Freejazz-Saxophon-Solos vor sich hinsummen, es sind eher die höheren Semester, die den Jazz als Anti-Aging-Serum, als Jungbrunnen ihrer Midlife-Crisis-bedrohten Existenzphase – ›too old to rock'n roll and too young to die‹ (Jethro Tull 1976) – mißbrauchen. Die wirklich jungen Laienmusiker im Orchester, das sind entweder streng ausgebildete Klassik-Hardliner (womöglich der schlimmsten Sorte, die HAF-Fraktion: Historische-Aufführungspraxis-Fundamentalisten), oder in Wahrheit Hiphopper, die gerade den temporären Klassikteil ihrer musikalischen Sozialisation den Eltern zuliebe absolvieren. Und die wirklich ›alten‹ Orchesterkollegen sind in Ehren ergraute Barock-Klassik-Frühromantik-Traditionalisten, von denen sich der Jazzer, kurz vor dem irreversiblen Dazugehören, noch einmal verzweifelt und offensiv abgrenzen will mit seinen blue-notes, seinen up-beats und Major-Seventh-Chords (ja, natürlich ist der Jazzer anglophon: der Basso continuo ist ein *walking bass*, das Sonatenhauptsatzthema heißt *Riff*, den Einsatz nach der Fermate gibt's *on cue*, und wenn er *B* sagt, meint er meist *H* – das deutsche *B* heißt ja bekanntlich *B flat*).

≫ Da ist natürlich das Meiste nur Fassade und Phrase. Wichtig aber bleibt der ganz spezifische laienmusikeridentitätsstiftende Faktor: der Jazzer nutzt das Moment des Aufbegehrens im Jazz, dessen irritierende Gegenrhythmik und anstößige Harmoniefremdheit als seinen kleinen privaten außerorchestralischen Oppositionsakt gegen das Enge und Begrenzte, das Schablonenhafte des ewig-gleichen sturen Vier-Viertel-Rhythmus, der permanenten Dreiklangsharmonik und vor allem des Zwangs zum ›Genau-das-Spielen-Müssen-was-in-den-Noten-steht‹ – und das – schlimmer noch – auch noch so, wie der Dirigent es will. Nun ist der Liebhabermusiker ja per se, sozusagen von Geburt, schon ein Freund der kreativen Abweichung, der großzügigen Text-Auslegung, des individuellen Widerstands gegen die Diktatur des Pentagramms, gegen den Richterspruch sogenannter ›Urtextausgaben‹ oder andrer mit mosaischer Strenge aufgestellter musizierpraktischer Gesslerhutstangen. Man plaudert kein laienmusikalisches Betriebsgeheimnis aus, wenn man die enge Affinität, den schmalen Grat zwischen dem Nicht-ganz-Können des gewöhnlichen Liebhabermusikers und dem Gar-nicht-so-Wollen seiner hier in Rede stehenden jazz-infizierten Variante herausstellt. Jede Art von ›Improvisation‹ muß sich ja fragen lassen, ob sie aus der Unterlegenheit eines Kompetenz- oder Bestandsdefizits oder aus der Überlegenheit dessen kommt, der souverän über den traditionellen Geboten der Situation oder der Institution steht und deren entlastende Entscheidungshilfen gar nicht nötig hat (man könnte also etwa eine ›süditalienische‹ und eine ›nordamerikanische‹ Improvisationskunst unterscheiden).

> Der Jazzer aber kultiviert diese ambivalente, zwischen ›kannnicht‹ und ›mag-nicht‹ changierende Haltung und versorgt sie obendrein mit einem guten Gewissen. Das Argument heißt dann gerne, mit flottem Mut zur anachronistischen Spekulation: ›Mozart würde das heute selbst so spielen ...‹[1], denn ein Jazzer erfindet selbstverständlich nichts willkürlich hinzu, sondern er ›entdeckt‹

nur den ›Ur-Jazz‹, den Rhythmus, die Nebennoten, die Variation, die im Stück selbst ja doch bereits angelegt seien. Jacques Loussier musste den Jazz nur noch aufwecken, der im ollen Johann Sebastian schlummerte! Und ebenso kann ein wahrer Laienmusiker-Jazzer in jeder Phrase, die er im Orchester zu spielen hat (meist: an untergeordneter Stelle, in der zweiten Geige, in der Bratsche, am Kontrabass), durch eine kleine Akzentverschiebung, durch ein schnelles Glissando, eine passende Verzierung und einen mit Füßen, Händen und Mund (›beat box‹) dazu gelieferten Rhythmus jede noch so ›klassisch‹ und feierlich daherkommende Tonfolge als das entlarven, was sie in Wirklichkeit ist: ein ganz brauchbares Jazz-, ja ein Pop-Song-Fragment.

≫ Der Jazzer ist natürlich ein Ironiker, oder kulturgeschichtlich ausgedrückt: ein Postmoderner. Nichts ist ihm heilig, nichts scheint unmöglich, *anything goes*. Er kann nichts so stehen- und geltenlassen, wie es ist. Auch (und gerade) der pathetischsten, anrührendsten und am meisten zu Herzen gehenden Stelle muß ein verfremdendes Jazz-Moment abgerungen, ein falscher Akzent hinzugefügt, ein decouvrierender Text unterlegt werden. Der

1. Sowieso hat man manchmal das zwingende Gefühl, daß die verstorbenen Komponisten, wenn sie denn aus ihrem von Hosanna-und-Halleluja-Rufen durchjubelten Himmel zwischendurch einmal zu uns auf die Erde hinunterschauen, weniger bei den sturen Profis als bei uns Laienmusikern sind, wenn wir uns verzweifelt bemühen, ihren irdischen Notenanweisungen gewissenhafteste Folge zu leisten; hören wir da nicht im Ohr den guten Mozart, wie er uns zuraunt: ›jo, geh, jetzt nimm's hoit net gor so genau mit de poar Sechzehntel do, die hob i domois schnöl so hingschriebn, des konnst a ganz anders spüln, des geht's sie scho aus … des passt scho …‹

Orchestermusiker, der nach der bekannten Auskunft von Prof. Kalauer[2] schon vor etlichen Jahrzehnten das wunderschöne Cello-Kantilenen-Thema in Schuberts Unvollendeter mit dem unsterblichen Text ›Frieda / wo kommste her / wo gehste hin / wann kommste wieda?‹ unterlegte, war zweifelsohne ein Jazzer im hier beschriebenen radikal-dekonstruktivistischen Sinne.

> Aber dies Getue kann auch ganz schön auf die Nerven gehen. Man muß ja nicht gleich das Ressentiment von Horkheimer und Adorno gutheißen, die sich in der ›Dialektik der Aufklärung‹ über den Jazzer als Prototypen kulturindustrieller Verhunzungs-Routine so wunderbar aufgeregt haben: ›Ein Jazzmusiker, der ein Stück ernster Musik, das einfachste Menuett Beethovens zu spielen hat, synkopiert es unwillkürlich und läßt nur souverän lächelnd sich dazu bewegen, mit dem Taktteil einzusetzen.‹ Das souveräne Lächeln bei (und über) Beethoven würden wir gerne ertragen (ja sogar: teilen), aber der Jazzer ist mitunter ein sehr unangenehmer, hippeliger, nie zufriedener und nie ruhegebender Pultnachbar; damit nicht genug, macht er sich in den Probenpausen, wenn er keine Beethoven-Menuette verhunzt und die andern endlich einmal alle entspannt die Stille genießen wollen, mit seinem ständigen umpta-umpta-didl-du-dumm-bada-bada-badamm-bum-bum das ganze Orchester zum Feind. Und die aus deutschen Vor-Wiedervereinigungszeiten bekannte Frage, warum er, mit all seinem subtilen musikalischen Anti-Klassik-Genörgel, denn dann nicht endlich ›rübergehe‹, also tatsächlich und endgültig in die Jazz-Branche wechsle, wenn er sich dort so wohl und hier bei uns

---

2. Vgl. Ernst Heimeran (Hg.), Professor Kalauers ausgewählte musikalische Schriften. Mit vielen Bildern der Zeit, München 1955.

offenbar so unwohl fühlt, weiß er wohl selbst nicht zu beantworten. Vermutlich, weil der Jazzer wieder einmal ein typischer Grenzgänger ist, ein ›Wanderer zwischen den Welten‹, der gerade im Zwischenbereich, im Weder-noch und im Sowohl-als-auch zu Hause sein will; oder, vermutlich wahrscheinlicher: jemand, der fürchtet, daß auch der Jazz nicht sein Zuhause sein würde, weil er ahnt, daß auch dort, trotz aller scheinbaren *leggerezza* und improvisatorischer Freiheit, letztendlich strenge Regeln gelten, hohe Anforderungen gestellt und professionelle Kompetenznachweise (heute: von sündteuren amerikanischen Jazz-Privatmusikhochschulen) erwartet werden. Auch der Jazzbetrieb ist, genau wie der profimusikalische Klassikbereich, eine geschlossene Gesellschaft, die die ausgewiesenen Insider von den laienhaften Außenseitern abschottet.

≫ Und so, abgeschreckt vom komplexen, hochgezüchteten und hypersensiblen realexistierenden Jazz-System zieht sich der Laien-Jazz-Laienmusiker lieber zurück, packt seine faden Vivaldi-Händel-Telemann-Orchesternoten wieder aus und versucht halt doch noch, die paar Noten möglichst ›gerade‹ im Takt, sauber intoniert und hübsch monoton-klassisch hinzukriegen: ganz *straight* eben. Wenn nur der störrische Fuß nicht dauernd so nervös zucken würde …

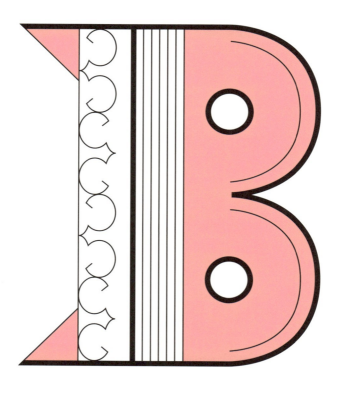

KAPITEL 17
DER BACH-FAN

Der laienmusizierende Zeitgenosse ist von Natur aus wählerisch: nicht nur als konformer Repräsentant der heutigen ›Multioptions-Gesellschaft‹, die vor jede noch so nebensächlichste Konsumentenwahl die Qual der Auswahl aus verschiedenen Sorten, Marken, Qualitäten, Preisniveaus gestellt hat, sondern auch, weil er, im Gegensatz zum Musikprofi, gerade das eben auch sein *darf*: wählerisch. Mein Notenständer gehört mir, *my Pult is my castle*, in meinem musikalischen Privat-Reich herrscht Autonomie, Autarkie und das absolute Recht auf Selbstbestimmung. Wer sich hingegen der professionellen Musikerkarriere verschreibt, hat damit das Recht auf freie und selbstgesteuerte Notenwahl verwirkt, und muß zeit seines Lebens spielen, was ihm die zahlenden Instanzen auf den Ständer legen, sei dies ohrenbetäubender zeitgenössischer Krach oder das ewig gleiche, auch in der 137. Aufführung immer noch nicht totgeschraddelte Operettengedudel.

Gleichwohl, und vermutlich gerade deswegen, ist der Liebhabermusiker meist genügsam, bescheiden und ›offen‹ (vor allem ja auch ›ergebnisoffen‹) und gerade *nicht* heikel-wählerisch: was aufgelegt wird, wird gespielt. Nur ganz selten hört man ihn im Orchester oder in der Kammermusik-Formation dezidierte positive oder negative Geschmacksurteile über das zu spielende Material äußern, zumindest kaum je mit einem solch idiosynkratischen Engagement, das bis zur Verweigerung führen würde. Natürlich wird hie und da gegrummelt, gebrummt und gemotzt (vgl. dazu vor allem Kap. 2), und selten kann man es mit der

Stückauswahl in einem Ensemble von raffinierten Individualisten mit feindifferenziert ausgeprägten Geschmackspräferenzen – und welches Laienorchester wäre *kein* solches? – wirklich auf Anhieb allen rechtmachen. Aber gerade weil niemand *muß*, *wollen* am Ende dann doch auch wieder alle und spätestens nach der Aufführung ist man sich schon aus Gründen der Eigenmotivation und des psychischen Selbstschutzes übereinstimmend einig, daß man doch wieder ein, wenn auch vielleicht zunächst unbekanntes und ›sprödes‹, aber doch ›herrliches‹ Stück ausgewählt und erle(di)gt hat. In diesem Sinn ist und bleibt der Laienmusiker ein pflegeleichter Allesfresser, der sich quer durch sämtliche Epochen und Stilarten von fast allen nur irgendwie spielbaren Früchten, Pflänzchen und Kräutlein des musikalischen Gemüsebeets ernährt, ganz ohne einschränkende schrullige Eigenheiten, allergische Unverträglichkeiten und peinliche Diätvorschriften.

𝄢 Um so seltsamer erscheinen dann die unter den Liebhabermusikern doch hin und wieder anzutreffenden Erscheinungsformen stur-reaktionärer Verweigerungshaltung gegenüber bestimmten Komponisten. Man sollte hier nicht an die gute alte Brahms-Wagner-Kontroverse denken, die einst das gesamte musikalische Universum in zwei feindliche Weltanschauungs-Lager gespalten hat; darüber ist heute längst das Gras eines post-faschistischen, urban-toleranten Warum-nicht?-Pluralismus gewachsen. Aber daß zum Beispiel heute unter uns ausgesprochene, offen bekennende und völlig unbekehrbare ›Beethoven-Hasser‹ wandeln (*antimusicus beethovophobus idioticus pervertitusque*), die lieber das langweiligste Anfänger-Machwerk des letztrangigsten Kleinmeisters als Beethovens heilige mittlere und späte Quartette spielen: das mag man gar nicht glauben, kommt aber vor – und ist wahrscheinlich nicht einmal mit einer tiefenpsychologischen Trauma-Therapie zu beheben. Viel verständlicher, angenehmer und behaglicher ist es dann, wenn sich auf der positiv gestimmten Gegenseite konstatieren läßt, daß es bei einem anderen Komponisten (des gleichen qualitativen Kalibers wie der böse L.v.B.) *keinerlei* Vorbehalte unter Laienmusikern gibt: fast alle Vertreter dieser Menschensorte lieben und verehren, ohne Wenn und Aber, good old Johann Sebastian Bach. Auf keinen anderen Namen einigt man sich so schnell, wenn es um das allestragende Fundament wie um die unerreichte Spitze, um den Maßstab aller musikalischen Dinge und um das treffendste Einzelbeispiel einer bestimmten Gattung geht. Auch wenn er keine eigentlichen ›Streichquartette‹ geschrieben hat: gibt es einen entspannteren, sinnvolleren, befriedigenderen Abschluß eines Quartettabends als die vierstimmigen Fugen aus der ›Ka de Eff‹, wie die Musiker liebevoll Bachs ›Kunst der Fuge‹ nennen, ein Kürzel, für das hier die Lesart ›Kraft durch Freude‹ ebenfalls angemessen wäre, wäre sie nicht durch die einschlägige deutsche Geschichte für alle Zeiten verhunzt.

𝄢: Es sind eine ganze Reihe von Gründen, die Bach zum Liebling des Bach-Liebhabers (*amicus amoris completus antiquus eternus Bachis patris, sine filii male educati*) machen; nur andeutungsweise können hier einige davon skizziert werden. Bachs Musik ist zunächst schlicht ›spielbar‹, wenigstens in den allermeisten Fällen. Der holländische Schriftsteller und Liebhabermusiker Maarten 't Hart hat in seinem Buch mit dem bezeichnend kumpelhaften Titel *Bach und ich* notiert:

𝄢: ›Es gehört zu Bachs vielen sympathischen Eigenschaften, daß sogar seine schwierigsten Werke Passagen enthalten, die auch ein

Anfänger spielen kann. [...] Deshalb hat man auch als Amateur das Gefühl, von Bach ernstgenommen zu werden. Er lüftet den Schleier ein wenig, man wird ein bißchen eingeweiht und darf mitmachen – nicht nur als fünftes Rad am Wagen‹.

𝄢 Auch wenn hier schon zu viel von Mystik und Geheimnis die Rede ist (es gibt bei Bach gar keinen zu lüftenden ›Schleier‹, es liegt alles offen zu Tage; diese anwendungsorientierte und benutzerfreundliche Musik kennt und verursacht keine Berührungsängste, keinen Dünkel): 't Hart trifft ziemlich genau Bachs Haltung zu uns Laienmusikern, aus der unsere Haltung *zu ihm* resultiert. Wir lieben Bach, weil er *uns* entgegenkommt: er ist flexibel handbar, er ›funktioniert‹ auch bei langsamen Tempi (vergesst die Zirkusartistik mancher Rasereien von Glenn Gould oder der *Musiqua Antiqua Köln*!) und er ist ohne Schaden transponierbar, transkribierbar, uminstrumentierbar. Bach selbst hat es ja bereits vorgemacht und damals seine existierenden Konzerte für Geige flott in Klavierkonzerte umgeschrieben und vice versa, je nachdem, was gerade so gebraucht wurde. Ebenso kann man heute Flötensonaten als Trios, Orgelsonaten als Flötensonaten, Klavierstücke als Instrumental-Duette, Klavierpräludien als Orgelstücke, usw. spielen; es klingt immer irgendwie ›plausibel‹, weil es immer unausweichlich ›nach Bach‹ klingt, und nirgendwo werden die naive Mär vom ›Originalklang‹ und die flache Doktrin der ›historischen Aufführungspraxis‹ deutlicher ad absurdum geführt als mit den verschiedensten, je nach gusto und Bedarf zurechtgestrickten Neubearbeitungen der Musik Johann Sebastian Bachs.[1]

𝄢 Und er kommt uns *allen* gleichermaßen entgegen: jeder im Ensemble hat etwas zu tun, kein Part ist nur Beiwerk, nur

›Begleitung‹ oder nachrangige Füllstimme. Diese Musik ist demokratisch, menschenfreundlich und human (sie taugt daher zur Menschheitsrepräsentation: das erste was Außerirdische von uns hören werden, wenn sie eine der im Weltraum verschollenen Sonden aufbringen, wird das auf ihnen als Audio-Spur eingespielte *Wohltemperierte Klavier* sein, und zwar zum Glück ganz ohne Gounod!). Sie rechnet auf der Seite der Ausführenden mit dem, was sie selbst in Tönen vormacht: die Tongebilde formen ein nicht-hierarchisch geordnetes Kollektiv, ein nicht aufhören wollendes Gewebe aus vielen gleichberechtigten Fäden.

Denn, die These soll hier gewagt werden: Bach selbst ist Laie, er ist ›Liebhaber‹, weil er eben gar kein Künstler, sondern ein simpler ›Handwerker‹ ist: er kennt sich musikpraktisch aus, er weiß, was ›geht‹, er kennt nicht nur die Regeln, sondern auch die Kniffe und Tricks, er kann die real vorliegenden Möglichkeiten perfekt einschätzen und perfekt ausnützen, er kann Dinge konsequent und ohne überflüssige Redundanz zu Ende bringen. Bach überzeugt weniger durch geniale ›Einfälle‹ als durch die

---

1. Diese pragmatische Sichtweise auf Bach verhindert auch, daß der laienmusikantische Bach-Fan mit schuld ist an der ›Heiligsprechung Johann Sebastian Bachs‹, vor der der Musikwissenschaftler Wolfgang Fuhrmann vor kurzem gewarnt hat und deren Auswirkungen er bis heute nachzuweisen zu können glaubt (Musik & Ästhetik, 2014). Was immer davon zu halten sein mag (und Bachforscher Martin Geck hält offenbar *nicht* viel davon), der liebhabermusikalische *Bach-Fan* ist kein Bach-*Fanatiker* und auch als ›Gottesbeweis‹ taugt seine Musik ihm nicht. Auf dem Hausaltar der Laienmusiker, sofern vorhanden, stehen nämlich keine Komponisten, sondern eben ›Musiker‹. Richtige.

Ökonomie der Mittel, mit der er aus dem Wenigen genau das Meistmögliche (u.d.h. auch: *nicht mehr als das*) herausholt: also nicht wie bestimmte Komponisten-Kollegen, die ein einziges Motiv eitel und nervtötend so lang hätscheln und aufblasen und breittreten, bis es die Gehörgänge vollquillt. Wie ein Freizeit-Bastler eben auch nicht aus dem Vollen schöpfen kann, sondern aus seinen mageren Vorräten das jeweils Beste machen muß, ohne überzogenen Anspruch, ohne Erregung, ohne Hybris, so lehrt Bach uns Musikalisch-Armen-im-Geiste das Kräfte- und Ressourcensparen.

𝄢: Und *so* jemandem vertraut man sich als genügsamer Laie gerne an, weil man weiß: hier ist kein überspannter Künstler am Werk, der effekthaschend, auftrumpfend, eigenwillig ›sein Ding durchziehen‹ will, hier will niemand die ›Schranken des Machbaren‹ durchbrechen oder die ›Grenzen der Form‹ überschreiten; einer wie Bach braucht keinen ›Fortschritt des Materials‹ und keine emotionalen Kraftausbrüche ›künstlerisch-autonomer Subjektivität‹. Bach ist kein exaltiertes Genie, sondern ein verläßlicher Handwerksmeister, der auch uns Laienmusikern gut funktionierende und vielfältig einsetzbare Werkstücke übergeben hat; diese erfordern keinen großen interpretatorischen Einsatz, keine großartige Reflexion über einen ach so ›innovativen Deutungsansatz‹, sondern lediglich ein Minimum an Taktsicherheit und Geläufigkeit, den ›Rest‹ macht die Musik allein, quasi voll-automatisch. Denn Bachs Stücke sind sich-selbst-bewegende Einheiten, sie sind im Wortsinne ›auto-mobil‹.[2] Einsteigen, anschnallen, Automatik-Gangschaltung auf B wie *Barock* einstellen, und schon geht's los. Das Tänzeln, Improvisieren und Grooven während der Fahrt ist ausdrücklich erlaubt.

2. Insofern stelle ich, statt der gähn-langweiligen älteren Behauptungen, Bach sei der ›Newton‹ oder der ›Albrecht Dürer der Musik‹, hiermit die These in den Raum: Bach ist der *Benz* der Musik! Es kann ja kein Zufall sein, daß genau 200 Jahre nach Bachs Geburtstag in Deutschland mit dem ›Patent-Motorwagen Nummer 1‹ das erste Automobil durch Deutschland rollte. Das sollte die Bachakademie in Stuttgart (!) doch mal für ihr Marketing berücksichtigen!

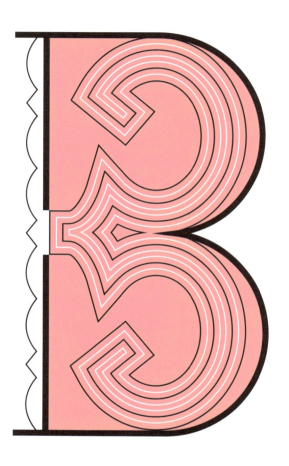

KAPITEL 18
DIE BRATSCHERIN

Das Vorwort hatte es versprochen: die hier vorgestellten Typologien wollen eigentlich keine Charaktere und Personalitäten mit bestimmten Instrumenten in Verbindung bringen; auch wenn solche Assoziationen natürlich nahe liegen: wer kennte nicht den typischen *Blechbläser* (der trinkstarke Rabauke, der beim *tacet* die ›Auto-Bild‹ oder ›Kicker‹ liest, vgl. Kap. 19), die *Harfenistin* (die langhaarige, meist blonde Rapunzel, die aussieht wie die Figuren auf den Kupferstichen in alten Märchenbüchern), den *Kontrabassisten* (der coole Eigenbrötler, der bestimmt irgendwo tätowiert ist und heimlich in einer Free-Jazz- oder Heavy-Metal-Band spielt)? Trotzdem wollten es sich unsere bisherigen vergleichsweise differenzierten Bestimmungsversuche verkneifen, Laienmusikermentalitätstypen einfach gewissen Instrumenten(gruppen) zuzuordnen, wie dies populärtypologisch oft geschehen mag.

¶ Im vorliegenden Fall muß eine Ausnahme von diesem methodischen Trivialisierungsverbot gemacht werden, denn der nun in Rede stehende Typ ist eindeutig und notwendig auf ein bestimmtes Instrument verpflichtet und, eine zweite hochbrisante Einschränkung, ist ›vorwiegend‹, d.h. im wörtlichen oder übertragenen Sinne, weiblich (womit auch eine heute salonfähige Aufweichung der genderspezifischen Eindeutigkeit angedeutet und die folgende gewagte These in den peinlichkeitsfreien Raum wissenschaftlicher Sachlichkeit gestellt sein soll: der schwule Laienmusiker *bratscht* überproportional).

Beruht diese Einschätzung und diese typologische Zuordnung nun einfach darauf, daß die Bratsche als ein ›weibliches‹ Instrument anzusprechen ist? Ihre Bezeichnung würde das nahelegen: in der italienischen Streicherfamilie mit *il* violino, *il* violoncello und *il* contrabasso ist *la* viola die einzige Dame. Aber die Bratscherin als Laienmusikerin-Typ ausschließlich von dem von ihr gewählten Instrument her zu verstehen, hieße, in das reichlich abgestandene Fahrwasser jener vulgären Witzblatt-Denunziation zu kommen, die sich in den allseits (nicht zuletzt bei den offenbar masochistisch veranlagten Bratschern selbst …) so beliebten sogenannten ›Bratscher-Witzen‹ manifestiert.

¶ So wie es kein Zufall ist, daß es keine ›Bratscherinnen-Witze‹ gibt, so unsensibel und durchschaubar ist die Machart dieser oft nicht wirklich witzigen Witze. Weil Bratschen im klassischen Repertoire meist einen technisch nicht allzu anspruchsvollen Part zu übernehmen haben, soll der Bratscher von seiner musikalischen *wie* geistig-intellektuellen Kompetenz her auf einem meist nur knapp adäquaten Niveau stehengeblieben sein. Die Zusammenhänge sind schon seit langem bekannt und wurden schon vor fast 140 Jahren von Berlioz in seiner Instrumentationslehre (und schon damals optimistischerweise in der Vergangenheitsform!) lapidar und knapp so beschrieben: ›Die Violaspieler wurden stets aus dem Ausschusse der Violinspieler entnommen. War ein Musiker unfähig, den Violinposten schicklich zu bekleiden, so setzte er sich zur Viola.[1] Daher kam es, daß die Bratschisten weder Violine noch Viola spielen konnten.‹

¶ Aber während *der* Bratscher aufgrund der Unerbittlichkeit der funktionalen Konkurrenz- und Kompetenzlogik nichts anderes ist (und je sein wird) als eine tragikomische Figur, ein universelles Sinnbild für die existentielle Verfehltheit und Ortlosigkeit der ›Ausschußware Mensch‹ (J. Soyfer) – sitzen wir nicht alle irgendwie am ›falschen Instrument‹, da unfähig, den uns eigentlich zustehenden Posten ›schicklich zu bekleiden‹? – so geht von *der* Bratscher*in* hingegen ein durchweg positives, lebensfrohes Signal aus. Denn sie hat ihr Instrument bewußt gewählt. Und das aus mehreren exzellenten Gründen. Sie hat die Bratsche gewählt, weil sie eine Zwischenform zwischen Geige und Cello darstellt: sie steht nicht so im Rampenlicht und trumpft nicht dauernd so vorlaut auf wie die Geige; aber sie ist auch nicht von so unterschwellig dumpf-aufdringlicher Präsenz wie die sich für unverzichtbar haltenden Baßinstrumente; insbesondere ist die Bratsche nicht so boden- und unanständig (man bedenke allein die obszön-chauvinistische Spielhaltung) wie das stachlige Cello. Während die Geige also das Instrument des machohaften Möchtegern-Protagonismus' darstellt und das Cello eher den Bedürfnissen nach viril-rationaler Grundlegung und geistig-intellektueller Kontrolle entspricht, ist die Bratsche hingegen etwas für das *weibliche* Gemüt, das ja oft gern bescheiden im Verborgenen blüht. Ihr Ton ist weich, rund und wohlproportioniert, und verträgt keine grobe Traktierung.

1. Sehr schön beobachtet scheint hier übrigens auch die typisch liebhabermusikalische Einstellung, daß Unfähigkeit nicht etwa, wie man ja auch vermuten könnte, das *Aufhören* nahelegt, sondern lediglich zu einem raschen Platzwechsel innerhalb des Orchesters führt. Solch fröhliche Widerstandsfähigkeit gegen offensichtliches Scheitern – der Fachmann spricht von ›Resilienz‹ – findet sich heute sonst nur noch in der Politik, auch wenn sich Experten noch darüber streiten, welches Ressort in diesem Sinne eines Auffangbeckens für Versager heute die Rolle des ›Bratschen-Ministeriums‹ spielen würde.

Die Bratsche ist Füllstimme, sie begleitet meist nur, sie sorgt für die Hintergrund-Kontinuität, für die ›Standardsituationen‹ und für die Verläßlichkeit der Routine (›und füget zum Guten den Glanz und den Schimmer / und ruhet nimmer‹).

¶ Die Bratsche korrespondiert also von ihrer musikalischen Einsatzweise dem weiblichen Bedürfnis nach der Unauffälligkeit und Überschaubarkeit eines von den Höhen und Tiefen der stürmischen Außenwelt weitgehend abgeschirmten Binnenraumes (›und drinnen waltet ...‹). Denn die Rolle, die die Bratscherin der Musik in ihrem Leben zugesteht, ist zwar eine besondere, aber immer nur eine begrenzte: die Bratscherin macht Musik genauso hingebungs- und liebevoll wie sie Blumen umtopft, Batik-Kurse an der Volkshochschule besucht und einen zwar alternativ-ökologischen, aber sonst ›picobello‹-Haushalt führt: alles irgendwie ›nebenbei‹, mit großer Ruhe und Selbstverständlichkeit, aber ohne existentiell exaltiertes Engagement. Sie sympathisiert mit der Anthroposophie und anderen Esoterismen, aber natürlich ist sie keine Fanatikerin. Musik ist ihr ›Lebenselixier‹, was in ihrer Interpretation bedeutet, daß zu viel davon leicht schädlich ist. Sie ist (selbstredend) Vegetarierin.

¶ Die Bratscherin bewahrt daher ein distanziertes Verhältnis zur Musik, sie weiß, daß sie sich da auf geheimnisvolle Untiefen einläßt, auf ein Chaos, das einen wie eine Sucht in gefährliche Strudel ziehen kann. Nur in diesem keinesfalls platten und despektierlichen Sinn ist die Bratscherin musikalisch jungfräulich, eine von ausschweifenden musikalischen Ekstasen lebenslang unberührt bleibende ›Jungfer‹ – so wie ihre brave, schüchterne Viola ab der dritten Lage aufwärts. Man muß sie beim Auspacken und Wiederwegpacken dieses Instruments beobachten: vorsichtig wird das kostbare Wesen (meist ein teures Meisterinstrument, das ist ›sie es sich wert‹) aus seinem samtenen Käfig gelassen und mit sachten, fast beschwichtigenden Gesten, wie ein vielleicht doch nicht so ganz zahmes Haustier, auf den Gebrauch vorbereitet. Danach, wenn das Instrument wieder weggeschlossen werden darf, zeigt sich in Physiognomik und Gestik der Bratscherin eine spürbare Erleichterung: es ist auch dieses Mal nochmal gut gegangen. Sie hat die Musik wieder mal überstanden. Es war zwar schön, freilich, aber viel schöner noch ist es, daß es nun vorbei ist. Man kann aufatmen und sich endlich den vielen anderen schönen Dingen des Lebens zuwenden (wie zum Beispiel töpfern, chinesisch kochen oder den in der letzten BRIGITTE so hoch gelobten Frauenroman lesen).

¶ Klar, daß die Bratscherin sich eigentlich nur mit der Musik zwischen Spätbarock und Frühklassik wohlfühlt (sie ahnt, daß das auch die Zeit ist, in der sie gern gelebt hätte, unter anderem weil diese selige Epoche noch Respekt vor ›Jungfrauen‹ jeden Alters hatte; barock geprägt sind Bratscherinnen übrigens auch bis in ihre Namen hinein: sie heißen alle ›Heidrun‹, ›Sieglinde‹, ›Hedwig‹, ›Friederun‹ – oder ›Tabea‹); alles was zu aufbrausend, ›genialisch‹, emotional und sonstwie verschroben daherkommt, liegt ihr nicht und überfordert sie. Sie spielt konzentriert und pflichtbewußt, aber nie verbissen, traumverloren oder übertrieben hingebungsvoll. Sie übt, wie ein mittelmäßiger Schüler seine Hausaufgaben macht: nur dann und nur so viel, wie es nötig ist, um nicht allzu negativ aufzufallen. Sie kennt keinerlei Ehrgeiz, und läßt sehr selten einen überschäumenden Spaß an der Sache erkennen. Musizieren gehört bei ihr zum Programm, das man sich vorgenommen hat; Musik ist eine Komponente des gewählten Lebensstils, wie der Fuerte-Ventura-Urlaub, die Frauengruppen-Stunden und der intellektuelle Softie als Ehemann.

♩ Daraus ergibt sich als Devise für den laienmusikalisch-praktischen Umgang mit ihr: man kommt mit der Bratscherin sehr gut zurecht, solange man sie nicht überfordert. Wer Marathon-Proben und ausufernde musikalische Nacht-Sessions plant, sollte besser erst gar nicht mit ihr rechnen. Solange sich alles in geordneten normalen Bahnen bewegt, solange der musikalische Schwierigkeitsgrad Standard-Bratschenverhältnisse nicht überschreitet, kann man auf sie zählen. Das heißt: keine Tonarten mit mehr als drei Vorzeichen, keine komplizierte Rhythmik, kein Violinschlüssel und vor allem: keine Solo-Stellen! Solos werden als persönlicher Affront und böswillige Bloßstellung aufgefaßt und daher unweigerlich verhauen! Überhaupt muß man sich beim Vom-Blatt-Spiel auf völlig unerwartete Verhaltensweisen von seiten der Bratscherin gefaßt machen: plötzlich kann sie total irritiert das Instrument herunternehmen, ungläubig auf die Noten starren und verwirrt feststellen: ›da steht ja ein Dis!‹, als handele es sich dabei um eine besonders verabscheuenswürdige obszöne Bemerkung. Die Zumutung einer Sechzehntelpassage – ›huch!‹ – ruft dieselbe Gefühlsreaktion wie ein unanständiger unkeuscher Antrag hervor und ist imstande, sie im Tiefsten ihrer Seele lang anhaltend zu verletzen.

♩ Wer aber bei netter einfacher Musik ein hübsches Ambiente beim Musizieren oder Proben haben will, ist geradezu auf sie angewiesen. Immer hat sie Teelichter, schwarzafrikanischen Wacholdertee (aus dem Eine-Welt-Laden) und selbstgebackene Hirseplätzchen dabei.

♩ Die Bratscherin ist in Standardsituationen eine ruhige, zuverlässige, liebenswerte Person. Sie klagt nie, kann niemandem richtig böse sein und leidet nicht; nur dann und wann beschleichen sie Zweifel, ob nicht doch auch sie, wie alle Bratschenspieler, am falschen Instrument sitzt. Denn eigentlich würde sie am liebsten *Gambe* spielen: kaum hörbar leise, endlich tonhöhensicher, ohne Vibrato und mit ganz, ganz vielen leeren Saiten.

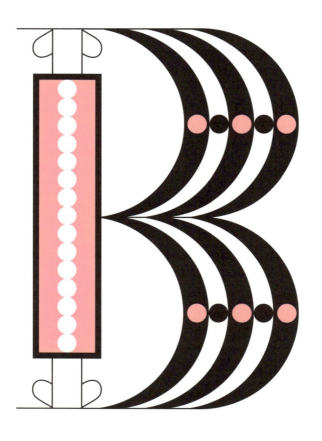

KAPITEL 19
DER BLECHBLÄSER

Stereotypen, Vorurteile und Klischees bestimmen das allgemein schlechte Image des Blechbläsers. Er gehört allein kraft seines Instruments zu einem fast ebenso eindeutig definierten und fast ebenso *negativ* konnotierten Kollektiv wie ›der‹ Bratscher. Wenig Sinn hat es freilich, diese weitverbreiteten Standard-Vorurteile hier durch deren nochmalige Wiedergabe aufzufrischen – aus rein dokumentarischen Gründen sei es jedoch trotzdem erlaubt, an diese in gedrängter Form zu erinnern: der Blechbläser ist bekanntlich ein geistig minderbemittelter ›Auto-Bild‹- und ›Men's Health‹-lesender trinkfester Rüpel, dessen provinzielle Proleten-Mentalität im Orchesterverband gerade ausreicht, um ab und zu an den einschlägigen Forte-Krach-Stellen der Symphonie ein paar dröhnend-scheppernde Töne (immer die selben Dreiklangstöne der Grundharmonien übrigens ... und natürlich immer *forte fortissimo*) auszustoßen, in der Zwischenzeit aber stumpfsinnig-mühsam mit allen verfügbaren Fingern abzählend die 87 Takte bis zum nächsten, ebenso schlicht konstruierten *forte*-Einsatz abzuwarten; bei allen etwas leiseren wie bei allen etwas komplizierter gestrickten polyphonen Stellen hat der Blechbläser zu schweigen; im zweiten, im langsamen Satz hat er sowieso *tacet* und kann dann endlich in Ruhe an der unvermeidlich unter dem Stuhl deponierten Bierflasche nuckeln und dabei weiter in der Sportzeitung mit den halbnackten Frauen blättern ...

Noch viel weniger Sinn hat es freilich, auch nur ansatzweise zu versuchen, diese bösartigen Vorurteile im einzelnen als solche zu entlarven und im Rahmen eines so massiven wie aussichtslosen Image-Restaurierungsversuchs zu dementieren. Denn erstaunlicherweise bestätigen sich die Vorurteile auf das hartnäckigste, je mehr Vertreter der Spezies *vires trompetantes barbarici pesantique* man (näher) kennenlernt, und so feststellen kann, wie sehr das laute, rohe und ungehobelte Treiben *in musicis* sich auch auf Geist und Charakter des Ausübenden auswirken; auch ganz ohne Instrument trompetet und posaunt der Blechbläser erstaunlicherweise meist eher indiskret und unsensibel daher – womit übrigens auch bereits *die* beiden engeren Blechbläsergattungen benannt wären, die hier einzig gemeint sind: Hornisten und – vor allem! – Hornist*innen* beispielsweise sind durch ganz andere Wesensmerkmale ausgezeichnet, was eben auch damit zusammenhängt, daß ihren diffizil zu bedienenden, klanglich eher den Holzblasinstrumenten affinen Geräten andere und ungleich feinsinnigere musikalische Aufgaben obliegen: gewisse sanft schwingende Hornsolo-Melodien, zarte und harmonische Klanguntermalungen im vierstimmigen Hornsatz im *pianissimo* sind wahren Blechbläsernaturen ungefähr so zugänglich wie die melancholisch-intellektuelle Spätlyrik von Rainer Maria Rilke einem angeheiterten süddeutschen Bauerntrampel auf dem Oktoberfest. A propos Bierzelt: auch die Vergemeinschaftungsformen von Hornisten sind ganz andere, denn vier Hörner bilden immer noch ein ›Hornquartett‹, vier Blechbläser hingegen höchstens eine Schafkopfrunde.

Das Einzige, was angesichts der erschütternden Unerschütterlichkeit solch populärer Vorurteile zu tun übrig bleibt, ist daher, diese in ihrer tieferen – und das bedeutet: nicht nur typischen, sondern archetypischen – Wahrheit zu verstehen. Dafür wird man nicht umhin können, aus den vulgär-beleidigenden Niederungen zeitgenössischer Musiker-Niederträchtigkeiten zurückzugehen bis an die fernen Ursprünge des abendländischen Musikwesens in der griechischen Mythologie. Denn schon in den Sagen und Legenden aus der Wiege des musizierenden Okzidents werden in völlig präziser Klarheit, wenn auch in deutungsbedürftiger Symbolisierung und Metaphorisierung, all jene Besonderheiten und Eigenheiten gezeichnet, die uns heute an unseren Blechbläserfreunden oft so unangenehm berühren. Als Urahne und prototypisches Gattungsexemplar des Blechbläsers ist nämlich zweifelsohne ein gewisser *Marsyas* anzusehen. Diesem Fabelwesen, einem halb-menschlich-halb-tierischen (!) Wald- und Berggeist, gelang es einst, so erzählt die Legende, mit seinem Spiel auf einem antiken Blasinstrument, dem Aulos, die Bauern (!) der Gegend zu begeistern. Woher hatte der Waldschrat dieses Instrument? Das aus abgenagten Tierknochen (!) gefertigte Rohr war von der Göttin Athene weggeworfen (!) worden (man beachte: es handelt sich also bei diesem Instrument sozusagen um Müll zweiter Ordnung!), weil diese, obgleich auch des Spielens durchaus fähig (es ist nicht überliefert, daß es viel Übens bedurft hätte), festgestellt hatte, daß die Grimassen, die man gezwungenermaßen beim Ins-Rohr-Pusten ziehen muß, sich äußerst unvorteilhaft auf Mimik und Aussehen auswirken: sie war deswegen von ihren Geschwistern ausgelacht worden. Frauen wissen eben aus urinstinkthafter Gewißheit, daß das Blasen etwas Unanständig-Unfeines ist. Marsyas, dem gnadenlos trötenden Tölpel vom Lande, ist dies freilich völlig wurst: Hauptsache, das Ding macht ekstatisch Krach und sein erwartbar wenig ästhetische Bedenken tragendes Bauernpublikum ist begeistert. Und zwar so sehr, daß der plump-vorlaute Marsyas sich bald damit brüstet, der beste aller Musiker zu sein, was natürlich den *wirklich* besten, den Gott Apollon, auf den Plan ruft. Marsyas, in seiner maßlosen Selbstüberschätzung völlig unbeeindruckt, akzeptiert leichtsinnig ein Wettspielen mit dem Gott, vor der Jury der zwölf Mus(inn)en.

℘ Wir erkennen hier auf den ersten Blick viele verschiedene uns sehr vertraute Phänomene heutiger Nachkommen des draufgängerischen Marsyas wieder: zunächst die durch eine zivilisationsferne Massenbasis populistisch stimulierte Fehleinschätzung der eigenen Fähigkeiten, dann die chauvinistisch-machistische Allzeit-Bereitschaft, sich mit dem eigenen, als Phallus-Symbol allzu durchschaubaren Instrument vor weiblichem Publikum abseitigen Schaukämpfen hinzugeben (noch heute erblasen sich allerorten Blechbläser sogenannte ›Leistungsabzeichen‹). Die rurale und pastorale Abstammung des Blechbläsers äußert sich ferner dadurch, daß er in geschlossenen Räumen nicht einfach sein Instrument auspacken und (mit)spielen kann: er muß sich immer erst an dieses für ihn so unvertraute Ambiente der städtischen Zivilisation gewöhnen, indem er mindestens eine viertel Stunde lang tief versonnen irgendwelche *Natur*töne vor sich hinbläst, als ob er noch daheim auf seinen einsamen Wiesen und Weiden hin- und herstreifen würde (er nennt das ›sich einblasen‹). Entscheidend ist aber dann, wogegen der gute Mann nicht ansteht anzutreten und warum er naturgemäß verlieren muß. Denn er mißt sich ja nicht etwa mit einem Mann seines eigenen Fachs und nicht etwa mit einem nur aus seinem göttlichen Wesen Vorteile ziehenden Konkurrenten, sondern er will mit einem Vertreter einer anderen, einer naturgemäß *überlegenen* Instrumentenliga kämpfen: der Bläser tritt an gegen ein *Saiten*instrument!

Daß Apoll von der griechischen Sage noch eine Kithara, also ein Zupfinstrument zugeordnet wird, ändert nichts daran, daß hier der bis in unsere Tage dauernde Klassenkampf zwischen den in Röhren blasenden und den mit Saiten spielenden Instrumentalisten exakt vorgezeichnet ist – genauso wie natürlich der beckmesserische Einwand gelehrter Instrumentenkundler, daß der Aulos als frühes Doppelrohrinstrument mit heutigem Blechblasinstrumenten historisch-genetisch wenig zu tun habe, keinerlei Relevanz für unser hier verfolgtes Ziel haben kann, den Jahrtausende alten Streicher-Bläser-Konflikt auf das griechische Ursymbol für den fundamentalen Gegensatz zwischen den mit Mund und Atemstoß in Schwingungen versetzter Luftsäulen und der an Resonanzkörpern befestigten, manuell zum Vibrieren gebrachten Materie zurückzuführen. Denn Apollons göttliches Saitenspiel verkörpert nicht nur in ihrer Faktur all das, was Blasmusik *nicht* ist: sie ist kultiviert, feinsinnig, kontrolliert; und sie kann komplex und mehrstimmig sein (schon mal einen Bläser zweistimmig spielen gehört?). Das Wichtigste und wahrhaft Entscheidende ist aber: sie kann von der menschlichen Stimme *begleitet* werden: der Ausführende kann dazu singen, er kann also dem irrationalen triebgesteuerten Klangchaos durch die ordnunggebende Struktur menschlicher Rede und Vernunft gegensteuern. Das scheint in der Tat das größte Handicap des Bläsers: er braucht seinen Mund, ja seine gesamte Gesichtspartie zur angespannten, fast schmerzverzerrten Tonproduktion. Das ist nicht nur lächerlich anzusehen (was eine kluge Frau wie Athene sofort einsah), sondern, viel schlimmer noch, es hindert den Ausübenden selbst am Lachen, am Ausleben seiner aktuellen Emotionen: und dies muß er daher dann *nach* dem Musizieren auf eine die Mitmenschen oft belästigendste Weise nachholen. Im Gegensatz zum Streicher, dem während seiner Betätigung ein vielfältiges Mienenspiel, auch manch gesprochenes und geflüstertes Wort zur Verfügung steht – so daß er also beispielsweise zum Flirten keinen einzigen Takt Pause abwarten muß (vgl. Kap. 6) – darf der Bläser während all seiner tonerzeugenden Atmungs- und Gesichtsmuskelaktivitäten nicht die allergeringste Miene verziehen, sonst ist es um den ›Ansatz‹ geschehen (und während der langen Pausen kann er auch nicht flirten, da muß er ja *zählen*).

℗ Der Bläser braucht seinen Mund, also jenes Organ, das andere zum menschlichen, zum sich vernünftig artikulierenden, eine verständliche Sprache sprechenden Wesen macht, ausschließlich zur Produktion von (manchmal doch recht fragwürdigen) Geräuschen. Psychoanalytisch gesprochen ist der Bläser mit seinem Instrumentenschnuller in der *oralen* Phase hängengeblieben; er hat nicht gelernt, seine musikalischen Beziehungen zwischen sich, seinem Körper und seiner Umwelt auf die höhere Stufe einer handwerklich geschickten, fingerfertigen Manualität zu stellen (von seinen fünf Fingern braucht er stets nur drei, für ›Fingersätze‹ stehen ein sehr begrenzte Auswahl von Kombinationen zur Verfügung; die Posaune verzichtet ganz auf die Greiffertigkeit der Hand, auch handamputiert wäre sie noch spielbar).

℗ Wie der Wettkampf zwischen Bläser-Grobian und Saiten-Gott damals ausging? Der vorwitzige Aulos-Virtuose unterlag natürlich, und zur Strafe zog Apollon ihm, unter dessen gräßlich lautem Schreien (so wird überliefert), die Haut bei lebendigem Leib ab (Tizian hat den bewegenden Moment auf einem berühmten Gemälde detailgetreu festgehalten). Jedes herausgedröhnte **Fortissimo** in der Musik wie jegliche brüllende verbale Artikulation in der außermusikalischen und zwischenmenschlichen Interaktion erinnern uns auch heute noch an das entsetzliche Ende von Marsyas, dem Urahnen aller Blechbläser. Noch heute zelebrieren unsere zeitgenössischen Marsyaner in ihren geselligen Stunden in Bierzelten und Dorfkneipen allabendlich-nächtliche Gedenkrituale an jenen Martyrer des Bläsertums: mit roten Gesichtern sitzen sie wie frisch gehäutet vor ihren Krügen (nochmals andere orale Schnuller-Substitute), brüllen gelegentlich wie am Spieß und führen sich auf, als ob ihnen gerade wieder jenes Trommelfell über die Ohren gezogen werden soll, das sie bei anderen musizierend so oft in Mitleidenschaft ziehen.

℃ Der hellsichtige Jahrtausende alte Mythos belegt es also ohne Vertun: wir haben in den Blechbläserfreunden in unseren Orchestern auf ewig Verdammte zu erkennen, die eine nimmer aufhörende Höllenstrafe abzubüßen haben. Laßt uns also nachsichtig sein mit den Rabauken: sie können nichts dafür. Und, seien wir ehrlich, schließlich und endlich gibt es auch in unserer so hochzivilisierten und feinsinnigen Streicherwelt ab und an genug Bedarf für diese Männer fürs Grobe. Wenn es bei Berlioz, Bruckner oder Wagner wiedermal so richtig scheppern muß: was wollen wir dann ausrichten mit unseren zirpend-fiependen Streich-Instrumentchen? Und wenn wieder mal rasende hohe und schnelle Passagen gefordert sind, wer möchte dann das gerade von einsichtigen Laienorchestermusikern als solches liebevoll anerkannte und titulierte ›Schutzblech‹ missen? Man muß ja nicht gleich ins stammelnde Schwäbeln verfallen und die Skepsis durch unterwürfige Bewunderung ersetzen (›Heilig's Blechle!‹) – aber in Ehren (wenn auch auf angemessene Distanz, schon unserer sensiblen Gehörorgane wegen) sollten wir unsere Blechblaskollegen doch immerhin halten. Kein Zufall wohl, daß, im Unterschied zum feinsinnigen griechischen Apollon, im Alten Testament Gottes gewichtige Worte am Sinai vom ›Ton einer sehr lauten Posaune‹ angekündigt wurden (2 Mos 19,16). Spätestens beim Jüngsten Gericht oder das nächste Mal vor den Mauern von Jericho werden wir Blechbläser wohl wieder brauchen.

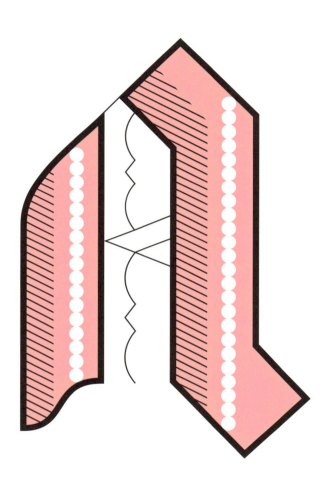

KAPITEL 20
DIE AUSHILFE

Die ›Aushilfe‹ (*musicus auxiliarius optionalis*), also der Instrumentalist, der kein ständiges Mitglied des Orchesters ist, sondern nur kurz vor Aufführungen zur Komplettierung des Ensembles ›eingekauft‹ wird (werden muß), ist ein Grenzgänger im Universum des Laienmusizierens – und ein unbeliebter dazu. Sich ihm trotzdem zuzuwenden, bedeutet die Chance, dieses mysteriöse Universum von seinen Rändern – und von seinen Feindbildern – her in den Blick zu bekommen.

〜 Warum eigentlich unbeliebt? Die Aushilfe, obwohl häufige und unverzichtbare Komponente im öffentlichen Erscheinungsbild der meisten Laienorchester, verstößt im Regelfall gegen mindestens zwei wesentliche Bedingungen der Zugehörigkeit zum Liebhabertum: sie spielt für Geld, und sie spielt hauptberuflich. Damit ist das zwischenmenschliche Konfliktpotential mit der laienmusikalischen *peer*-group vorgezeichnet; und daß Spannungen ausbleiben, wäre in der Tat so unwahrscheinlich, wie anzunehmen, daß der gepflegte rassenreine Windhund umstandslos inmitten eines Rudels von wild durcheinander kläffenden Promenadenmischungen geduldet wird und sich dort wohlfühlt, oder daß ein sensibles Bio-Landschwein aus ökologischer Bodenhaltung plötzlich einem Haufen musikalischer Wildsäue zugeführt werden und dort sein ruhiges unbestrittenes Plätzchen finden kann.

〜 Die Aushilfe, selbst bei (seltenen) allerbesten Charaktereigenschaften, ist und bleibt eine Reizfigur, ein rotes Tuch für den rechten Laienmusiker. Denn durch ihre bloße Präsenz, nur dadurch, daß sie von jemandem (meist ja von einer anderen Feindfigur des Laienmusikers: von einem ehrgeizigen Dirigenten) eingeladen worden ist, mitzumachen, wird er an mindestens drei verschiedenen Stellen empfindlich getroffen; gleich dreimal wird das Selbstbewußtsein des braven Orchestermusikers peinlich gepiesackt, oder, psychologisch-wissenschaftlicher ausgedrückt: die Anwesenheit der Aushilfe schafft ein interreliertes Tripel von Selbstinsuffizienz-Frustrationsanlässen. Erstens bedeutet der Umstand, daß eine oder mehrere Aushilfen überhaupt für notwendig erachtet werden, für das reguläre Orchestermitglied, mit der traurigen Einsicht leben zu müssen: allein schaffen wir es wohl (wieder mal) nicht, wir haben also ›Verstärkung‹ nötig, so wie wir nun mal für uns sind, sind wir wohl nicht gut genug – für die hohen Ansprüche des profilierungssüchtigen Herrn da vorn (und wenn danach ›das Orchester‹ für das schöne Konzert gelobt wird, müssen wir uns sagen: das Lob gilt nicht uns, ›dem‹ Orchester, sondern dem Orchester plus den werten Damen und Herren A, B, C, D ...).

〰︎ Zweitens versetzt das naßforsche musiziertechnische Auftreten der Aushilfen, nach dem Prinzip ›Noten her und los geht's‹ (bei den Bläsern: *veni vidi quieksi*) den beobachtenden Laienmusiker notwendigerweise ins pessimistisch-selbstmitleidvolle Grübeln: warum müssen *wir* wochen- und monatelang immer wieder dasselbe Zeug proben, unendlich viel Zeit und Geduld aufwenden und tausend Gängeleien und Kujonierungen des Dirigenten über uns ergehen lassen, wenn *so jemand* einfach daher- und dazukommen kann, sich nur hinzusetzen und das Zeug runterzuspielen braucht; wofür dann also überhaupt üben? Die ganze Proben-Arbeit, diese per insistenter Instruktion, gehorsamem Bleistifteintrag, forcierter Memorierung und zigfacher Wiederholung eingebleute Interpretationsraffinesse erscheint mit einem Mal nutz- und wertlos, wenn man die ganze mühevolle Vorbereitungsphase auch problemlos überspringen, einfach dazukommen, sich hinhocken und locker ›mittun‹ kann!

〜〜 Und schließlich und endlich drittens die schlimmste Einsicht: sie tritt dann ein, wenn man irritiert feststellt, daß das auch noch *geht*, daß man also offensichtlich *ohne* langes Proben, *ohne* große Absprachen und Anweisungen ein Werk spielen kann, das uns Laien Blut, Schweiß und Tränen gekostet hat; wie anders als mit dem Teufel mag es zugehen, daß es überhaupt Leute gibt, die das offenbar aus dem Ärmel schütteln können? Die nicht nur all die tausend schwarzen Punkte mit den Hälsen abspielen, wie sie dastehen, sondern auch gleich alle Striche, Bindebögen, Vorzeichen, Wiederholungen, Fermaten, Lautstärkeangaben, Tempoveränderungen und was sonst sich noch auf so einem Notenblatt an Schikanen tummelt, problemlos mitberücksichtigen? Die also einen Notentext auf Anhieb genauso lesen und umsetzen können, wie es dem Dirigenten wohlgefällig ist?

〜〜 Aber genau an diesem Punkt der Irritation kommt freilich auch ein bohrender Verdacht auf: erklärt sich die uns so überraschende sofortige Harmonie zwischen dem Dirigenten und der Aushilfe, jene widerwärtige Komplizenschaft zwischen Strebern und Lehrern, die man aus der Schule kennt, nicht ganz einfach aufgrund eines ganz anderen Mechanismus'? Bekommt nicht der Dirigent, uns gegenüber sonst so autoritär auftretend und so schwer zufriedenzustellen, plötzlich unheimlichen Respekt vor seinen Profi-Gästen und hält sich mit seinen aufdringlichen Spielanweisungen vornehm zurück, weil er weiß, daß die hochbezahlten und gesuchten Musiker ihn, den Laien-Dirigenten, nur schnöde auslachen würden, wenn er, ausgerechnet *er* (dieser Mann fürs Grobe, dieser peitschenschwingende Laienmusikerdompteur, dieses ungeschlachte Leittier einer Raubtierhorde), *ihnen* versuchen würde zu sagen, wie *sie* spielen sollen? Rührt das harmonische Zusammenspiel vielleicht viel weniger daher, daß sie spielen, wie er dirigiert, sondern daß er dirigiert, wie sie spielen? – Und überhaupt: wie diese wildfremden Aushilfen mit unserem Dirigenten umspringen – das müßte sich unsereins mal erlauben!

〜 Und all diesen sich natürlicherweise einstellenden Vorbehalten setzt eine allerletzte und allerschlimmste Kränkung dann die Krone auf: diese Leute bekommen, im Gegensatz zu uns, auch noch *Geld*! Sie müssen sich weniger anstrengen, haben einen viel geringeren Aufwand an Zeit und Nerven, setzen viel weniger Herzblut und Engagement ein (denn wenn das Konzert daneben geht, kann es ihnen ja auch egal sein: es ist ja nicht *ihr* Orchester, sie haben ja bloß ein bißchen ›gemuggt‹!) und dürfen dafür auch noch mit einem knisternd gefüllten Briefumschlag nach Hause gehen – während wir im besten Fall mit einer mehr oder weniger verdrießlichen Miene des Dirigenten ›entlohnt‹ werden? (Muß man sich wundern – und können wir was dafür? – wenn unser Kassenwart bei der Bezahlung von Aushilfen gern auf der Form der bargeldlosen Überweisung besteht und diese dann mit betont gelassener Gemächlichkeit abwickelt?)

〜 Man sieht: Aushilfen sind ärgerliche Fremdkörper im Laienmusikbetrieb, die eine instinktive Abneigung hervorrufen, selbst (und gerade) wenn sie definitiv ›gut‹ spielen. Denn es gibt ja auch den Typ der schlechten Aushilfe (*musicus auxiliarius miserabilis completus inutilis*), der nicht nur unter dem beschriebenen

Höchstleistungsniveau bleibt (das wäre uns ja noch sympathisch), sondern das selber gar nicht realisiert und sich überheblich als überlegene Führungskraft aufspielt: da hat man dann schon Kontrabassisten (übrigens ein beliebter ›Aushilfs‹-Job: ein paar Töne spielen, ein paarmal das Instrument rein- und rausschleppen, und dann absahnen ...) gesehen, die in durchgehendem *fortissimo* und mit recht eigenwilligen Tempo-Vorstellungen die ganze Laienschar-Baßgruppe und damit das gesamte Ensemble ›führen‹ zu müssen glaubten ... Auch die gern mit Aushilfen besetzten Bläserpositionen üben ihre solistische Macht oft mit gnadenloser Nonchalance aus und versuchen, aus der Symphonie etwa ein Oboenkonzert zu machen; aber selbst hier gibt es noch eine Steigerung der Grausamkeit: der ›im Paket‹ eingekaufte komplette Horn-, Posaunen- oder Trompeten-Satz. Eine solch eingeschworene blechblasende Viererbande zu bändigen, ist ein Ding der Unmöglichkeit; wer ein Orchester diesen ›Aushilfen‹ ausliefert, kann sich genausogut im Porzellanladen vom Elefanten und beim Honig-Bewachen vom Bären ›helfen‹ lassen ...

〰️ Die tierischen Metaphern kommen nicht von ungefähr: die Spannungen zwischen Laienorchestermusikern und ihren Aushilfen sind von urhordenhaft animalischer Animosität. Die Präsenz dieser gruppenfremden Eindringlinge ist sofort tierisch-sinnlich, fast mit der Nase wahrnehmbar (›ich rieche, rieche Aushilfsfleisch ...‹), sie schlägt sich umgehend auf die Stimmung nieder. Sobald Aushilfen mitspielen, weht der eisige Hauch des Profitums, des Bierernstes und der Anspannung durch die Pultreihen des Orchesters: jetzt ist Schluß mit lustig, ahnen und wissen wir umgehend, jetzt sitzen zwischen uns Leute, die für ihr Hiersein bezahlt werden und daher möglichst bald wieder nach Hause wollen; Leute, die das Ende ihres ›Diensts‹ abwarten, um womöglich gleich noch zu einem anderen Orchester (zur Konkurrenz!) zu rennen, dort ebenfalls ›auszuhelfen‹ und massiv Geld einzustecken.

〰〰 Die Aushilfen sind die Schönheitsflecken und die Pickel im Gesicht des Laienmusikertums, sie sind die Parasiten unseres Unvermögens, die Profiteure unserer Hybris – und wir fallen jedesmal wieder darauf rein: immer wieder müssen wir Stücke spielen, die wir allein nicht ›packen‹. Insofern ist das Aushilfen-Gewerbe so unanständig wie unausrottbar – wie das sogenannte ›älteste‹ Gewerbe der Welt (und nicht umsonst ist der Name für diesen Typ weiblich: ›die‹ Aushilfe ist eine käufliche Dirne; sie geht mit dem, der am meisten zahlt – und sie will ihn schnell wieder loswerden, nachdem er gezahlt hat). Betrachten wir die Sache also mit der gebührenden Nachsicht und Toleranz; denn daß der Eros auch professionell zu haben und käuflich zu erwerben ist, hat den *wahren Liebhaber* noch nie gestört und seinem Ansehen noch nie geschadet.[1]

1. Die Veröffentlichung dieses Texts im Heft 1/2003 der Zeitschrift ›Das Liebhaberorchester‹ hat interessanterweise zu einer heftigen Auseinandersetzung mit einem Orchestervorstand geführt, der die typologische Beschreibung seinem Orchester und den darin sitzenden ›Aushilfen‹ für nicht zumutbar gehalten und daher das Heft damals nicht ausgeteilt hat. Man darf vermuten: Satire hat oft das Problem, daß sie, solange sie milde und tolerant geduldet wird, weit daneben liegt; richtig trifft sie aber offenbar immer genau dann, wenn sie per Zensur verhindert werden soll.

KAPITEL 21
DER DIRIGENT

Nicht um seine Position und um seine Aufgabe zu beneiden ist auch der Dirigent eines Liebhaberorchesters (*imperator minimaximus hordo dilettantorum*) – wie ja die Attraktivität leitender Positionen in unserer von Manager-Hochglanzmagazinen verblendeten Gesellschaft generell überschätzt wird. Und so wie es allgemein noch nicht ausgemacht ist, ob Geld und Macht per se wirklich so sexy machen, wie es die Regenbogenpresse gern haben will, so darf es zunächst scheinen, als ob der vor einer bunt zusammengewürfelten Freizeitmusikerbande wild herumfuchtelnde Takthampelmann ebenfalls kaum eine Figur sein kann, die bewundernde Frauenaugen, hohe Honorare und dauerhaften Ruhm auf sich ziehen könnte. Denn der Personenkult um die großen Pultstars, die angebeteten und hochbezahlten Taktstock-Virtuosen, läßt sich seltsamerweise im Laienbereich kaum reproduzieren – obwohl es doch viel schwerer und vor allem nervenaufreibender sein dürfte, aus ein paar Feierabend-Instrumentalisten, die wöchentlich einmal ihre Geige aus dem Kasten nehmen, etwas halbwegs Anhörbares herauszukitzeln (oder je nach Charaktertyp: herauszulocken, herauszubetteln, herauszuprügeln …), als einer organisierten Vereinigung professioneller und studierter Berufsmusiker den Einsatz zu geben, damit diese gemeinsam anfangen, die vor ihnen stehenden Noten zum hundertfünfunddreißigsten Mal herunterzuspielen.

≫ Aber genauso (nur auf andere Weise) disproportional sind Leistung und Anerkennung auch beim Laienorchesterdirigenten verteilt: der öffentliche Einblick, den man in sein Tun und Treiben hat, das bißchen Mit-den-Armen-Wedeln im Konzert läßt vergessen, daß der arme Hund sich ja in Wirklichkeit meist mit völlig peripheren Tätigkeiten aufreibt: da müssen langwierig Stücke und das dazu passende Notenmaterial gesucht und ausgewählt und bei der widerspenstigen und widerwilligen Meute durchgesetzt werden (›warum sollen wir denn das sterbenslangweilige[1] Zeuch da spielen?‹, ›können wir nicht endlich wieder mal was Schönes machen?‹ usw.), da muß ein spielfähiges (was immer das in diesem Zusammenhang heißt) Ensemble zu so und so viel Proben- und so und so vielen Konzertterminen zusammengeholt und zusammenbestellt werden (man erkennt einen Laien-Dirigenten daran, daß ihm abends der Arm nicht vom vielen Dirigieren, sondern vom vielen Telefonieren wehtut), dann muß er sich herumschlagen mit Veranstaltern, Notenverleihern, Hausmeistern, Vereinsvorständen zusätzlich zu all den renitenten internen Elementen wie Stimmführern, Konzertmeistern, Aushilfen, Solisten (vgl. Kap. 1-33) …

> Kein Wunder, daß die eigentliche Probenarbeit dann für den Dirigenten immer eine Übung am Rande des Nervenzusammenbruchs darstellt: jedesmal eine Dompteurleistung an oft völlig ungezähmtem Getier, ein Dressurakt mit ungewissem Ausgang, ein Menschenversuch mit vorprogrammierter Überforderung. Sehr aufschlußreich für den Einblick in die Laienorchester-Dirigentenpsyche ist dabei die genaue Beobachtung seines Verhaltens, bevor er überhaupt anfangen darf – also während des Stimmens

---

1. Für ›sterbenslangweilige‹ ersetze nach Belieben auch: unspielbare, kinderleichte, schief tönende, krachschwere, schon viel zu oft gespielte, völlig uninteressante, unleserliche, todtraurige, schwülstig-romantische, staubtrockene, schnulzenhafte, usw. usw. (siehe auch: Kap. 2)

(Profiorchester-Dirigenten wissen, warum sie erst vor dem Orchester erscheinen, wenn es mit dem Stimmen *fertig* ist). Denn, auch wenn es kaum auffällt: in diesen anfänglichen Minuten, während die Instrumentalisten versuchen, sich auf ein ›A‹ zu einigen und dann ihre Saiten approximativ in einen der Quintenreinheit möglichst nahekommenden Zustand zu bringen, spielt sich schon das ganze Autoritäts- und Überlebensdrama des Dirigenten ab. Die Musiker tun nämlich nur so, als ob sie wirklich um die präzise Feinjustierung ihres Klangerzeugungsinstruments bemüht und besorgt wären; in Wirklichkeit geht es um etwas ganz anderes: um einen mit subtilsten psychoterroristischen Mitteln ausgefochtenen Machtkampf. Wie lange er wohl unser langweiliges Hin- und Hergestreiche auf den leeren Saiten und unsere kläglichen Einblasversuche aushält? – denkt sich das Orchester. Schau nur, er wird schon ganz kribbelig! Aber ich muß doch gerade jetzt wirklich nochmal ganz ganz sorgfältig mein A kontrollieren. Und dann nochmal alle anderen Saiten auch. Jaja, schau nur, wie er loslegen möchte, wie ihm die Hände schon zucken, er kann's wohl wiedermal gar nicht erwarten, der Herr, uns zu schikanieren! Da muß ich doch gleich noch mal nach meinem tiefen G schauen, das kommt mir, wenn ich so darüber nachdenke, so völlig verstimmt vor ... spiel mir doch auch noch mal deines zum Vergleich vor ... usw. usw. Clevere und lebenserfahrene Dirigenten stellen sich daher in dieser Phase ganz unbeteiligt, tun so, als ob sie interessiert in ihrer Partitur blättern müßten, als ob sie es überhaupt nicht eilig hätten mit dem Anfangen, als ob ihnen diese demütigende Situation, vor der Gefolgschaft zu stehen und trotzdem nichts, rein gar nichts zu sagen zu haben, keinen einzigen Zacken in ihrer Kapellmeisterkrone kosten würde – nur um die reaktionslüsterne Meute nicht erst recht zur Ausdehnung ihrer akustischen Zermürbungsattacken in leeren Quinten zu provozieren. Aber es nützt auch diesen coolen Chefs nichts: innerlich brodeln und kochen sie vor unterdrückter Aktivitäts- und Führungsbesessenheit genau wie alle anderen auch.

≫ Aber das ist nur *ein* Symptom einer grundsätzlichen, viel tiefer liegenden Problematik. Der Dirigent steht genau im Zentrum der Spannung, wo ein eigentlich gar nicht einlösbarer Anspruch vermittelt werden muß mit einer grausam unterkompetenten Realität. Nur ganz starke Naturen zerbrechen nicht an diesem Widerspruch, an diesem Aufeinanderprallen von Ideal und Wirklichkeit, und das heißt hier: von einem einst genialisch erdachtem Notentext und der jetzigen real-kollektiven Geräuschproduktion. Der Dirigent, hingezwängt auf diese Schalt-und Waltstelle zwischen Idealmusik und Reallärm, zwischen Wunschklang und Echtzeitkrach, zwischen Kunst und Kummer, ist der ideale Sündenbock; er kann sich eigentlich nur falsch verhalten: entweder er verlangt *zu viel* und läßt seine Leute peinlich spüren, daß und wie sehr sie hinter dem musikalisch eigentlich Geforderten zurückbleiben – und riskiert auf diese Weise nur allgemeine Unzufriedenheit, Frustration und Abwanderung; oder er verlangt *zu wenig* und begnügt sich allzu friedfertig-anbiedernd mit dem Wenigen, was seine Leute leisten können – und fährt so die eigene Frustrationsgrenze allmählich so weit herunter, daß ihm alles recht und billig und vor allem alles Billige recht wird. Das sind dann die Dirigenten, über die ganz zu Recht und durchaus erschöpfend in der Lokalzeitung immer zu lesen steht, sie hätten ja wieder einmal glanzvoll ›den Taktstock geschwungen‹…

≫ Aber neben dem Typ des Provinz-Justus-Frantz, der am liebsten Konzerte dirigiert mit seinen eigenen Kindern als Solisten – natürlich alles ›Jugend-musiziert‹-Preisträger – (*protector familiaris modo iusti franzi*), neben dem pensionierten Gründungsmitglied (vgl. Kap. 9) des Orchesters, das man zum Dirigenten ehrenhalber ernannt hat, weil er so noch am wenigsten stört (*director senilis silentii causa*), neben dem ehrgeizigen Orchesterleitungsstudenten, der am Wochenende sein ehemaliges Kleinstadtorchester mit hochkomplexen Artikulationsraffinessen und den neuesten Originalklangfetischismen drangsalieren zu müssen glaubt (*studiosus academicus demens complicatusque*), neben dem ambitionierten Nachwuchsdirigenten, der im Hinblick auf seine zukünftige Karriere bei den Berliner Philharmonikern mit seinem völlig überforderten Ensemble einmal alle großen Werke ›gemacht‹ und in seiner Künstler-Vita abgehakt haben muß (*megalomanis imperator maximus in spe*), neben dem laienkomponierenden Lokaltaktstockmatador, der nur die musikalisch mehr als zweifelhaften eigenen Werke (oder die seines laienkomponierenden Freundes) aufführt (*artifex auto-poietus localis*), neben dem jazzig-lockeren Musiklehrer, der seine mangelnde Lust auf langwierige Proben und seine musikalische Unbedarftheit als publikumsnahes Unterhaltungskünstlertum verkauft und mit seinem Orchester nur Musical- und Operettengetingel zustande bringt (*magister ludicus laboris minimae relaxans*) – neben all diesen mehr oder weniger gescheiterten und ständig von neuem scheiternden Figuren soll es ja tatsächlich auch noch eine Reihe von Dirigenten geben draußen im Lande, die eine sinnvolle und auf ihre Weise unersetzbare Arbeit machen.

≫ Aber *warum* tun sie das? Warum dirigiert man überhaupt? Jeder eingefleischte Musiker wird sich verwundert die Frage stellen, was einen vernünftigen Menschen dazu bewegen kann, sich, statt selbst aktiv Musik zu ›machen‹, hinzustellen, um anderen zu sagen, wie sie sie machen *sollen*. Ist das ein Protagonismus der Unfähigkeit? Nach dem Motto: ›Spielst keine Geig' und auch kein Skat / bist du der Mann fürs Dirigat‹? Oder: ›Wer weder spielt, noch Noten kennt / taugt immer noch als Dirigent‹? Auch wenn man es nicht unbedingt so krass formulieren muß: was sind denn diese relativ undurchsichtigen Fähigkeiten, die einen ›guten‹ Dirigenten im allgemeinen und einen guten Laienorchesterdirigenten im besonderen ausmachen? Vielleicht würde man intuitiv nur eines sagen können: sie müssen eine gewisse *erotische* Ausstrahlung haben. Das brauchen sie nämlich, um das eigentlich Ungebührliche, das fast peinlich Unanständige ihres Kunst-Wollens am falschen Ort, mit dem falschen Objekt und den falschen, weil prinzipiell unfähigen Subjekten, überspielen und doch irgendwie plausibel machen zu können (merke daher: ein Dirigent, der nicht von mindestens drei weiblichen Orchestermitgliedern angehimmelt wird, *kann* kein guter Dirigent sein!). Aus demselben Grund müssen sie auch ironiefähig sein, also Ironie aushalten und Ironie produzieren können. Sie müssen gesellschaftsfähig und trinkfest sein. Sie dürfen nicht viel Schlaf brauchen, denn sie werden wenig haben, und nicht nur wegen der anhimmelnden Bratscherinnen und Hornistinnen.

≫ Also doch: ›Lustig ist das Dirigentenleben‹? Nur wenn man die Highlights (die langen Abende und Nächte der ›Probenwochenenden‹) mit dem grauen Dirigenten-Alltag verwechselt. Und der besteht eben vor allem aus Vorbereitungschaos, Organisationskleinkrieg, Krisen- und Konflikt-Management, Psycho-Streß … Nein, leicht hat er es wahrlich nicht. Gönnen wir ihm die Anhimmelung: er hat sie verdient.

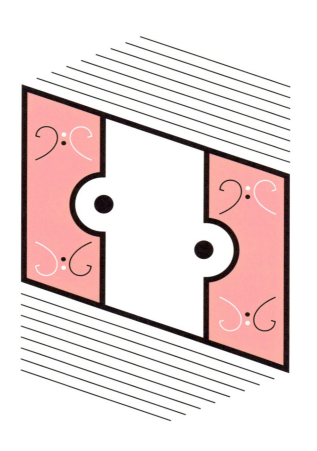

KAPITEL 22
DER ORCHESTERKASPER

Jede Schulklasse hat einen, jede Sonntagsausflugsgruppe, jede deutsche Reisebus-Gesellschaft im Ausland und jeder Stammtisch. In jeder noch so tragischen Geschichte gibt es mindestens eine ›lustige Person‹, auch der allertraurigste ›Problem-Film‹ braucht noch einen Komiker, und selbst die später zur Schwermut neigenden einsamen Landpfarrer erinnern sich gern an diesen einen ständig witzereißenden Kommilitonen damals im Priesterseminar, wie hieß er doch gleich …

♪: Es ist quasi ein eisernes mikrosoziologisches Gesetz der Kleingruppenbildung: ein*er* (ja, natürlich, immer ein Mann!) muß ihn geben, den Spaßmacher, den Possenreißer, den Sprücheklopfer, den vorlauten Zwischenrufer, den stimm- und wortgewaltigen Spaßvogel mit unaufhaltsamer Tendenz zur Alleinunterhaltung. Ebensolches geschieht natürlich auch in jeder Musikervereinigung, in jedem Chor – und eben in jedem Orchester. Der besonderen Eigenart, der spezifischen Rolle und den verschiedenen Ausprägungen des Laienensemble-Clowns *(persona non semper comica alias casperis orchestralis)* gilt es nachzuspüren. Wir unterscheiden zunächst den unfreiwilligen Auslöser permanenter gruppeninterner Erheiterung *(pauper intellectu deficiens sive ›augustus stultus‹)* vom freiwillig-bewußten, auf eine bestimmte Wirkung bedachten Possenreißer *(comicus intentionalis et plus minus efficiens)* – und nur von letzterem soll die Rede sein, denn die erste Variante überschneidet sich zu sehr mit dem ›etwas seltsamen Typ‹, von dem schon in Kap. 11 die Rede war und die daher keine eigene typologische Betrachtung mehr rechtfertigt.

𝄢: Der hier zu betrachtende Typ hingegen *will* im Zentrum der Aufmerksamkeit stehen und rechnet sich die Lacheffekte als persönliches Verdienst um die allgemeine ›Stimmung‹ zu. Trotzdem lassen sich freilich auch bei ihm oft Elemente des Zwanghaften, Reflexartigen und Unbedachten feststellen, die auf außenstehende, zumal auf ›ernster‹ veranlagte Zeitgenossen manchmal durchaus pathologisch wirken. Da werden bei jeder, wirklich jeder sich bietenden Gelegenheit die*selben* (nicht nur die *gleichen*) Sprüche, Phrasen, Wortspielchen und Witzchen abgespult, die man genau an dieser Stelle auch wieder erwartet, und die ihren immergrünen ›Reiz‹ seltsamerweise gerade aus der Tatsache beziehen, *daß* sie immer wieder genau auf vorausberechenbare gleiche Weise an genau derselben voraussehbaren Stelle kommen – so wie man sich ja tatsächlich jeden Morgen auch über das immer gleiche Frühstücksei freuen kann. Also ist jedesmal, wenn etwa aus der Bratschengruppe eine um Klärung bemühte Nachfrage kommt, die abfällig-witzige Bemerkung über die notorische Begriffsstutzigkeit der Violisten fällig, also kommt sofort die kleine Zote, sobald jemand unvorsichtig genug ist, von seinem Notenpult als von seinem ›Ständer‹ zu sprechen, also heißt die erste Frage bei einem neuen Stück immer, ob es ›erstmal ohne Vorzeichen‹ gespielt werden darf, und die Frage nach dem Komponisten des nächsten Werks lautet natürlich witzigerweise ›*gegen* wen spielen wir jetzt?‹, also spielt man, sofern entsprechend regional-dialektal begünstigt, eben ›a mal a moll‹, also heißt das Horn grundsätzlich die ›Glücksspirale‹, Bachs großes geistliches Werk ist immer die ›H-mess-Molle‹, der UMD der ›Untermenschendiktator‹ und so weiter und so weiter und so weiter ...

𝄢: Der hauptamtliche Witzbold des Orchesters ist also zuallererst so etwas wie ein Zeremonienmeister, der dazu angestellt ist, die im laienmusikalischen Normal-Betrieb rituell fällige Pointe zu exekutieren und damit die ebenso rituell fälligen Lacher zu produzieren. Die soziale Funktion des Ensemble-Hofnarrs speziell im laienmusikalischen Kontext steht damit auch deutlich vor Augen: das provozierte gemeinsame Lachen ist – wie ja schon seit Freud bekannt – ein Ventil zum Frustrationsabbau, es erleichtert uns Laienmusikern die latent lauernde Einsicht in die letztendliche Vergeblichkeit all unseres Tuns. Der Orchesterharlekin bedient das bekannte Argument der sauren Trauben: in ›Wirklichkeit‹, daran erinnert er uns immer wieder, versuchen wir es ja gar nicht ernsthaft, das mit der Musik, wir sind ja ›eigentlich‹ nur hier, um ›Spaß‹ zu haben, daher ist es ja nicht so schlimm, wenn wir eben wieder mal hinter dem hohen Anspruch weit zurückbleiben. Unsere Töne bleiben zwar unsauber – aber mein Gott, was haben wir gelacht ...

𝄢: Man mag einwenden: daß das Musikmachen gewisse komische Aspekte hat, ist keine auf das Laienmusikantentum beschränkte Feststellung. Unzählige, immer wieder aufgelegte Sammlungen von sogenannten Musikeranekdoten und -witzen halten ganze darauf spezialisierte Verlage am Leben; die Musik selbst will ja oft irgendwie witzig sein (›Humoreske‹, ›Scherzo‹), Karikaturisten, Clowns, Imitatoren, professionelle Komiker parodieren und veräppeln das klassische Musik-Getue nach Strich und Faden: offenbar ›braucht‹ nicht nur die Laien-, sondern die Musik überhaupt einen kompensierenden launigen Ausgleich zu ihrer gegenläufigen, ebenso klischeehaften Fixierung auf das Melancholische, Tod-Verbundene, Letzt-Gültige, also auf ihre Schubertsche Variante (bei Schubert, der ja bekanntlich keine ›fröhliche Musik‹ kennen wollte, konnte ja selbst der gestrenge Professor Adorno die Tränen nicht verdrücken: ›Vor Schuberts Musik stürzt die Träne aus dem Auge, ohne erst die Seele zu befragen: so unbildlich und real fällt sie in uns ein‹).

♭: Vor diesem schwermütigen Hintergrund wird es einleuchten, daß der bekanntlich kleine Schritt vom Erhabenen zum Lächerlichen vor allem von Liebhabermusikern besonders leicht und besonders gern gemacht wird, so wie ja auch die ›Backstage‹-Ansicht des Spektakels immer eine viel lockerere und lustigere ist als die der ergriffenen Zuschauer *vor* der Bühne. Dazu, daß uns laienhaften Musik-Machenden zusätzlich auch das lästig Professionelle, das Ernste und Mühsame (gern auch: der ›Bierernst‹) so kontinuierlich-verläßlich vom Leibe gehalten wird, trägt nicht nur der Spaßmacher vom Dienst bei, der ständige Stegreif-Komiker, der sich durch seine allzu berechenbaren Ad-hoc-Interventionen auszeichnet, sondern auch zwei weitere, ebenfalls verbreitete Varianten des Orchesterclowns: zum einen der getreue Korrepetitor, der Orchester-Chronist und Erinnerungsverwalter (*scriptor memoriae collectivae ioculandus pingelicus*), der aufmerksame Aufzeichner all jener lustigen Aussprüche, Bonmots, Gags und Witzworte (meist: des Dirigenten), die den langweilig-zähen Probenteig mit willkommenen Spaß-Rosinchen durchsetzen und allseits für dankbare Erheiterung sorgen (genauer: bei den vorderen Pulten; die hinteren kriegen es wie üblich meist nicht mit, und bis der ulkige Scherz nach hinten durchgegeben worden ist, schmeckt er schon so schal wie er es dann, in der Orchesterchronik genauestens aufgeschrieben und mit Datum versehen, für immer bleiben wird). Und dann hätten wir noch den gedichteschmiedenden Vereinspoeten, der seine rituell-vorhersehbaren Auftritte bei den jahreszeitlich anliegenden geselligen Veranstaltungen hat *(poetus saisonalis publicus reimans bestialis)*. Hier läßt er, gern auch als ›Nikolaus‹ mit (sinnigerweise!) überlangem weißen Bart, dann die ›Ereignisse‹ des Jahres (oder was man in Laienmusikerkreisen für solche hält) in kunstvoll gereimter Form Revue passieren. Denn was sich reimt, ist *eo ipso* wahr, das weiß auch der Kobold Pumuckl, und die deutschen Klassiker haben sich des gleichen Tricks bedient; und was sich im Leben des Liebhabermusikers so zusammenreimen läßt, das muß einfach gut, wahr und schön (gewesen) sein. Oder anders: was sich in wie auch immer holprige Verse pressen läßt (und das ist bei der sich durchsetzenden großzügigen Auslegung von Rhythmus und Reimregeln ganz schön viel), kann so schlimm nicht gewesen sein. Der deutsche Laienmusiker, der ja auch musikalisch, wie er gern flachsend bekennt, ›zu jeder Schandtat bereit‹ ist, kann auch in den Anforderungen der deutschen Lyrik kein wirkliches formales Hindernis und keine relevante ästhetische Einschränkung erkennen: wer bei Intonation, Artikulation und Takt keine allzu großen Hemmungen hat, läßt auch gern bei der Passung von Reimsilben und bei der Zählung von Daktylen und Trochäen mal fünfe grade sein ... ›Klingt doch gut‹, heißt es in beiden Fällen, und das Publikum applaudiert dankbar. ›Einer muß es ja machen‹, lautet die Legitimationsgrundlage des Vereins-Aushilfs-Nikolaus-Komikers wie die des Laienmusikers überhaupt, denn was wäre eine Orchesterfeier ohne Gedichtvortrag und was wäre das Leben ohne Laienmusizieren? Ja, was eigentlich? Weniger ›lustig‹ eben ...

𝄢: Nein, wir haben das alles eigentlich nicht verstanden, aber gut, daß wir darüber gelacht haben.

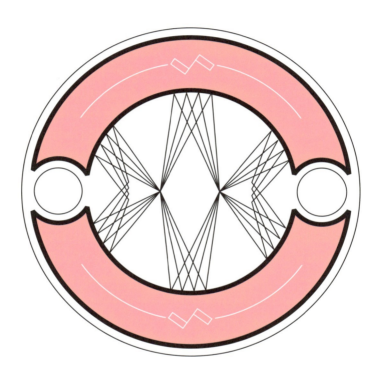

KAPITEL 23
DER ORGANISATOR

Laienmusik ist – was immer sie sonst noch sein mag – zunächst einmal nur eins: überflüssig. Eigentlich. Denn seit es Spezialisten gibt, Experten, Hauptamtliche, steht alles, was Nicht-Fachleute – nicht nur in *musicis* – abliefern, unter dem Verdacht der Insuffizienz, der Imperfektion und der fundamentalen Optimierbarkeit. Warum soll man sich mit weniger als dem derzeitigen ›state of the art‹, mit einer niedrigeren als einer ›peak performance‹ und einem Qualitätsniveau unterhalb der ›benchmark‹ begnügen, wenn die Premium-Produkte nun einmal zur Verfügung stehen, neben denen alles nichtprofessionell und selbst Gemachte eben ›dilettantisch‹ aussieht? Nicht daß es darauf überhaupt keine Antworten gäbe; aber viele der üblichen Gründe, die gegen Top-Qualität und für das Do-it-yourself-Verfahren sprechen, zählen eben gerade im Musikbereich nicht: zum Beispiel die Kosten und die knappe Verfügbarkeit. Seitdem man sich praktisch jedes beliebige Musikstück aus 500 Jahren europäischer Musikgeschichte per Mausklick, zu lächerlichem Preis und in exzellenter Ton- und Aufführungsqualität auf die Ohren legen kann, muß der bedauernswert-begriffsstutzige Mensch, der trotzdem immer noch seine kostbare Lebenszeit mit dem hoffnungslosen Laien-Dreischritt ›üben, üben, üben‹ vertut (übrigens ohne je den Hauch einer Chance zu haben, qualitativ auch nur in *Hörweite* der genannten Produktionen zu kommen!), schon eine gehörige Portion Stursinn beziehungsweise ein überzeugendes Pfund Eigenmotivation mitbringen.

Noch absurdere Dimensionen nimmt das laienmusikalische Unterfangen allerdings an, wenn seltsamerweise nicht nur vorausgesetzt wird, daß der Musik-Ausübende aufgrund seiner Eigenbetätigung besondere, durchs bloße Rezipieren *nicht* zu erreichende Gratifikationen erwarten darf, sondern daß es nun außerdem auch noch viel bedauerlichere und jämmerlichere Geschöpfe gibt, die – ihrerseits wiederum in passiv-rezeptiver Haltung – sich diese nebenberuflich und un(ter)qualifiziert selbstproduzierten musikalischen Heimwerker-Basteleien freiwillig *anhören* wollen – also, um das nochmals zu betonen, unter Verzicht auf die (in jedem Computer, jedem CD-Ständer gelagerten, daher) näherliegenden, viel besseren und meist auch noch viel billigeren Alternativen. Aber unabhängig davon, wie sich das heutige konkrete Laienkonzertpublikum soziologisch und sozialstatistisch beschreiben läßt (vgl. dazu Kap. 26): es braucht jedesmal immer noch jemanden, der genügend hartnäckig musiktriebgesteuert und wirklichkeitsblind ist, um sich ein solch hoch unwahrscheinliches Hör- und Zuhörbedürfnis vorstellen, imaginieren, ausdenken zu können. Das schafft nur eine besondere Sorte Mensch, eine Art weltentfremdeter Traumtänzer, ein phantasiebegabter Berufsoptimist, ein humanistisch verbildeter Kultur-Junkie, den wir nur sehr unzureichend nach der Aktivität benennen, die er nach außen hin erkennbar ausübt: den laienmusikalischen Organisator (*factotus musicalis fantasticus executorque superfluus realis*).

¶ Dieser hoch fragwürdige Menschentyp bearbeitet also, abstrakt soziologisch gesprochen, Unwahrscheinlichkeiten zweiter Ordnung: nicht nur, daß er Dinge tut, um die ihn niemand gebeten hat (das tun *alle* Laienmusiker), sondern er sorgt auch noch ungebeten dafür, daß *andere* ungebetene Dinge tun *können* (wir unterscheiden daher den Organisator vom ›Laienorchester-Dirigenten‹ aus dem Kap. 21, der ja meistens eine doch irgendwie bezahlte Arbeit verrichtet oder eine institutionell vorgesehene Funktionsstelle erfüllt). Der Organisator ist ein Unternehmer im ursprünglich-heroischen Sinn: er sieht visionär fiktive Bedürfnisse, die sonst keinem auffallen, und schafft die komplexen Voraussetzungen, um diese eingebildeten Bedürfnisse zu befriedigen. Wo jeder normale Mensch nur ein allen Ansprüchen mehr als gerecht werdendes (Über-)Angebot wahrnimmt, sieht und schafft er noch weitere Nachfrage. Er kennt und entdeckt und organisiert Musik, die angeblich immer noch zu wenig, zu selten, und vor allem zu spärlich gerade hier und gerade *jetzt* und gerade von *uns* – und vor allem auch: gerade von *ihm* – gespielt wird. Daran muß man dringend etwas ändern, sagt sich der Organisator, und widmet fast seine gesamte Existenz der Schaffung von Voraussetzungen, um dieses Defizit zu beheben. Er organisiert die Noten, die Leute, die Proben, die Auftrittsgelegenheiten, den Instrumenten- und Personentransport, die Finanzierung, die Einladungen, die Presse – und schreibt womöglich noch selbst den ankündigenden wie den berichtenden Artikel fürs Lokalblatt (in dem dann natürlich steht, wie wichtig gerade *dieses* Konzert wieder war, daß gerade diese Musik gespielt werden mußte, gerade hier und heute, usw.). Nur an die Vorbestellung des Lokals, wo sich die Musiker nach dem Konzert zusammensetzen, hat er wie immer nicht gedacht. Beim ›gemütlichen Beisammensein‹ der anderen ist er auch gar nicht dabei, da ist er schon längst wieder zu Hause und überlegt sich (›nach dem Konzert ist vor dem Konzert‹) den nächsten Auftritt, das nächste *Event*, die nächste Musik, die ›unbedingt‹ auch noch möglichst bald gespielt werden müßte ...

Man sieht also: der Organisator ist weniger ein Antreibender (obwohl er natürlich zunächst einmal genau als solcher auftreten muß) als ein Getriebener, er hat eine selbst erfundene und selbst auferlegte kulturelle Mission zu erfüllen. In einer Umwelt klar zugewiesener Zuständigkeiten und streng objektiv ausgewiesener Kompetenzen, in einem vollständig vermessenen und zugemessenen Gelände professioneller Arbeitsteilung, vollbringt er seine kleinen, meist (zu Recht) kaum bemerkten, kaum jemandem wirklich nützenden und von ganz wenigen mitgetragenen, mitgewollten Taten, als ridiküler Held der Provinz, als Pantoffel-Sponti im Kleinstadt-Guerillakampf gegen das kulturelle Establishment, als naiver Flachland-Gipfelstürmer einer überholten Hochkultur, als bemitleidenswerter Lahmer unter Blinden ...

¶ Drei Typen von Organisatoren lassen sich unterscheiden, je nach ihren musikalischen Vorlieben, denen meist auch unterschiedliche psychologische und charakterliche Eigenheiten entsprechen: es gibt den Organisator mit einem eingeschränkten und wählerischen Geschmack, der sich auf eine bestimmte Musikrichtung beziehungsweise -epoche spezialisiert hat (*organizzus idea fixus monomanis*), dann den populärgeschmacklichen Organisator (*organizzatius plebeis rozzus semper idem*) und schließlich den kammermusikalischen Organisator, dem es vor allem auf die eigene performative Mitwirkung bei der zu realisierenden Aufführung ankommt (*organizzolus privatus egoisticus auto-stimulantis*). Der erste Typ verbindet die geschmackliche Präferenz einer bestimmten Musikart, meist: die Barock- oder noch schlimmer: die Renaissance-Musik, mit der Überzeugung, gerade auf dem Gebiet von deren Aufführungspraxis über eine besondere, oft sogar quasi-professionelle Kompetenz zu verfügen. Dementsprechend seriös und minutiös geplant sind dann auch die von ihm ins Leben gerufenen Veranstaltungen. Mag das Resultat von einer objektiven Warte aus betrachtet noch so zweifelhaft sein, ein Organisator mit gewisser Leidenschaft und bewährtem Charisma kann nach einiger Zeit durchaus eine Gemeinde wohlgesonnener und gleichgesinnter Musici um sich scharen, auf die er bei seinen Projekten immer wieder zurückgreifen kann, um mit ihnen die ja sonst leider sträflich vernachlässigte Lieblingsmusik zu produzieren, eine Musik, wie gesagt, die sich durch irgendeine Form von Abseitigkeit auszeichnet: seltsame Instrumente (Akkordeonorchester), Besetzungen (Saxophonquartett), Epochen (Troubadour-Gesänge der Frührenaissance) oder Räume (etwa: ›Süd-Litauische Hirtenmusik‹; aber gerne wird auch hingebungsvoll versucht, den vor sich hin komponierenden *lokalen* Kleinmeistern der Vergangenheit und der Gegenwart ihre lange vermißte Öffentlichkeitswirkung zu verschaffen: und wer wollte nicht schon immer mal ›Musik aus dem ostwestfälischen Bergenland‹ hören?).

¶ Der sich weniger absonderlich gebende *Popular-Organisator* setzt hingegen auf die sogenannte ›Leichte Muse‹. Er meint, es trällere, dudele, jodele, klampfe, zupfe, tröte und klimpere immer noch zu wenig in unseren akustisch überreizten Landen: also müssen Volks-, Salon- und Film-Musikensembles gegründet und am Leben erhalten werden. Man muß Musical-Ausschnitte, Beatles-Songs und Madonna-Hits nachspielen, gerne dazwischen auch noch die ›Kleine Nachtmusik‹ und andere Klingelton-Klassiker. Solche Gute-Laune-Musik ›kommt an‹ in der Provinz, so vergnügt sich unverdrossen, quer durch alle Generationen und Zeiten, die spätbürgerliche Spaßgesellschaft im ländlichen Raum. Der Organisator als populistischer Kultur-Demagoge liefert pünktlich und wie bestellt alles ab, was gern goutiert wird, was man sich aber so offen vielleicht gar nicht mehr zu wünschen getraut hätte. Er gibt den Affen Zucker und steht dafür regelmäßig im Rampenlicht der ›Kultur‹-Seite des Lokalblatts.

¶ Daß es dem Organisator oft weniger um die Sache, die Musik, als um seine eigene Person geht, wird nirgendwo deutlicher als beim dritten Typ, dem Umtriebigen in *eigener* Sache. Er will vor allem *selber* spielen, und benötigt hierfür Kompagnons, die dazu nicht nur gute Miene machen, sondern auch eine leidlich gute Figur abgeben. Zu solchen Organisatoren werden fast zwangsläufig jene Laienmusiker, die immer schon mal das erste Cello in Schuberts Streichquintett oder in den Brahmsschen Sextetten spielen wollten, bisher aber immer – wenn überhaupt – nur als zweites, als langweiliges Baß-Cello mitmachen durften. Aber wenn man eine Musikgruppe selber organisiert, so lautet die ungeschriebene Regel, darf man sich den eigenen Part selber wählen (zumindest wagt dann keiner der gefragten Beteiligten, die meist erst ganz spät darüber informiert werden, mit wem sie es da am ersten Cello zu tun haben, noch Einspruch zu erheben): der Umweg über die ›Organisation‹ ist daher *die* Chance aller verkannten Solisten, verhinderten Virtuosen, schüchternen 1. Geiger, und aller Orchester-Bläser aus dem zweiten oder dritten Glied, die auch mal eine kammermusikalische Solo-Rolle spielen wollen. Das Musizieren selbst ist dann auch meist eher nur einseitig erfreulich, denn es stellt sich leider heraus, daß der Organisator besser organisieren als performen kann, und das, obwohl er doch noch so eifrig für diesen seinen eigenen, selbstorganisierten ›Auftritt‹ geübt hat … In solchen Momenten weiß man dann plötzlich auch wieder, wofür diese ›play-along‹-CDs gut sind.

Aber sind wir nicht wieder einmal viel zu kritisch? Darf man wirklich so mit einer verdienstvollen Figur wie dem Organisator umspringen? Darf man es ihm so übel verdenken, daß er als einer der wenigen in unserem trägen Lande noch für den fälligen ›Ruck‹ sorgt – und sei es nur ein saisonal, kirchen- oder dorffestabhängig alljährlich wiederkehrender? Ein auf kollektive Unterstützung angewiesener, aber im undurchsichtigen Dickicht des Unnützen, Ungewissen und des Unvermögens operierender Aktivist hat es schwer in einer Zeit, in der nur der klare Nutzen, die erwiesene Genauigkeit und das perfekt Gekonnte zählt. Es soll Musiker geben, die, kaum sehen sie einen als ›Organisator‹ beschriebenen und verschrienen Menschen auf sich zukommen, schon fieberhaft über eine halbwegs plausible Ausrede nachdenken, mit der sie die erwartbare Anfrage und ›Bitte um Mitwirkung‹ abwimmeln können.

¶ Man macht es ihm nicht leicht – und man dankt es ihm kaum: seinen unermüdlichen Einsatz und sein involvierendes Engagement für die Laienmusikkultur; die Vereinsversammlungs-Lobreden, die auf ihn gehalten werden und die Medaillen, die man ihm umhängt, die Ehrennadeln, die man ihm ansteckt, riechen nach den Danksagungen für Leute, denen man zwar offiziell erkenntlich sein muß, mit denen man aber, wegen ihrer unangenehmen, aufdringlichen und ›schmutzigen‹ Arbeit, möglichst wenig zu tun haben will (also etwa wie ansonsten bei Polizisten, Müllmännern oder Scharfrichtern). Daher sollten wir, trotz all unserer nur allzu berechtigten Vorbehalte gegen den manchmal größenwahnsinnigen Aktionismus, die oft realitätsblinde Überforderung von sich und anderen, die meist voraussehbare Aufdringlichkeit der Organisatoren berücksichtigen, daß wir es aller Voraussicht nach mit einer aussterbenden Spezies zu tun haben. Denn spätestens wenn auch der letzte, zwar perfekt vernetzte, aber kaum noch bewegungsfähige Multimedia-User vor seinem HiFi-Digital-Quadrophonie-Home-Entertainment-Equipment in angenehmem Schlaf versunken ist, wird man diesen Typus des nimmermüden Organisators, Anstifters, Einpeitschers, Antreibers und Machers auch nicht mehr vermissen, weil die letzten, die müde ›blinzelnden‹ Menschen (Nietzsche) gar nicht mehr wissen werden, daß es einst so etwas wie leibhaftige laienmusikalische Aktivitäten und eben auch ›Aktivisten‹ gegeben hat.

¶ Erst wenn das jetzt schon Überflüssige endlich zum ein für allemal Abgeschafften geworden sein wird, wird es wirklich komfortabel werden in einer professionell und perfekt eingerichteten Welt. Und wenn es so weit kommt, daß die Laienmusik, der Stachel im Fleisch des fehler- und seelenlosen Musterknaben-Virtuosismus, gezogen sein wird, dann eben auch deswegen, weil die indiskreten organisatorischen Anstachler ausgestorben sind. Solange hingegen Ortega y Gasset (›Nur das Überflüssige braucht der Mensch notwendig‹) und Voltaire (›Das Überflüssige ist eine höchst notwendige Sache‹) recht haben, braucht das Überflüssige notwendigerweise Menschen, die das Überfließende immer wieder zum Überfließen und ins Fließen bringen. Organisatoren sorgen, wenn nicht immer für *high quality*, dann doch oft genug für *(f)low experiences*.

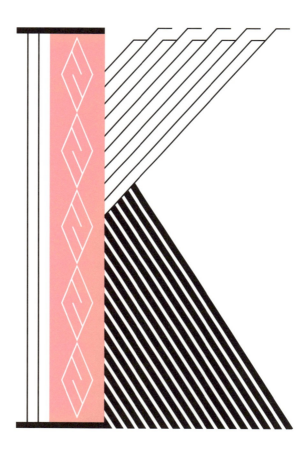

KAPITEL 24
DER KONZERT-VERWEIGERER

Eine der naheliegendsten und daher hier bereits mehrfach thematisierten Fragen an die Liebhabermusik problematisiert den merkwürdigen Umstand, daß man, wenn man erklärter- und überzeugtermaßen Musik aus dem vielbeschworenen ›Spaß an der Freud'‹ – und daher *selbst* – macht, dann auch meint, andere, Nicht-Mitmachende, daran akustisch teilhaben lassen zu müssen, indem man diese Aktivität unnötigerweise vom privaten *fun* zur öffentlichen *performance* mutieren läßt beziehungsweise dazu hochstilisiert. Warum also, so fragt man sich und das sehr zu Recht, *konzertiert* der Laie? Ist das Spielen *für* andere und *vor* anderen nicht eine Aufgabe, die man hübsch arbeitsteilig-rational denen überlassen sollte, die wirklich etwas davon verstehen? Und die dafür bezahlt werden und davon/dafür leben? Wird der ureigenste Ansporn und Antrieb des Liebhabermusizierens – etwas selber machen, *obwohl* es andere besser können – nicht pervertiert, wenn man diese gesund egozentrische, von jedem Nutzen- und Effizienzkriterium so wohltuend entfernte Einstellung aufgibt und sich extrovertiert und prahlend (›ich kann das *auch*‹) auf das auftrumpfende Präsentations- und Profilierungsgehabe der eh-schon-viel-zu-vielen Bühnen-Exhibitionisten dieser Welt einläßt? Um dabei, das muß eigentlich gar nicht erst hinzugefügt werden (auch weil es hier schon nichtmüdewerdenwollenderweise mahnend wiederholt worden ist), regelmäßig zu scheitern, wie heute dank der universalen Verfüg- und Abrufbarkeit professionell eingespielter Varianten praktisch jedes einzelnen Taktes aus dreitausend Jahren globaler Musikgeschichte sofort peinlich genau festzustellen ist? Jede zweite Youtube-Aufnahme bestätigt allen, die Ohren und ein akustisches Minimalwahrnehmungsvermögen haben, daß Laiendarbietungen jeglichem heute möglichen *state of the art* hinterherhinken und ihn fröhlich-unbekümmert unterbieten.

Trotzdem ist jenes Mitglied des Liebhabermusikbetriebs, das dies eingesehen hat und sich daher der weitverbreiteten musikalischen Selbstvorführungsmanie nebst Selbstdemontage widersetzen will, also der laienmusizierende Konzertverweigerer (*musicus domesticus antipublicus nonconcertansque habemus pacem*) ein in seinen eigenen Reihen Marginalisierter. Meist völlig umsonst besteht er in der Diskussion mit seinen Laienmusikerkollegen darauf, zunächst einmal bei der Auswahl der zu spielenden Stücke *nicht* auf die bekannten Kriterien zu schauen, die sich an deren *Aufführbarkeit* orientieren (also Spielbarkeit, Beliebtheit und GEMA-Gebühren), sondern einzig und allein den ›Spaßfaktor‹ im Auge zu haben. Darunter versteht der Anti-Konzertierer dann solche Emotionen wie Entdeckerfreude, Lust am ›Sich-Durchwursteln‹, Spaß am Kennenlernen-durchs-Spielen (*learning-by-playing*) und dann vor allem auch die Befriedigung, daß es bald vorbei ist und man sich dem nächsten Stück (mit den gleichen Gratifikationserwartungen) widmen kann. Nicht daß der Konzertverweigerer rigoros gegen jegliches Wiederholen oder gar ›Üben‹ wäre (anders als der puristische ›Vom-Blatt-Spieler‹, siehe Kap. 10 oder der manisch-obsessive ›Vielspieler‹, siehe Kap. 14), aber warum ein x-beliebiges Stück jetzt und hier und (auch) von mir und uns zur sogenannten ›Konzertreife‹ gebracht werden muß – das will diesem spielfreudigen, aber publikumsscheuen Laienmusikertyp durchaus nicht einleuchten. Zum einen, weil er die Chancen, es mit dem gegebenen Zeit- und Humanpotential auf so etwas wie akzeptable Präsentierbarkeit zu bringen, realistisch, also: mager einschätzt, zum anderen, weil er eben nicht einsieht, wem damit wirklich gedient sein soll: Konzerte bedeuten vor allem Psycho-Streß, Proben-Monotonie, Termindruck, Energieverschwendung für Organisation und Vorbereitung und soziale Konflikte (vgl. dazu zum Beispiel auch Kap. 20), von der erwartbaren wirtschaftlichen Negativbilanz ganz zu schweigen.

Auf dem Gebiet des Ökonomischen ist die zirkuläre Absurdität des öffentlichen Konzertierens ja am deutlichsten zu sehen: meist dienen Konzerte nur dazu, gerade jene staatlichen Förderungen und Zuschüsse zu legitimieren, die man ohne Konzert überhaupt nicht nötig hätte. Aber das ist symptomatisch für den gesamten Betrieb: Konzerte sind eine stupide Einrichtung der Tradition, nur durch ein nie hinterfragtes ›Immer-schon-so-gewesen‹ begründet, ein soziokulturelles Bollwerk, gegen das nicht nur der Konzertverweiger im Laienmusikerambiente vergeblich anrennt. Aber wer sonst soll die Frage stellen: warum muß eigentlich ein ›Frühlings-‹, ein ›Sommer-‹ oder ein ›Herbstkonzert‹ sein? Nur weil – oh welch freudige Überraschung! – sich die betreffenden Jahreszeiten wieder einmal eingestellt haben? Jedes Orchester *muß* in jedem Jahr (Halbjahr, Vierteljahr) mindestens einen Auftritt haben – warum eigentlich? Nur Zeitungen *müssen* jeden Tag voll sein (und schon Karl Valentin wunderte sich darüber, daß jeden Tag offenbar genau so viel passiert, daß es in die Zeitung paßt): aber so sind Zeitungen dann eben auch ... Warum wird nicht zumindest zugegeben, daß ein ›Jahreskonzert‹ auch einmal ausfallen kann, mangels Zeit, mangels Lust, mangels Repertoire – beziehungsweise weil man als Liebhabermusikant schlicht Besseres zu tun hat, als pünktlich wie ein bezahlter Profimusiksklave sein Konzertchen abzuliefern.

Keine Chance hat der Performance-Pessimist aber auch gegen den Dezimalzahlenfetischismus unserer Kultur, der meint, den längst verstorbenen XYZ-Heroen unseres geistigen Erbes sei damit geholfen, daß man bei 50-, 100- oder 200-jähriger Wiederkehr ihres Geburts- oder Todesdatums ein ›XYZ-Jahr‹ (2010 Schumann-Jahr, 2011 Liszt-Jahr, 2012 Debussy-Jahr, 2013 Wagner-Verdi-Jahr, 2014 Strauss-Jahr, usw. usw.) ausruft und dadurch den Mangel an Phantasie bei der Repertoireauswahl kaschiert. Gerade sogenannte ›Jubiläen‹ sind ja in der Liebhabermusikerszene beliebt, weil sie eine historisierende Schein-Legitimation für etwas liefern, was in Wahrheit nur sehr halbseidene Begründungen in der Substanz vorweisen kann: ein sogenanntes ›Jubiläumskonzert‹ zum 10-, 25-, 50-jährigen Bestehen eines Orchesters konstatiert nur, daß dieses eben offensichtlich so lange existiert: die Frage, ob das ›auch gut so‹ ist, also ob das überhaupt zu ›feiern‹ und ob das *gerade jetzt* und *auf diese Weise* zu feiern ist, scheint nicht gestellt werden zu müssen – genau sie wird aber vom kritischen Konzertverweigerer aufgeworfen. Denn er ist ein Purist, er konzentriert sich aufs Wesentliche, er lehnt alles ab, was über das zentrale Anliegen seiner fokussierten Leidenschaft hinausgeht, er vermeidet alle Irr- und Abwege, auf denen das Spielerisch-Musikalische ins Menschlich-allzu-Menschliche abdriftet: also ins Zwanghafte, Repräsentative, Offizielle, Ritual-Kulthafte. Deswegen ist der Konzertverweigerer auch vornehmlich Kammermusiker; er weiß, daß mit der Vergrößerung des sozialen Kreises auch der Zwang zur Form und zur institutionalisierten (Selbst-)

Darstellung zunimmt, daß man im Pulk und in der Masse immer zu gemeinsamen Krawall-Aktionen neigt, für die man sich alleine schämen würde.

℗ Aber was kann ein solchermaßen gegen den Strom Schwimmender tun? Mehr als die Überredungs- und Überzeugungsversuche, die vergebens den Aufwand und die Überflüssigkeit von Konzerten verdeutlichen, richten hier vermutlich mehr oder weniger unauffällige Boykottversuche vielfältigster Art aus: man plädiert hoch engagiert für die Einstudierung eines *so* schweren Stücks, daß auch von den allereifrigsten Konzertfetischisten ein Verzicht auf die Chance zur öffentlichen Blamage zu erhoffen ist (allerdings darf diese Einsicht erst kurz vor dem Konzerttermin dämmern, damit nicht noch schnell das übliche Alternativprogramm zur Anwendung kommen kann: ›na gut, dann spielen wir halt doch wieder Stamitz‹...). Und daß man bei der kollektiven Einstudierung des konzertant zu präsentierenden Werks keine großen positiven Impulse beisteuert, versteht sich ohnehin von selbst. Weitere verbreitete aktive Destruktiv-Strategien bestehen in der Okkultation des Notenmaterials (›seltsam, schon wieder sind alle Harmoniestimmen verschwunden‹), in der gesuchten Terminkollision (›tut mir leid, am Konzerttermin muß ich dringend zum Zahnarzt‹), in der gezielten Verschärfung der Probenatmosphäre (›hör mal, du Aushilfsbratscher: für dieses Gepfusche willst du auch noch das dicke Geld kassieren?‹), in der permanenten übereifrigen Mitarbeit (›war das nun Ab- oder Aufstrich im Takt 47 auf die zwei und? und das **forte** in Takt 153 auf die erste oder die zweite Achtel?‹), in der Spaltung und Abwerbung (›wollen wir nicht lieber in den nächsten Wochen bei mir zu Hause das Beethoven-Septett zocken?‹), in der gezielten Torpedierung der

Konzertplanungen (›die Bühne ist zu klein‹, ›die Akustik ist miserabel‹, ›zu der Uhrzeit kommt keiner‹, ›das langweilige Werk will keiner hören‹, ›so können wir uns nicht präsentieren‹, ›man wird uns auslachen‹, usw. usw.).

Aber gegen den geballten Gruppendrang ans Licht der Öffentlichkeit kann der Konzertverweigerer kaum etwas ausrichten; so bleibt ihm nur das gequält-passive Mitmachen. Er sitzt im Orchester, wenn überhaupt, dann nie am ersten Pult; denn wenn einer schon ›Konzertmeister‹ heißt, dann meint er das freilich auch nur in einem richtigen *Konzert* beweisen zu können. Auch sogenannte Stimmführer blühen bekanntlich ja erst vor Publikum richtig auf; das dankende öffentliche Händeschütteln des Dirigenten beim Schlußapplaus entschädigt sie für all den Hohn und Spott, den sie sonst immer für ihr anmaßendes und autoritäres Gehabe von den Hinterbänklern einstecken müssen (vgl. Kap. 12). So ist das ganze Konzert eine einzige Farce, eine Travestie in steifer ›Konzertkleidung‹, die wie jede andere althergebrachte Feierlichkeitsmaßnahme, die Erhabenheit und Würde produzieren soll, keinerlei Bezug zum alltäglichen Realgeschehen aufweist. Denn das Konzertieren, so weit würde der Konzertverweigerer in seiner schmerzlich-tief gefühlten Polemik gehen, hat gar nichts mehr mit dem Musizieren zu tun: nur noch Glitzer-Glamour-Show, Applaus- und Effekthascherei, äußerliches Renommieren, Vertuschen und Beschönigen, nur noch Rollenspiel und Ritual. Der Konzertverweigerer versteckt sich folglich hinter seinen (kaum geübten, kaum je mit den befohlenen Eintragungen verunzierten) Noten, tut aber vielleicht betont engagiert-professionell, macht gute Miene zum bösen Spiel und freut sich, wenn das öffentliche Trauer-Spiel vorbei ist, er Jackett und Krawatte wieder ausziehen und einfach nur ›drauflosspielen‹ darf.

Er versteht leider nur allzu gut, daß der ja gerade in der Musik sehr ausgeprägte ›deutsche‹ Hang zur Innerlichkeit, zum Ausleben privater Gefühle im privaten Raum, im Laienmusikwesen ständig konterkariert wird durch die ebenso traurig-deutsche Tendenz, aus allem und jedem gleich eine gemeinschaftliche ›Verpflichtung‹, eine kulturbeflissene Demonstration und einen staatstragenden Akt zu machen. Der Konzertverweigerer findet sein Idol eher im traumverloren stubenhockenden Klimperer im Kämmerchen, im einsam flötenden Hirten auf dem Felsen, im selbstgenügsamen Klangexperimentator in mönchischer Zelle, in all den anderen bescheidenen Liebhabern jedweder Privatvergnügen, die aus diesen keine öffentliche Angelegenheit machen müssen und kein daran Interesse heuchelndes Publikum brauchen. Der Konzertverweigerer wünscht sich zurück in eine Art laienmusikalische Urkirche, in der man heimlich in Katakomben zusammensitzt und in unauffälligen verschwörerischen Kleingruppen einer relativ abartigen Passion frönt. Es gibt nicht viele Konzerte von Liebhaberorchestern, die den Zuhörer *nicht* beklagen lassen, daß es dieses unsicht- und unhörbare laienmusikalische Urchristentum heute kaum (mehr) gibt. Vielleicht täte auch eine *in* der und *für* die Öffentlichkeit arbeitende Institution wie der Bundesverband Deutscher Liebhaberorchester (BDLO), der natürlich den Beitrag seiner Mitglieder zum ›*öffentlichen* Musikleben‹ herausstreichen muß, gut daran, diese ökologische Nische, das bedrohte Rückzugsgebiet der Nicht-Konzertierenden Haus- und Heimmusiker (NKHuH), unter Artenschutz zu stellen. Der Autor stünde jedenfalls als Gründungspräsident der *NKHuH e.V.* zur Verfügung, vorausgesetzt, das ließe sich in einer nicht-öffentlichen Zeremonie schnell erledigen.

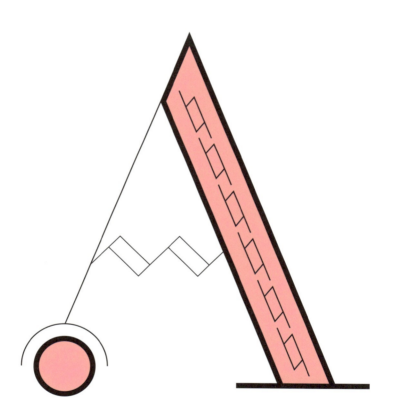

KAPITEL 25
DER AUFNEHMER

Manch geneigte Leserin, vielleicht sogar manch geneigter Leser wird sich vielleicht einer gewissen in Reimform verfaßten Geschichte erinnern, die in lange zurückliegenden Zeiten den jugendlichen Besuchern deutscher Gymnasien noch zugemutet wurde. In dieser hanebüchen weltfremden Story aus einer zivilisationsfernen Zeit läßt sich doch tatsächlich ein erwachsener, zunächst als halbwegs gebildet und ansatzweise rational denkend geschilderter Mensch auf einen Deal ein, der ihn nichts weniger als seine sogenannte ›Seele‹ (wohl ein veralteter Ausdruck für mind-and-body-wellness) kosten soll, falls es gelingt, dem rast- und ruhelosen Mann (workaholic? ADHS?) eine etwas relaxtere Einstellung zu seiner jeweiligen Gegenwart einnehmen zu lassen, also wenn er nicht nur zu einer ausgeglichenen work-life-balance, sondern auch zu einer ausgesprochenen take-it-easy-attitude bezüglich seines lifetime-managements findet. Im old-fashionmäßigen O-Ton lautete dieses seltsame gentlemen-agreement damals: ›Werd' ich zum Augenblicke sagen: / Verweile doch! du bist so schön! / Dann magst du mich in Fesseln schlagen, / dann will ich gern zugrunde gehn!‹

◊ Es lohnt sich kaum, den weiteren Verwicklungen dieses verstaubten Schülerdrangsalierungs-Machwerks zu folgen, denn spätestens ab dieser Stelle ist jedem Leser klar, daß mit einem solchen Versprechen heutzutage keinem noch so erfahrungshungrigen Mitglied unserer ›Erlebnisgesellschaft‹ (G. Schulze) auch nur ein Zipfelchen seines Seelenheils abzuhandeln wäre; ist es doch heute jedem knopfdruckfähigen user-dummy möglich, per Handy, Digitalkamera und Camcorder jeden beliebigen ›schönen Augenblick‹ seines so ereignisreichen Lebens anzuhalten, festzuhalten und wieder und nochmal bis in alle Ewigkeiten wieder- und nachzuerleben. Sony, Nokia und Samsung machen es möglich, lachen sich ins Fäustchen und verkaufen für jeden faustischen Augenblick Aufzeichnungsgeräte passend wie die Faust aufs Auge.

〰️ Diese Zeit- und Erlebniskonservierungswut hat längst auch die Liebhabermusikszene erfaßt. Musikalische Ereignisse sind von Natur aus ja eher (und gottseidank!) flüchtige Phänomene, die meistens den einzigen Vorteil haben, daß sie irgendwann vorbei sind; den notorisch ›röhrenden Hirsch‹ an der Wand hingegen muß man ja oft ein ganzes Leben lang ertragen; nicht vorzustellen, wenn er auch noch ebenso lang *hörbar* röhren würde! Aber die epigonalen Fäustlinge unserer Epoche sind es nicht zufrieden und wollen auch diese fliehenden Augenblicke zum ›Verweilen‹ und auf Knopfdruck zur Wiederholung bringen. Das ist solange gerade noch einzusehen, wie man vernünftigerweise davon ausgehen darf, daß der festgehaltene Moment Seltenheitswert und ausreichend akustisches Niveau besitzt, so daß *anderen*, aktuell nicht anwesenden potentiellen Zuhörern etwas daran liegen könnte, diese festgehaltene Zeit in ihre eigene Lebenszeit zu integrieren – und dafür sogar, neben dieser *Zeit*, auch noch *Geld* aufwenden würden. Diese riskante Vermutung, die schon im sogenannten Bereich der Profi-Musik stark überschätzt wird (wer will wirklich die 137. Einspielung der 137. Haydn-Symphonie hören?), kippt völlig ins Lächerlich-Absurde, wenn sie auf den Laienbereich übertragen wird, einen Bereich, der ja bekanntlich vom stark individualistisch-privaten Genuß des selbstzweckhaften Hier-und-Jetzt-und-nur-für-uns-selbst-Tuns geprägt ist.

〰️ Gleichwohl gibt es ihn in jedem Orchester, den technikversierten, mit dem neuesten recording-equipment ausgestatteten Alles-Aufnehmer (*homo technicus frikus omnem furzum ricordans*). Schon eine Stunde vor dem Konzert ist er am vereinbarten Ort, mustert prüfend jeden Winkel der location, checkt die Raum-Akustik und ihre Tücken, eruiert die verschieden möglichen Standorte für Mikrofonständer und Aufnahmegerät, wählt dann schließlich nach eingehender Prüfung und mit sicherem Expertenblick den bestmöglichen Aufstellort (meist genau dort, wo nachher sowieso alle dagegenrumpeln), packt die High-Quality-Richt-Kondensator-Doppelstereo-Qualitätsmikrofone aus, justiert sie nach allerhand komplizierten geometrischen Berechnungen der Schallwellen und ihrer möglichen Interferenzen, der adäquaten Entfernung zum Klangkörper, der optimalen Mischung und Balance der Klangquellen; dann wird das hyperneue, frisch aus dem Ausland importierte high-end-recording-device installiert, natürlich mit quadrophon-enhanced-stereo-sound und dolby-surround, die Kabel werden sorgsam verlegt und professionell fixiert (was nicht viel bringt, weil sie nachher noch dreimal umverlegt werden und sowieso jeder darüber stolpern wird). Und dann sieht man ihn während der Stellprobe, mit überdimensionierten großen Mickey-Maus-Ohren-Kopfhörern auf dem Haupt auf konzentrierteste Weise ganz genau und hingebungsvoll ›hören‹: nie vorher und nie nachher hat Laienmusik solch ergriffene, in jeden Ton förmlich hineinkriechende, in all ihren feindifferenzierten Facetten wahrnehmende Zuhörer wie den Aufnehmer just in diesem wichtigen Moment seiner Aufnahmevorbereitung. Stundenlang

TYPOLOGIE

gäbe es da noch nachzuregeln, nicht nur an der ›Lautstärke‹ natürlich, sondern am Höhen- und Tiefendrehknopf, am Frequenzregler und am Kompressor, am eingebauten Mischpult mit den vielen einzelnen Höhen-Tiefen-Einstellungen, an der Rauschunterdrückung und dem Entzerrfilter, usw. usw. Nur das Ende der Stellprobe beziehungsweise der Anfang des Konzerts setzt diesen diffizilen und mit höchster Fachmann-Kompetenz vorgenommenen Ein-, Aus- Um- und Verschaltungsmaßnahmen notgedrungen ein Ende, denn normalerweise muß der Aufnehmer ja auch noch mitspielen (aber das ist eigentlich für ihn nur ein Nebenjob, den er meist eher lustlos an einem der hinteren Pulte absolviert).

〰️ Gleich nach Konzertende und nach Abklingen des Applauses schlägt dann aber wieder die große Stunde des Aufnehmers: die Apparate müssen abgebaut und wieder eingesammelt werden (soweit sie noch vorhanden und nicht vom unachtsamen, nur dem Augenblick lebenden Publikum umgeworfen, verrutscht und sabotiert worden sind). Wenn dann alle schon längst beim dritten Bier in der Kneipe sitzen, kommt er schließlich auch langsam an und kann strahlend verkünden, was in diesem Moment (und auch später) leider keinen interessiert: ›Ist recht gut geworden, die Aufnahme‹. Denn er hat natürlich sofort ›reingehört‹, vor allem geprüft, ob alles ›drauf ist‹ (manchmal vergißt er ja am Anfang auf ›Start‹ zu drücken) und ob man den Patzer der Celli im dritten Satz ›wirklich hört‹ (man hört ihn natürlich), und gleich im Anschluß würde er dann liebend gern darüber diskutieren, ob diese Aufnahme jetzt im Vergleich zu der gestrigen von der Aufnahmequalität zwar besser, von der musikalischen Ausführung aber leider nicht so gut, obwohl ja die Bratschen diesmal viel besser zu hören sind, aber nicht die Klarinette, wohingegen die Huster im langsamen Satz diesmal ... und der eine unsaubere Ton der zweiten Geigen ... die ganz spezielle Raumakustik von heute ... Aber am Tisch hört schon längst niemand mehr zu.

〰️ So kann der Aufnehmer sich erst dann wieder kurzzeitig ins Gespräch bringen, wenn er, nach mühevollster häuslicher Kleinarbeit am eigenen Multimedia-PC die ›Konzert-CD‹ aus verschiedenen ›takes‹ zusammengeschnitten und ›gebrannt‹ hat; selbstverständlich gehört dazu die einfallsreiche Gestaltung einer bunten CD-Hülle mit genauem Programm, Ort, Datum, track list, usw. Und dieses Produkt muß nun jedes Orchestermitglied haben, also wird der Vertrieb organisiert, Listen liegen aus, Geld wird überwiesen, CDs werden in vakuumversiegelten luftgepolsterten Versandtaschen verschickt. Und das alles nur, damit von da an in mehreren sowieso schon reichlich leid- und lärmgeprüften Haushalten eine weitere selbstbespielte Silberscheibe auf dem CD-Regal steht, die nie mehr jemand abspielen wird. Wofür auch? Welchen wahren Laienmusiker interessiert sein Gedudel von gestern? Wer will sich der peinlichen Selbstfrustration unterziehen, die bis aufs letzte Dezibel akustisch ausgeloteten und mit einer plutonium-nahen Halbwertszeit quasi ewig dokumentierten Unzulänglichkeiten freiwillig nochmals anzuhören?

〰️ Nun, auch wenn es kaum hinreichend masochistisch veranlagte Liebhabermusiker geben dürfte, die ihre Neigungen zu solcher Konservierungswut und rückwärtsgewandter Dokumentationsmanie offen zugeben würden, hat doch in jedem Orchester der unermüdliche und bienenfleißige Tonarchivar seine feste Rolle; vor allem weil er ja meist auch noch alle anderen schriftlichen und gedruckten Dokumente über das öffentliche Wirken des Ensembles listet, sammelt und für die interessierten nachkommenden Generationen fein säuberlich geordnet aufbewahrt. Man nennt das Ganze in unseren alteuropäischen Gefilden dann gern ›geschichtliches Bewußtsein‹, und schon Nietzsche hat sich vor fast 150 Jahren völlig umsonst darüber aufgeregt, daß wir davon viel zu viel haben. Der Aufnehmer nutzt heute erst recht die Gunst der neuen elektronischen Speichermöglichkeiten und nimmt indiskret-rücksichtslos *alles* auf, was beim Druck auf den roten ›Aufnahme‹-Knopf nicht auf den Bäumen beziehungsweise außer Hörweite ist. Wer je seinen warnenden Zeigefinger gegen den vorherrschenden ›Konsumismus‹ und die schnöde ›Wegwerfgesellschaft‹ gereckt haben mag: von diesem akustischen Lumpensammler, diesem Audiodaten-Messie, diesem tapferen Mitschneiderlein wird man sich eines Besseren belehren lassen müssen und sich wünschen, die klanglich-auditiven Spuren und Rückstände unseres frevelhaften musikalischen Tuns wären nie in seine hündischtreuen allkonservatorischen Hände geraten: wie oft wir auch unser musikalisches Stöckchen wegwerfen wollen in die Welt, jedesmal wird es uns vom Aufnehmer brav-pünktlich apportiert.

〜〜 Eine neuere, sehr interessante medientheoretische Perspektive könnte schließlich darüber aufklären, worum es wirklich geht. Laut dem österreichischen Kulturwissenschaftler Robert Pfaller dominieren heute ›interpassive‹ Mediennutzungsstrategien, die, statt den Betrachter wie bisher ›interaktiv‹ ins Geschehen einzubeziehen, ihn endlich in Ruhe lassen und ihm auch das angeblich so genußvolle Betrachten und Konsumieren abnehmen. Die meisten Filme, die ich von meiner Super-HD-Home-Movie-Anlage mitschneiden lasse, schaue ich selber gar nicht mehr an; das von mir heruntergeladene E-Book brauche ich nicht mehr zu lesen und was ich im Urlaub eigentlich gesehen habe, weiß meine Kamera viel besser. Auf ähnliche Weise würde der Aufnehmer auch das Problem des schwindenden Laienkonzertpublikums lösen: niemand braucht sich ein solches Konzert mehr anzuhören (wozu auch?), Hauptsache, die Mikrofone sind aufgebaut, das Gerät läuft mit, und jedes Orchestermitglied hat danach eine CD davon zu Hause stehen. Der Aufnehmer ist also auch ein ›Abnehmer‹: er nimmt uns letztendlich auch das leidige Uns-selbst-zuhören-Müssen ab. Dafür können wir nicht anders als dankbar sein.

〰️ So, Kinder, cut, stop, danke, das war's, Schluß für heute. Hat jemand das Band mitlaufen lassen? Dann ist's ja gut, ab damit ins Archiv, ich werd das hier sicher nich mehr Korektu les

KAPITEL 26
DIE LOKBUB
(LAIENORCHESTERKONZERT-
BESUCHERINNEN UND -BESUCHER)

Obwohl sie streng genommen in einer Typologie der Laienmusiker eigentlich nichts zu suchen haben, kommen die Liebhaberorchesterkonzertbesucherinnen und -besucher (*amatores musicae liberales de gustibus non disputantes*) hier deswegen zur verdienten Betrachtung, weil sie die tragenden Säulen, die realen Antriebsmotoren des Liebhabermusikbetriebs sind, seine oft (und oft mit nicht nur kommerziellem Schaden) vernachlässigte Substanz. Denn legen wir uns einmal alle die von der intensiven Instrumentalpraxis schwieligen Hände aufs Liebhaber-Herz: wer von uns käme denn auf die bei näherer Betrachtung ja reichlich absurde Idee, die kostbare Freizeit mit mehr oder weniger unbeholfenem und meist so brot- wie wirkungslosem Proben, Einstudieren und Üben zu verschwenden, wenn man nicht darauf hoffen dürfte, zumindest dann und wann dieses eine kleine Erfolgserlebnis zu haben: daß dann auch noch Menschen da sind, die tatsächlich am Ende das so mühsam aus kleinen und kleinsten Lern-, Drill- und Selbstdisziplinierungsetappenzielen zusammengebaute akustische Gesamtresultat einmal *hören* wollen?

> Denn daß das nicht selbstverständlich ist, wird offensichtlich gern übersehen. Die optimistische Außen- und Selbstdarstellung der Laienmusikszene spricht immer nur begeistert von den astronomischen Zahlen häuslicher Instrumentbenutzer, von den tosenden Heerscharen unentwegter Freizeitmusiker, von der un-

aufhaltsam galoppierenden Inflation von Laienorchestern landauf landab, vor allem im Musikland Deutschland, wo man schon immer meinte, nur durch die individuell praktizierte Geräuschproduktion besonderer höherer Weihen des Menschseins teilhaftig werden zu können: rein statistisch gesehen kann man ja in unseren weniger blühenden als dudelnden Landschaften keinen Kilometer in Ruhe abschreiten, ohne daß einem nicht von irgendwoher ungefragt und ungeschult die Ohren vollgefiedelt, -gepfiffen, -getrötet, -geklimpert oder gar -gesungen würden! Jeder, der sich nicht diese Ohren zuhält beziehungsweise sie sich nicht seinerseits per mp3-Player volldröhnen läßt, muß es merken: der deutsche Freizeitpark wird von Privathand lärmüberflutet!

≫ Und wer hat sich denn angesichts dieser omnipräsenten musikalischen Exekutivgewalten je gefragt: wer soll all das, was da vorbereitet, geübt, einstudiert wird, dann noch im Format einer offiziellen ›Aufführung‹ je anhören? Mit welcher plausiblen Begründung kann man normaldenkende Leute dazu überreden, diese allen ökonomisch-rationalen Nachfragekriterien spottende Überschußproduktion abzuarbeiten? Bei aller Freude über die massenpopuläre Begeisterung beim Input: was geschieht mit dem umweltbelastenden Output? Beim heiligen Märtyrer Troubadix, Schutzpatron aller Feierabendmusiker: wer entsorgt dieses Riesengebirge von sonorem Sondermüll? – denn so deutlich wird man es beim Namen nennen müssen, wenn man auf die angemessenen Qualitätsmaßstäbe und die flächendeckende Verfügbarkeit ungleich höherwertigerer Produkte annähernd derselben Warenkategorie von seiten professioneller Anbieter reflektiert. Wer sich in diesem übersättigten Markt überhaupt noch Absatzchancen ausrechnet, muß offenbar glauben, es mit weitgehend masochistisch eingestellten Abnehmern und akustisch autodestruktiv veranlagten Musik-Vielfraßen zu tun zu haben.

≫ Andererseits darf man das Problem wohl nicht überdramatisieren: denn die unaufhaltbare Expansionslogik des freien Marktes scheint ja darauf hinauszulaufen, daß auch an jenen schon extrem dicht infrastrukturierten Orten, wo jegliche Ernährungs- und Konsumbedürfnisse mehr als befriedigt scheinen, immer noch Platz ist für einen weiteren McDonalds, eine weitere Aldi-Filiale, einen weiteren Baumarkt: und so dürfen wir gleichermaßen zuversichtlich sein, daß wohl auch immer neue Liebhaberorchester und immer weitere Laienorchesterkonzerte ihre geduldige Zuhörerschaft finden werden. Warum ist das so? Woher kommt diese erstaunliche Zuhörbereitschaft? Diese Frage kann nur eine methodisch versierte Motivationsforschung nach internationalen Standards, die sogenannte IMRIMMPPA (*intrinsic motivation research in masochistic-musical pain-pleasure-aberration*) klären, für die wir hier nur kurz einige Arbeitshypothesen umreißen können und die in ihren Einzelheiten zukünftiger empirischer Meinungserhebungstechnologie überlassen bleiben muß.

≫ Zunächst wagen wir folgende gruppensoziologische Arbeitshypothese: mindestens jeder zweite Zuhörer eines Laienorchesterkonzerts ist mit zumindest einem der musikalischen Akteure *verwandt*. Liebhaberorchesterkonzertabende sind mit Blutsbanden gestrickte Familienangelegenheiten, gegebenenfalls der Vorwand für periodisch wiederkehrende Zusammenkünfte ganzer Sippschaften und Clans, die ihren geigenden, flöteblasenden oder triangelspielenden Stammesvertreter hören, mehr noch sehen und natürlich vor allem bejubeln wollen (in dieser aufsteigenden Präferenzordnung). Im Laienorchesterkonzert sitzt im Saal keine anonyme Masse unbekannten Künstlern auf der Bühne gegenüber, sondern tausend unsichtbare familiale und zwischenmenschliche Fäden verbinden und vermitteln nicht nur das Oben mit dem Unten – den hoffnungsvollen Enkel am siebten Geigenpult mit Opa und Oma im Parkett, den bedächtigen Senioren-Bratscher oben mit dem staunenden Nachbarn vom Skatclub unten, den jungen Freizeit-Dirigenten am Pult mit den bewundernden Kolleginnen aus dem Büro, die aufgeregt in der ersten Reihe sitzen – sondern auch das Publikum untereinander kennt sich, begrüßt sich, freut sich – schon aneinander (und inmitten all dieser eitlen Freude fallen die griesgrämigen Mienen der minderjährigen Angehörigen kaum auf, die ins Konzert verschleppt worden sind, um wiedermal den laienmusizierenden Onkel, die Tante, den Paten auf der Bühne zu sehen, und die deswegen eine entscheidende Episode von ›The Voice‹ verpassen). Die Aufweichung der rigiden Leistungshierarchien, des professionellen Elitebewußtseins und des überheblichen Standesdünkels, in der ja ganz allgemein die sozio-moralische Leistung des Liebhabermusikwesens besteht, bewirkt eine unbestreitbare Humanisierung der Sozialstruktur des ganzen Laienmusik-Umfelds. Das Laienkonzertpublikum kann man daher in weiten Teilen als eine ideale emotionale Solidargemeinschaft beschreiben, die es meist nicht weiter stört, wenn während ihres geselligen Beisammenseins auch noch ein wenig Musik gemacht wird.

≻ Bei den wenigen anderen Konzertbesuchern, die tatsächlich mit keinem einzigen der Ausübenden weder direkt noch indirekt verwandt noch verschwägert noch sonstwie versippt oder bekannt sind, kann man idealtypisch folgende Beweggründe und daher folgende acht LOKBUB-Typen unterscheiden (Mischformen sind natürlich gang und gäbe):

a) der Konzertbesucher aus gesellschaftlicher Verpflichtung (*visitator repräsentans politicus officialis*): auf den (vermeintlich) besten vordersten Plätzen, in jenen Stuhlreihen, auf denen vorher (meist viel zu viele) ›Reserviert‹-Schilder lagen, sitzen gern die Honoratioren, Lokalprominenzen und Kommunalpolitiker, die sich – besonders in Wahlterminnähe – ›mal wieder bei der Basis sehen lassen müssen‹. Sie haben sich von ihren Sekretärinnen schon vor Monaten ihre Plätze sichern lassen, als befürchteten sie einen Run wie bei André Rieu; da aber auch die Orchestervorstandschaft aufgrund vielfältiger klientelarer Interessenbande auf sie angewiesen ist, werden die politischen Lokalgrößen eifrig hofiert und vor Konzertbeginn öffentlich und namentlich begrüßt. Nach diesem kurzen coram publico zelebrierten Moment des Sich-im-Licht-des-jeweils-anderen-Sonnens, verfällt dieser offizielle Konzertbesuchertyp im günstigsten Fall normalerweise in einen meist berechtigten Schlaf.

> b) der Konzertanwesende aus Berufspflicht (*custodes professionales amusicus totalis*): oft vergessen werden die unermüdlichen und nicht aus der Ruhe zu bringenden Vertreter verschiedener Berufsgruppen, die laut den bekannten germanisch-gründlichen Gesetzesbestimmungen und Durchführungsverordnungen ›zur Abhaltung öffentlicher Groß-Veranstaltungen und Personenansammlungen in geschlossenen Räumen‹ und daher aus gesundheitsvorsorgetechnischen, ordnungs- und sittenwahrenden sowie feuerpolizeilichen Gründen im Konzertsaal anwesend sein müssen. Ihnen ist es, im Gegensatz zu allen anderen Besuchern, erlaubt und vergönnt, ihr professionelles Desinteresse an den seltsamen ästhetischen Vorgängen durch ostentatives Zeitungs- und Zeitschriften-Lesen zu manifestieren. Allerdings sollte man die nati-

onalökonomische Relevanz dieser Personengruppen nicht außer acht lassen, sind sie doch immerhin die einzigen, die (neben den ›Aushilfen‹, Kap. 20) an einem solchen Liebhaberorchester-Konzertabend realiter Geld verdienen und damit zur Steigerung des Bruttosozialprodukts beitragen.

≫ c) der von der Lokalpresse bestallte Konzertbesucher (*animal fincus schmierus et fotofixi localis*): ebenso weitgehend unbeteiligt am unmittelbaren familiär-pseudo-musikalischen Geschehen sind die ebenfalls aus beruflichen Beweggründen anwesenden Damen und Herren Journalisten. Verwundern muß auch dabei das Mißverhältnis zwischen der Geschäftigkeit und Emsigkeit, mit der diese Profis abends das Programmheft abschreiben, Informationen sammeln und wild photographierend, um ihr Musik-Genuß-störendes Treiben völlig unbekümmert, umherspringen, auf der einen Seite, und dem papierenen Resultat am nächsten Morgen auf der andern: im Lokalblättchen stehen dann doch wieder nur die Standardformeln vom ›stabführenden Dirigenten‹, vom ›beschwingten Rhythmus‹, von den ›schönen Klängen‹, von der ›rundum gelungenen Auffführung‹, usw. Dies kann vielleicht damit zusammenhängen, daß die betreffenden dienstverpflichteten Verantwortlichen ihre Präsenz dann doch zeitlich meist auf das erste Viertel der Veranstaltung limitieren und danach, unter den neidischen Blicken der vorgenannten Berufsvertreter, ebenso still verschwinden wie sie laut aufgetreten sind.

≫ d) der Konzertbesucher aus Versehen (*auditor erroris causa*): es gibt tatsächlich immer wieder auch Personen, die die Bezeichnung ›Symphonieorchester‹ für ein eingetragenes und wertverbürgendes Markenzeichen halten, und die, wenn sie dieses Label auf dem Plakat lesen, genauso freudig und erwartungsvoll zur Konzerthalle kommen, ungefähr so, wie andere Leichtgläubige, die auf den Plakaten unter dem in großen Lettern angekündigten ›Live in concert: The Beatles ...‹ das kleingedruckte ›... Revival Band‹ übersehen und sich endlich mal wieder auf einen Abend mit den vier Liverpooler Pilzköpfen freuen.

≫ e) der Konzertbesucher aus ungläubiger Neugier (*spectator incredulus curiosus*): vor allem von einem quasi-sportlichen Interesse geleitet, mag es Menschen geben, für die auch ein Laienorchesterkonzert die Qualitäten einer Miniatur-Sensation mit hohem (wenngleich meist überschätztem) Überraschungs- und Unterhaltungswert annimmt. Dieser Interessententyp ist weniger von einer zwischenmenschlich orientierten und personengebundenen Motivation geleitet; bei ihm stellt sich aber durch die Spannung zwischen dem oberflächlich bekannten geforderten Leistungsniveau und der Kenntnis der realiter vorliegenden Kompetenzen eine Erwartungshaltung ein, die nur durch die Teilnahme an der konkreten öffentlichen Verifizierung des tatsächlichen Verhältnisses von Anforderungsprofil und Realeffizienz gelöst werden kann. Oder kürzer gesagt: dieser Besucher sitzt erwartungsfroh im Saal, weil er sich sagt: ›Das muß ich hören, wie das klingt, wenn *die* das spielen!‹

≫ f) der Konzertbesucher aus Schadenfreude (*participans cynicus sive iocus spottusque*): hierbei handelt es sich oft um eine durch Wiederholungstäterschaft aus der letztgenannten Motivationskategorie weiterentwickelte Form einer moralisch eher depravierten persönlichen Interessenlage. Denn dieser scham- und gewissenlose Menschenschlag läßt sich leiten von Überlegungen wie: ›Das muß ich mir anhören, das wird sicher wieder eine grandiose Blamage!‹ Wir haben es also eindeutig mit einer Form hedonistisch-parasitärer Kultur-Umnutzung zu tun (der Kenner darf an Susan Sontags *Camp*-Kategorie denken), deren Adepten sich meist auf den hinteren Plätzen im Konzertsaal finden und die ihre Gesichtszüge auffallend oft hinter vorgehaltenen Händen verbergen. Die einzige Genugtuung, die man als sensibler und verantwortungsvoller Kultur-Mensch einem solch irregeleiteten Zuhörersegment gegenüber haben kann, ist die, daß diese Konzertbesucher ihren fragwürdigen (Schaden-)Freuden keinen allzu großen Raum lassen können, da sie bei allzu auffällig gezeigter Mißbilligung und Entsolidarisierung mit den ausübenden Akteuren von der Menge der anwesenden Sipp- und Fangemeinschaft zweifelsfrei auf der Stelle aus dem Saal gejagt würden.

≫ g) der professionell abgehärtete Konzertbesucher auf Suche nach einer authentischen Schockerfahrung (*musicus expertus abstrosus pervertitusque*): obgleich scheinbar aufgrund einer analogen Veranlagung wie der des vorgenannten in sich hineinglucksenden Konzert-Zynikers anwesend, ist dieser Besuchertyp eher ein stiller Genießer. Er ist meist ein Kenner und Fachmann; er hat das Universum der Musik lange Jahre in all seinen Breiten und Höhen durchmessen, so daß ihm jetzt nur noch die Tiefen fehlen; und er hegt die berechtigte Hoffnung, daß er diesen heute nur noch bei Laienorchesterkonzerten gewärtig werden kann. Das still-glückliche Vergnügen dieses meist nur als geheimnisvoller und ortsfremder Einzelgänger auftretenden Menschen-Suchers wird von der paradoxalen (und leider oft auch fehlgehenden) Vermutung genährt: ›das klingt bestimmt SO schlecht, daß es schon wieder gut ist‹. Der entscheidende Unterschied zum vorgenannten Typ besteht unter anderem auch darin, daß es hier nicht um ein rein lustbetontes One-Use-And-Throw-Away-Erlebnis geht: gewisse völlig danebengegangene Musikabnormitäten gehören bei diesen (leider viel zu raren) Hörertypen zu über alle Maßen eindrücklichen Musikabenteuern, die viel länger im Gedächtnis haften bleiben als tausende von ›normalen‹ Routine-Konzerterlebnissen. Hier liefert also das Laienmusikertum einen vielleicht in dieser Form unfreiwilligen, trotzdem als Kulturleistung nicht zu unterschätzenden Beitrag zu einer authentischen und in dieser Form unersetzbaren musikalischen Bewußtseinserweiterung.

≫ h) der Konzertbesucher aus rein musikalischem Interesse (*visitator musicae causa musicalis musicalis*): vereinzelt kann unter dem Publikum von Laienorchesterkonzerten tatsächlich auch die Anwesenheit von Menschen festgestellt werden, die erklären, von dem genuinen Interesse an einer neuen akustischen, ja sogar im eigentlichen Sinne ›musikalischen‹ Echtzeit-Erfahrung angetrieben zu sein. Als alleiniger Grund des eigenen Hierseins wird angegeben, daß man sich vom Hören genau des gerade heute auf dem Programm stehenden Werks als solchem eine gewinn- und vergnügenfördernde Wirkung verspricht, zum Beispiel weil man dieses Werk noch nicht oder sehr selten gehört habe – oder was immer an ähnlichen, oft kaum überprüfbaren musikimmanenten Gründen in diesen Fällen angeführt werden mag. Die meisten Laienorchester tragen denn auch der Seltenheit und der Unglaubwürdigkeit solch puristischer innermusikalischer Motivationsaussagen durch eine spezifische Vermeidungsstrategie Rechnung: sie achten bei ihrer Programmgestaltung genau darauf, daß kaum die Gefahr besteht, man könne wirklich eines bestimmten unbekannten oder neuen Werks wegen ins Konzert kommen.

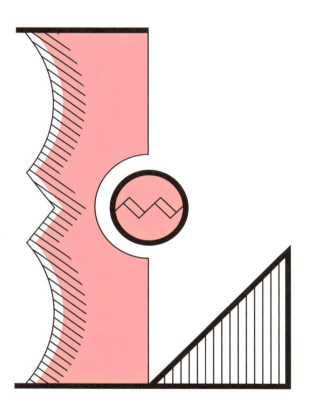

KAPITEL 27
DER LIEBHABER-MUSIKER UND SEIN INSTRUMENT

Eine ganze Untergruppe von typologischen Charakterbeschreibungen und Einstellungsanalysen könnte unter dem Rahmenthema ›Laienmusiker und ihr Instrument‹ stehen. Denn so wie das vom Liebhabermusiker jeweils ausgewählte Musikinstrument ganz unterschiedlich zu definierende Funktionen erfüllt – vom indifferenten Handwerkszeug zum quasi-erotischen Partner, vom zufällig aufgezwungenen Ballast zum identitätsstiftenden Alter Ego, vom zu zähmenden Feind bis zum lebenslangen Begleiter in allen musikalischen und außermusikalischen Abenteuern –, so ergeben sich ganz unterschiedliche Mensch-Ding-Verhältnisse auch aus den jeweiligen persönlichen Einstellungen, Haltungen und Charakteren der Instrumentbenutzer. Da mag es zwar auch instrumenten(gruppen)-spezifische Notwendigkeiten geben: naturgemäß fällt es Pianisten (oder gar: Organisten) schwerer, eine intime Beziehung zu dem schwerwiegenden Instrument zu entwickeln, das ihnen vom Schicksal (sei es in Gestalt eines Familienerbes, eines gewieften Gebrauchtpianoverkäufers oder eines Konzertveranstalters) zugedacht wurde. Jedes mobile Instrument, das man ›am Körper‹ tragen (und benutzen) kann beziehungsweise muß, gehört dem (und zum) Besitzer auf ganz andere Weise als die gleichzeitig irgendwie abweisend *und* jedem Erstbesten zur Disposition stehenden immobilen Musizier-Ungetüme aus der

Familie der Betaste-mich- und Schlag-mich-Instrumente (recht eigentlich also die S/M-Variante der Gattung). Nicht zufällig ist ja die Bedienung dieser unpersönlich-herrenlos herumstehenden Geräte auch so anonym-primitiv: jeder musikalische Analphabet, der bei einer Geige oder einer Klarinette nicht mal ansatzweise wüßte, wie man diese Dinger überhaupt anfaßt, kann auf dem Klavier noch Hänschen-Klein (oder schlimmer noch: den Flohwalzer) klimpern.

𝄢 Nicht zuletzt wegen dieser eigentümlich fehlenden Beziehung zu *ihrem* Instrument sind Pianisten dem wahren Laienmusiker meist suspekt. Ein Liebhaberinstrumentalist, der kein Instrument (lieb)hat, *ist* keiner; das Herumtragen, Mitbringen, Auspacken, Begutachten, Vorführen, Zeigen, Testen, Reparieren, Reinigen und Pflegen, eben das in allen Phasen und Facetten erlebte und erlittene körpernahe *Besitzen* des *eigenen* Musikgeräts ist eine zwingende Vorbedingung für die Berufung zum Musikdilettanten. Ihn definiert auch seine – oft und gern und lang und breit erzählte – ganz individuelle Beziehungsgeschichte, meist unter der romantischen Überschrift: ›Wie wir zwei, mein Instrument und ich, uns (endlich) gefunden haben‹. So oft am Anfang von musikalischen Liebhabermusiker-Biographien auch mehr oder weniger zufällig in die Hände geratene Instrumente stehen mögen (von eifrigen Erziehungsberechtigten in die unschuldig-kindliche Hand gedrückt, aus dem Eltern- oder Verwandten-Bestand entnommen, von der Musikschule geliehen oder sonst irgendwie ›zugelaufen‹): die eigentliche musikalische Laufbahn des Laienmusikers beginnt erst mit der selbst-initiierten Anschaffung des ersten *eigenen* Instruments. Und die hat nichts mehr mit dem schnöden Ankauf eines Allerwelts-Gebrauchs-Objekts zu tun, sondern ist das hart erarbeitete Resultat eines langwierigen, psychisch aufreibenden Sichtungs-, Selektions-, Experimentier- und Findungsprozesses, mit dessen Komplexität verglichen die zwischenmenschliche Partnerwahl oft auf einem flotten Zufallsverfahren beruht; demgemäß sind, obgleich hier keine gesicherten Zahlen vorliegen, sicherlich auch die ›Scheidungsraten‹ im letzteren Fall höher: wer einmal *sein* Instrument gefunden hat, trennt sich meist nicht mehr von ihm; und nachdem hier, anders als in dem muffig-verkrusteten Bereich der Humanbeziehungen, auch fortschrittlich-polygame Lösungsverfahren zur Verfügung stehen, können auch frühere, mittlerweile abgelegte instrumentale Lebensabschnittsgefährten immer noch ein angenehmes Leben im Instrumentenschrank führen: als mit sporadischer Aufmerksamkeit bedachte Zweit-, Dritt- oder gar als ›Lieblings‹-Instrumente für besondere Zwecke.[1] Der auch unter Laienmusikern verstärkte Trend zum Zweitinstrument lebt jene flexiblen Formen der Partnerwahl vor (das gute, wertvolle Instrument für die wichtigen und besonderen Gelegenheiten, das nicht so gute, ältere Modell hingegen für die Alltags- und Freiluft-Anlässe), die im Bereich zwischenmenschlicher Intimbeziehungen, obwohl auch dort wohl oft und gern praktiziert, immer noch unter einer schamvollen Decke heuchlerischen Beschweigens versteckt werden müssen.

---

[1] Ein Spezialfall des ›besonderen Zwecks‹ stellen die Instrumente für den Sondereinsatz unter extremen Bedingungen dar: die ›Schlechtwetter-Oboe‹ für den Outdoor-Einsatz, die ›Hongkong-Geige‹ für die zeitgenössische Experimental-Musik à la Lachenmann, das ›Kampfcello‹ für die transportintensive Orchesterfreizeit.

Auch sonst werden Mensch-Instrument-Beziehungen im Laienmusikerbereich oft mit solcher Intensität durchlebt und durchlitten, daß ein Vergleich mit lebenden Wesen sich geradezu aufdrängt. Wie bei Haustierhaltern, Studentenverbindungsangehörigen und anderen Menschen mit offensichtlich stark eingeschränkter Sozialkompetenz liegt auch beim Instrumentalfetischisten der Verdacht nahe, daß hier Ersatzbefriedigungen gesucht werden, die im Bereich der normalen *human relations* nicht (mehr) gefunden werden.[2]

♀: Nur so erklärt sich ja auch die seltsame nekrophile Neigung fast aller laienmusizierenden Instrumentenkofferbesitzerinnen (hier eindeutig mit einem starken Akzent auf den *Streich*instrumentenkofferbesitzer*innen*), in den mit Plüsch und Samt ausgelegten Etuis stets auch die farbigen Photos der Lieben mitzuführen; als eine – wohl unbewußt als notwendig erkannte – ständige Mahnung, die, sobald das zum Sozialsubstitut mutierte Musikgerät aus- oder eingepackt wird, plüsch-sanft und farbig-heiter daran erinnert: es gibt auch noch eine wirkliche Welt mit *realen* Lebewesen da draußen (du musikbesessener Versager)! Aber der gutgemeinte Selbst-Exorzismus hilft wenig; der Instrumentenkoffer ist der immer wieder von außen geöffnete Sarg, aus dem draculagleich und

---

2. Patrick Süskinds vielgespieltes Stück ›Der Kontrabaß‹ (1989) veranschaulicht nur, vergrößernd und vergröbernd, am übergroßen Instrument, was für jedes andere vermutlich auch gilt; so fragt der Protagonist sich, ›warum er mit einem Instrument zusammenlebt, das ihn permanent behindert?! Menschlich, gesellschaftlich, verkehrstechnisch, sexuell und musikalisch nur behindert!‹ Die Antwort ist jedem Nicht-Kontrabassisten klar: das Zusammenleben mit Menschen ist *noch* problematischer.

obsessiv zu nächtlicher Stunde das blut- und lebenszeitsaugende Monstrum zum Leben erweckt, an Kinne und Lippen gepreßt beziehungsweise zwischen Beine (!) geklemmt wird.

𝄢: Solche pathologischen Haßliebe-Symbiosen zwischen Mensch und Instrument sind natürlich die Ausnahme, normalerweise herrscht ein liebevoll-pflegsames Verhältnis vor. Am deutlichsten wird das, wenn routinemäßig mit dem Schützling der ›Doktor‹ aufgesucht werden muß, wenn also ein Besuch beim Instrumentenbauer zwecks Reparatur oder Generalüberholung notwendig wird. Nur ungern vertraut man dem Onkel das Instrument für die Therapie-Zeit in der Fremde an, läßt sich von ihm in die Hand versprechen, es nur ja sorgsam zu behandeln und gelobt selbst dem armen zurückgelassenen Geschöpf, recht bald wiederzukommen, um es wieder mit nach Hause zu nehmen.

𝄢: Aber eine solch fürsorgliche Haltung darf nicht täuschen: wie in jeder intensiven Beziehung muß man auch hier Krisen und Konflikte durchlebt haben, um sich als ebenbürtige Partner aufzufassen. Gerade die Frage der Ebenbürtigkeit ist entscheidend für die laienmusikalische Mensch-Instrument-Gemeinschaft: alle musikinstrumentenverleihenden Früherziehungsinstitutionen setzen auf die anspornende Motivation, die darin liegt, daß jeder Musikschüler sich nach wenigen Monaten des Übens *besser* fühlen darf als das ihm geliehene Instrument. Das Musikerdasein beginnt daher erst, wie bereits angemerkt, mit jenem ersten *richtigen* Instrument, das einem aber leider auch bei jeder Berührung sofort die klare Botschaft entgegenschleudert: *ich bin besser, als du je werden wirst; wirklich ›auf meiner Höhe‹ wirst du nie sein.* Die Anschaffung des sogenannten ›guten‹ Instruments zeigt da ihre schmerzliche Kehrseite: man ahnt, daß es an ihm nun nicht mehr

›liegt‹. Das merkt man spätestens dann, wenn man einmal aus Versehen oder Unerfahrenheit den unverzeihlichen Fehler macht, jemand anderen auf dem Instrument spielen zu lassen. Die existentielle Krise, in die den Laienmusiker solch temporärer Fremdkontakt des Instrumentalgefährten stürzen kann, hält locker mit der tödlichen Dramatik romantischer Eifersuchtstragödien mit. Nur absolute Anfänger glauben eine unverfängliche Frage zu stellen, wenn sie den Laienmusikerkollegen treuherzig bitten, ob sie ›kurz mal‹ auf dessen Instrument spielen dürften. Aber auch nur Anfänger wird man bedenkenlos gewähren lassen dürfen, denn so gefügig und willfährig sind die langjährigen Gesponsen dann doch nicht, um sich dem erstbesten Greenhorn devot in die Arme zu werfen. Zwischen erfahrenen Liebhabermusikern gilt hingegen ein eherner Beziehungs-Sittenkodex, auf den eine Quäker-Gemeinschaft im 17. Jahrhundert neidisch gewesen wäre: die Instrumente der anderen sind absolutes *Tabu*. ›Du sollst nicht begehren deines Nächsten Instrument‹ heißt das umformulierte 10. Gebot des Laienmusikers (in der Tat ist man dafür mit den verbotenen Dingen des Originaltexts gern etwas weniger pingelig, aber davon ein andermal).

𝄢: In Wirklichkeit geht es, wie bei allen Tabus, um Eifersucht, die eine Illusion schützen soll: hier die, daß die von enttäuschenden Vergleichen geschützte Person wirklich die einzige ist, die das Instrument aufgrund ihrer jahrelangen Auseinandersetzung mit ihm wirklich ›beherrscht‹. Denn um *Beherrschung* geht es, um das zähe Ringen und Kämpfen mit einem quasi-lebendigen Gegenüber, das einem ebenso zähen Widerstand entgegensetzt, das erobert, unterworfen, besiegt und bezwungen werden will. Man muß nur in die Gesichter vieler Liebhabermusiker schauen, um mimisch-körperlich zu verstehen: was hier exerziert wird, ist ein Dressurakt, das peinlich-peinsame Spektakel eines Dompteurs, der ein furchtbares wildes Tier mühsamst gezähmt hat (naja: zumindest teilweise, stellenweise ...).

𝄢 Wenn man es prosaischer und wissenschaftlicher will: sehr viel Allgemeines, philosophisch, soziologisch und kommunikationstheoretisch Vertieftes ließe sich sagen über die Mensch-Ding-Relation zwischen dem Musizierenden und ›seinem‹ Instrument. Mit Marshall McLuhan würde man von Musikinstrumenten als von ›Medien‹ sprechen können, die als ›Extensionen‹ der menschlichen Fähigkeiten das Selbst technologisch erweitern. Aber auch schon Freud sprach von den ›Prothesen‹, mit denen das Mängelwesen Mensch seine Kompetenz-Defizite ausgleicht, wobei hier durchaus auch sehr subjektive Einstellungen und Bedürfnisse zum Zuge kommen: wer meint, seinen Mitmenschen ständig die Ohren volldröhnen zu müssen, kompensiert seine natürliche Stimmschwäche selbstverständlich mit einem Blechblasinstrument. Zahlreiche gängige Redensarten, mit denen mehr oder weniger sympathische Kommunikationsgebaren metaphorisiert werden, demonstrieren, welche typischen Selbst-Erweiterungsversuche einer bestimmten Musikinstrumenten-Wahl zugrundeliegen: ›auf die Pauke hauen‹, ›die erste Geige spielen‹, ›ins Horn stoßen‹, ›Leute zusammentrommeln‹, ›alles herausposaunen‹, ›den Ton angeben‹ (also: Oboe), ›für Harmonie sorgen‹ (zweite Geige), ›Mißtöne produzieren‹ (Bratsche), ›überflüssig herumsäuseln‹ (Harfe), ›ungefragt dazwischenbrüllen‹ (Trompete), ›im Hintergrund bleiben‹ (Kontrabaß), ›auf die Gelegenheit zum besserwisserischen Einspruch lauern‹ (Cello), usw. Gerade beim Laienmusiker, dessen entscheidendes Kriterium bei der Instrumentenwahl ja bekanntlich *nicht* die erwartbar hohe technische Kompetenz bei dessen Bedienung ist, wird man eine enge Entsprechung zwischen psycho-mentaler Disposition und dem jeweils selbstgewählten ›Medium‹ für dessen klanglich-akustischen Ausdruck vermuten dürfen, so daß fast uneingeschränkt gilt: sag' mir welches Instrument du spielst, und ich sage dir, wes Geistes Kind du bist. Bei sozialen Erstkontakten zwischen Liebhabermusikern schaut man sich zwecks unmittelbarer Anti- oder Sympathieabgleichung nicht in die Augen oder auf andere (bekanntlich meist irreführende) Körpermerkmale, sondern auf die Form des vom Gegenüber mitgebrachten Instrumentenkoffers.

𝄢: Wie pathologisch oder sinnvoll, wie passend oder pervers, wie paternalistisch oder parasitär, wie sinnvoll oder fetischistisch, wie zwingend oder zufällig das Verhältnis eines Laienmusikers zu seinem Klangwerkzeug auch sein mag (und manch einer kommt zum Instrument wie die berühmte ›Jungfrau zum Kind‹ – und genauso kann er dann auch damit umgehen ...): daß die Liebhabermusiker mit ihrer seltsamen Leidenschaft eine ganze heimische Industrie- und Handwerksbranche am Leben erhalten (denn die Profis spielen ja bekanntlich nur auf jahrhundertealten ausländischen Einzelstücken), muß zum Schluß auch noch erwähnt werden. Das sollte man das nächste Mal bedenken, wenn in Bus oder Bahn wieder ein unförmiger schwarzer Leder-Behälter zusätzlichen Sitz- und Abstellplatz belegt: Aktien mögen fallen, Immobilienpreise purzeln, Finanzblasen platzen, aber die Investition in den unverhinderbaren Geräuscherzeugungs-Spieltrieb musikalisch fanatisierter Menschen ist und bleibt – was immer er auch sonst bedeuten mag – ein ziemlich krisensicherer volkswirtschaftlicher Faktor.

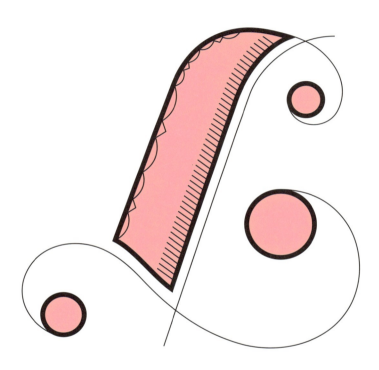

KAPITEL 28
DIE LIEBHABERMUSIKERGATTIN

Klar: es hätte auch noch schlimmer kommen können (es kann *immer* schlimmer kommen: al peggio non c'è mai fine, sagen die Italiener, die sich damit auskennen). Die Ehefrau eines Hobbyastronomen beispielsweise hat es auch nicht leicht (die Nächte verbringt der Mann draußen am Fernrohr, die Urlaube in fernen sonnigen Ländern: aber nur wegen der dortigen Sonnen*finsternisse*), und eher selten bietet das soziale Ambiente des Provinz-Amateurfußballs den angehörigen ›Spielerfrauen‹ die intellektuellen Anregungen einer gepflegten Salon-Gesellschaft (und dann ständig diese nach Hause gebrachten Sportverletzungen!). Und wer möchte schon jedes Wochenende mitzittern, wenn der Partner wieder zum Gleitschirmfliegen, Freeclimben, Motocrossen oder zum Hobby-Kaufhausklau (also zur weitgehend unterschätzten Freizeitkleptomanie) geht? Trotzdem, auch angesichts dieser möglichen schlimmeren Alternativen: die ehelich angetraute Partnerin eines Amateurmusikers (*musici dilettantis mulier obligata in eternam*) zu sein, ist wahrlich kein Zuckerschlecken.

♩ Schon der Name des Hobbys belegt ja mit unverhohlener Deutlichkeit, daß die Ehefrau auf der affektiven Prioritätenliste bestenfalls immer nur den *zweiten* Platz einnehmen kann: in erster Linie hat der Liebhabermusiker natürlich die Musik lieb. Man wird einwenden, das gelte für den Liebhaberkegler und den Amateurangler genauso und stelle daher keine Ausnahme dar. Der entscheidende Unterschied ist allerdings, daß die Liebe des Liebhabermusikers eine unaufhaltbare *expansive* Tendenz hat, die alle Mitbenutzer der gleichen Wohn- und Lebens-Areale in Mitleidenschaft zieht. Musik hat eine eminent unsoziale und *unzivile* Ausstrahlung, wie schon der stets um seine gepflegte Königsberger Philosophenruhe besorgte Immanuel Kant weise vermerkt hat, weil man sich vor der Ausbreitung akustischer Wellen kaum schützen kann: es ›hängt der Musik ein gewisser Mangel der Urbanität an, daß sie, vornehmlich nach Beschaffenheit ihrer Instrumente, ihren Einfluß weiter, als man ihn verlangt (auf die Nachbarschaft), ausbreitet, und so sich gleichsam aufdringt, mithin der Freiheit andrer, außer der musikalischen Gesellschaft, Abbruch tut; welches die Künste, die zu den Augen reden, nicht tun, indem man seine Augen nur wegwenden darf, wenn man ihren Eindruck nicht einlassen will. Es ist hiemit fast so, wie mit der Ergötzung durch einen sich weit ausbreitenden Geruch bewandt. Der, welcher sein parfümiertes Schnupftuch aus der Tasche zieht, traktiert alle um und neben sich wider ihren Willen, und nötigt sie, wenn sie atmen wollen, zugleich zu genießen‹.[1]

¶ Wie man sieht, hat Kant, als sachlich-realistischer Philosoph der Freiheit (des jeweils *anderen*), die Musik als ein Problem der Lärmbelästigung und somit als einen Fall der Luftwellen- und Umweltverschmutzung erkannt. Nur daß ›die Nachbarschaft‹ noch Türen und Fenster verschließen (und notfalls selbst Musik machen) kann; was aber ist mit der akustischen Selbstbestimmung der Musiker-Ehefrau?

¶ Denn während man anderswo weiblicherseits abends entspannt auf dem Sofa und den Schmetterlingssammler ruhig in

---

1. Immanuel Kant, Kritik der Urteilskraft (1790), § 53.

seinem Kämmerchen sitzen lassen kann, während der Amateurgolfer weit weg auf weiten grünen Rasenfeldern seinem nervenaufreibenden Treiben nachgeht, während sich der Bodybuilder im Fitness-Studio seinem Privat-Masochismus widmet, umgibt sich der Liebhabermusiker ständig im trauten gemeinsamen Heim mit (meist dazu noch selbst produzierter) *Musik*. Die aufdringliche Nebenbuhlin Frau Musica, die erste Liebe des Partners, wohnt also nicht nur ständig unter demselben Dach, in denselben engen vier Wänden, sie läßt auch noch dauernd triumphierend-schamfrei von sich hören.

¶ Und der Herr Gemahl bemüht sich ja auch so angestrengt um sie: anstatt sie endlich zu ›beherrschen‹, zu dominieren, und damit den langwierigen Vorgang dieser ewig-pubertär-inkonkludenten Anbahnung, der Überredung, Umwerbung und Hofierung abzuschließen, scheint er die Angebetete nie zu erreichen: sie ist und bleibt ihm immer ein paar Schritte voraus. Der Briefmarkensammler hat wenigstens irgendwann sein Liechtenstein-postfrisch-Album vollgeklebt, der Buddelschiffbastler seinen Dreimaster mit Steuermann in der Flasche untergebracht und auch der Mountainbiker hat seinen ›Dreitausender freihändig‹ irgendwann geschafft, kann ihn auf seiner Liste ›abhaken‹ und sich die selbstverliehene Trophäe ins Regal stellen, aber der Musiker: der sitzt da und übt und übt unbeeindruckt jahre- und jahrzehntelang tagein tagaus die gleiche Stelle – und kriegt sie einfach nicht hin. Hundert punktuell und effizient vollzogene Seitensprünge sind verzeihlicher als dieses ewig unerfüllte Streben.

¶ Aber es geht ja längst nicht nur darum, einen *modus convivendi* mit dem eigenen musik- wie selbstverliebten Dilettantengatten zu finden; tritt dieser doch leider nur allzu oft in der Gesellschaft gleichübelgesinnter Gesinnungsgenossen auf, entweder in kleingruppenhafter Form zum Zweck gemeinsamer häuslicher Lärmproduktion oder, noch schlimmer, in den größeren Horden und Zusammenrottungen eines sogenannten ›Orchesters‹. Es mag noch angehen, bei den öffentlichen Veranstaltungen dabei und Teil der LOKBUBs (vgl. Kap. 26) sein zu müssen, auch wenn man mit nicht allzu vielen anderen Anwesenden das zweifelhafte Privileg teilen dürfen wird, für das gebügelte Hemd, zwei tatsächlich identische schwarze Socken und einen frisch aus der Reinigung geholten schwarzen Anzug samt sauberem weißen Stofftaschentuch (für die scheinwerferbedingten Schweißausbrüche) eines der stolzen Mitwirkenden auf der Bühne verantwortlich gewesen zu sein. Bei der Sitzplatzwahl wird man sich dann günstigerweise eher an den hinteren Reihen orientieren – freilich wird der Gatte zumindest unausgesprochen darauf bestehen, gut im Sichtfeld der begleitenden Ehefrau zu sein: als sei ein sinnvoller Ausgleich dafür, daß seine Leistung nicht zu *hören*, der Umstand, daß er dabei zumindest gut zu *sehen* ist. Aber dann kann man immerhin während des Konzertablaufs, während der Liebling mit seiner Lieblingstätigkeit beschäftigt ist, relativ ungestört den eigenen Gedanken nachhängen – und sich dabei endlich von dem Streß der letzten Tage vor dem ›großen Auftritt‹ des Gatten erholen: Tage, in denen dieser nicht einmal mehr zu dem üblichen geringen Maß häuslicher Hilfestellung in der Lage war, in denen seine verzweifelten letzten Übestunden vor den störend-gestörten Kindern geschützt werden mußten, und er für jedes alltägliche Thema völlig unansprechbar war. Aber allzu ausgiebig wird man sich der Entspannung nicht hingeben dürfen, denn gleich will eine adäquate und alle Seiten zufriedenstellende Antwort überlegt sein auf die – durch die

Versetzung von der ersten Person Singular in die erste Person Plural kaum leichter zu beantwortende – Frage ›Wie waren *wir*, Schatz?‹. Hier sind Formulierungen wie ›die Pianissimo-Stelle im langsamen Satz habt ihr sehr schön hingekriegt‹ zu empfehlen, die man noch mit relativ glaubwürdigem Gesichtsausdruck zu äußern imstande sein wird. Schon schwieriger ist das in uralte atavistische Schichten hinabreichende Frauenlob für siegreich heimkehrende Männer, das hier zweischneidig-euphemistisch geratende: ›Ihr habt euch gut geschlagen …‹. Definitiv abzuraten ist hingegen von übertriebenem Enthusiasmus à la ›Das war ja besser als auf deiner CD!‹ oder, mit fragwürdiger Anspielung auf das uneingestandene Konkurrenzdenken des Laienmusikers: ›Das klang ja schon fast wie neulich bei den Symphonikern‹. Nicht zu empfehlen sind natürlich auch übertrieben skeptische Bemerkungen, wie informiert und wahrheitsgetreu sie auch immer sein mögen (›Im Finale-Presto wart ihr aber deutlich überfordert‹); negative Anmerkungen dürfen höchstenfalls entweder nur die familiär nicht einschlägig belasteten Instrumentengruppen betreffen (›diese ewig verstimmten Oboen haben euch ja leider wieder alles vermasselt‹ heißt es dann beim Streicher-Ehemann, ›wenn die Celli nicht so getrieben hätten, hättest du dein Solo noch viel schöner hingekriegt‹ beim Hornisten, usw.). Am unverfänglichsten sind unverbindliche Bekundungen von erlebter Freude an dem ›ja sehr bewegenden‹ und ›leider viel zu selten zu hörenden Stück‹, oder lobende Hinweise auf die ›Begeisterung‹ der Musiker, und was desweiteren an nichtssagendem after-concert-small-talk gängig ist (beliebt, aber meist allzu durchschaubar die Vermeidung eines persönlichen Urteils durch den Verweis auf die nicht irren könnende Allgemeinheit: ›ich glaube, *den Leuten* hat es gut gefallen, Schatz …‹)

Aber die weitaus nervenaufreibendere Belastung stellt freilich die gesellschaftliche Verpflichtung zur gemeinsamen Teilnahme an dem sich ans Konzert unweigerlich anschließenden ›gemütlichen Beisammensein‹ dar. Falls es nicht möglich ist, spätestens hier eine starke Migräne vorzuschützen, scheint die Sache nur durch möglichst eifriges Mittun am gemeinsamen Alkoholgenuß tolerierbar zu sein. Denn spätestens bei diesen Gelegenheiten läßt sich die erstaunliche und erschütternde Erfahrung machen, daß es *doch* noch etwas Schlimmeres gibt, als Laienmusiker *spielen* zu hören: sie *nicht* spielen zu hören, sondern *reden*. Das zur Anwendung kommende Gesprächsrepertoire beschränkt sich dabei nämlich auf einige wenige, sehr vorausschaubare Themenfelder: auf die gegenseitige narrative Abrufung von Insider-Details zu musikhistorisch weltbewegenden aufführungspraktischen Begebenheiten (›als ich damals meinen Dämpfer nicht dabei hatte und die Wäscheklammer nehmen mußte‹, ›wie mir der Schorsch die falschen Noten aufs Pult gelegt hatte‹, ›als ich das Cello aus der Kontrabaß-Stimme spielen mußte‹), auf x-mal durchgekauten intra-orchestralen Klatsch und Tratsch (›wißt ihr noch diese Oboistin, die am Probenwochenende an einem Abend mit den zwei Cellisten gleichzeitig ...‹), auf die so kontroverse wie folgenlose Diskussion musikalischer Zukunftspläne und Utopien (›wir könnten doch mal Tschaikowskys Sechste spielen‹, darauf unweigerlich ein anderer: ›Das hättste wohl gern: diese exponierten Cello-Stellen im dritten Satz kriegt ihr doch nie sauber hin‹), an dem Austausch abfälliger Urteile über die Kompetenz von gerade etwas weiter entfernt sitzenden Kollegen (›wieso schaffen wir es eigentlich nicht, *einmal* ein Horn zu haben, das *nicht* dauernd kiekst?‹) beziehungsweise des Dirigenten (›der schlägt ja so miserabel, ich schau eh' nur noch zum Konzertmeister‹) und so weiter und so fort. Außer einem (nur beschränkt fachmännischen) Fachsimpeln über Musik beziehungsweise über den oft recht engen Ausschnitt davon, der im Horizont des Laienmusikers liegt, fällt diesem schlicht *nichts* ein; und zwar je länger er ›im Geschäft‹ ist, desto weniger. Der eigene Notenständer am fünften Pult ist der Tellerrand, über den man nur im Ausnahmefall einmal hinausschaut; oder, nach Wittgenstein: ›die Grenze meiner Stimme ist die Grenze meiner Welt‹. Wer sich als junges Mädchen mit einem gewissen intellektuellen Anspruch einmal tapfer geschworen hat, *keinen* ›stumpfsinnigen‹ Fußball-Fan zu heiraten, wird sich nach nicht allzu langer Erfahrung mit den Liebhabermusikerbekanntenkreisen des dann stattdessen und voller Hoffnung geehelichten musischen Schöngeists nach einer soliden Unterhaltung über die letzten Bundesligaergebnisse sehnen: die sind wenigstens jedes Wochenende neu …

¶ Der laienmusikerpartnerschaftliche Super-GAU und die allerhärteste Bewährungsprobe für Haussegen und konfliktfreien Fortbestand der Liebhabermusikerehe ist freilich noch nicht einmal das abendlich-nächtliche, gesellige, postkonzertante Beisammensein mit den wenig einfallsreichen Spiel-Gesellen; denn nie und nirgends wird es so schwer, nach wie vor zum einst gegebenen ehelichen Jawort zu stehen wie bei den privaten Zusammenkünften zum Zweck kammermusikalischer Aktionismen im eigenen Haus. Dort nämlich gibt es nicht nur keine Zufluchtsmöglichkeit mehr, weder zu anderen Frauen des ›nach getaner Arbeit‹ zusammensitzenden Orchesterclans, noch eben, Unpäßlichkeiten aller Art vorschützend, ›nach Hause‹, sondern dann heißt es zu allem akustischen Übel auch noch: die unweigerlichen ›Schnittchen‹

für ›danach‹ vorzubereiten (und zwar in doppelter Menge wie bei der gleichen Anzahl von unmusikalischen Gästen), den Weißwein und das Bier kaltzustellen (hier ist es meist nicht übertrieben, mit dem Konsum einer drei- bis vierfachen Menge zu rechnen), vorher und vor allem nachher das Wohnzimmer zu säubern und kräftig zu lüften, die vom Lärm aus dem Schlaf aufgeschreckten Kinder wieder zu beruhigen (›nein, mein Kleiner, das ist kein böses Ungewitter, das ist nur der Papi, der mit seinen Freunden das Harfen-Quartett spielt‹).

¶ Was soll sie also tun, die leidgeprüfte Laienmusik-Ehefrau, ständig am Rand von Hörsturz und Nervenzusammenbruch? Ein oft probierter Ausweg scheint natürlich das Mitmachen, der eigene laienhafte Griff zum Orchesterinstrument – beziehungsweise die vorbeugend-wohlwollende Entscheidung des Mannes, nur eine selbst laienmusizierende Frau zum Weib zu nehmen, die er naiverweise meint, nur deswegen weniger zu quälen, weil sie mit ihm das Laster der musikalischen Selbstbetätigung teilt. Aber auch hier werden sich unweigerlich dieselben Probleme und Konflikte reproduzieren; dafür sorgt die bei Frauen naturgegebene schwächere Ausprägung jeder hobbymäßigen Leidenschaft; Fanatismus war schon immer eine Männerdomäne, vor allem der an der falschen Stelle angebrachte, und deswegen wird sie dem maßlosen männlichen Verkennen der Proportionalität von Aufwand und Wirkung und den dazugehörenden geräuschvollen Folgeschäden wenig entgegenzusetzen haben (und um die lästige Pflicht der Schnittchen-Bereitstellung wird auch eine mitmusizierende Gemahlin nicht herumkommen). ›Keine ruhige Minute‹ wird sie also haben, die Ehefrau, in wörtlichem schallökologischen Sinn. Laßt uns dessen eingedenk sein, liebe Liebhabermusikerkollegen, und wenigstens teilweise Buße tun: laßt wenigstens an ein paar ausgewählten einschlägigen Terminen im Jahr (etwa am Mutter- und am Valentinstag und dann vielleicht noch am Geburts- und Hochzeitstag) das Instrument im Kasten, die CDs in der Hülle und das Klassikradio ausgeschaltet. Verzichten wir wenigstens an diesen Tagen auf unsere sozial-akustisch so anstrengende Neben-Gespielin. Vielleicht fallen ja dann auch die Schnittchen das nächste Mal etwas liebevoller und üppiger aus.

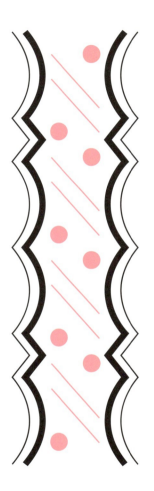

KAPITEL 29
DER INSTRUMENTALLEHRER DES LIEBHABERMUSIKERS

Nur an wenigen anderen Orten prallen die zwei Universen des Laien- und des Profimusizierens so harsch aufeinander wie an jenen sozialen Schnittstellen, die dann entstehen, wenn (und solange) der Liebhabermusiker gewillt ist, sein naturgemäß geringes musikalisches Können durch die regelmäßige praktische und theoretische Unterstützung einer instrumentalpädagogischen Fachkraft (*magister professionalis stulti dilettantis economiae causae*) zu ›verbessern‹ – beziehungsweise, meist realistischer ausgedrückt, diese nicht ganz verwahrlosen zu lassen. Das ist zugegebenermaßen ein relativ seltenes Phänomen, ist doch der Liebhabermusiker per definitionem ein frech und verantwortungslos früh ›aus der Lehre gelaufener‹ ehemaliger Musik-Schüler, der sich einbildet, schon tun zu können und zu dürfen, was er eben nicht ordnungsgemäß ›zu Ende‹ gelernt hat – und dies meist aus durchaus einsichtigen und allerseits nachvollziehbaren Gründen. Wieso sollte also gerade der Laienmusiker überhaupt noch (einmal) Musikunterricht nehmen und sich Hilfe und Anregung ausgerechnet von demjenigen erwarten, der exakt das identitätskonstituierende Feindbild seiner musikalischen Biographie repräsentiert? Der Laienmusiker geht zum Musiklehrer, obwohl er sich doch irgendwann (und aus *guten Gründen*) entschieden hatte, nicht und niemals so einer zu werden wie ›der‹? Ist das nicht, wie wenn der Hippie sich Nachhilfeunterricht in Lebenspraxis beim Yuppie holen, wie wenn der Hacker-Freak sich plötzlich im Computerkurs der heimatlichen Volkshochschule anmelden, wie wenn der steinewerfende und polizistenprügelnde Chaos-Anarchist sich nächstens an der Privatuniversität im B.A.-Studiengang ›Public Management and Governance‹ einschreiben würde?

An dieser unserer Problemstellung kann man bereits ablesen, daß hier davon ausgegangen wird, es seien jeweils freiwillige, selbst gewählte Entscheidungen gewesen, die zum Musikunterricht des Laienmusikers führten; ausgeschlossen aus unserer Betrachtung bleiben daher hier die vielen-allzuvielen unmündigen Heranwachsenden (*infantes miserabiles musicae scholares obligati*), die von ehrgeizigen Eltern in Scharen zum Klavier- und Geigenunterricht getrieben werden, und die ja in der Tat die Haupteinnahmequelle, die unaufhörlich nachwachsende klimper-proletarische Reservearmee des Instrumentalpädagogen ausmachen; und wir sprechen auch nicht von den wohl äußerst selten berichteten Fällen, in denen erwachsene Menschen von ihren akustisch überstrapazierten Kollegen und Pultnachbarn gezwungen werden, sich einer Art musikalischer Nachbesserungsmaßnahme durch den Profi-Trainer zu unterziehen (was ja dem verbreiteten lifelong-learning-Diktat nur allzu sehr entspräche). Liegen in all diesen Fällen die Beweggründe klar auf der Hand, bedarf es zur Erforschung der Veranlassung des seltsamen *selbst*bestimmten Musikunterrichts besonderer Einfühlung und Verständnisfähigkeit. Dabei ließe sich ein breites psychologisches Motivationsspektrum aufblättern, das von (zu) später Reue und Bekehrung, altersweiser Einsicht in die eigene Inkompetenz über eitles Angebertum (vor den anderen Mit-Laienmenschen) bis zu schadenfroher Lust des Amateurs an der wöchentlichen akustisch-psychologischen Belastung eines bezahlten Berufs-Frustableiters reicht.

Um mit dem letzten zu beginnen: es ist ja auch aus anderen Arten von Zweck-Kleinstgruppen bekannt, daß es manchem noch viel mehr wert ist als die üblichen Musikstunden-Tarife, wenigstens einmal pro Woche jemanden zu haben, der einem eine Stunde lang zuhören muß – nach dem Motto: ›wes Brot ich eß', des Lied ich hör'‹... In der Tat ist ja das Hauptproblem des Laienmusikers nicht, daß er nicht oder nur ungenügend spielen kann (er kann alles spielen!), sondern daß ihm niemand dabei zuhören will. Ein ›gekaufter‹ Zuhörer, der außerdem ja aus pädagogischem Interesse *intensiv* zuhören und es auch jedesmal besser finden muß als das letzte Mal, kann da gar nicht zu teuer bezahlt sein. Schwieriger zu verstehen sind da schon die Fälle, in denen der/die Lernende mit einer ehrlichen Absicht der Selbstoptimierung und einem selbstkritisch objektiven Kontrollvermögen der jeweils erzielten Resultate ausgestattet ist, wenn also ein um seine wahren Fähigkeiten und deren realen Grenzen ausreichend informierter Laienmusiker (*rarus musicus dilettans umilis et pessimisticus*) an einen professionellen Lehrer herantritt, in der Hoffnung, diese Defizite nach Maßgabe seiner Möglichkeiten aufarbeiten zu können. Die empirische Unwahrscheinlichkeit eines derartigen Falls wird durch die theoretischen Schwierigkeiten bestätigt, die man schon in der Konzipierung und Deutung der jeweiligen Erwartungshaltungen hat, die aber erst in einem Vergleich mit den gewöhnlichen Umständen einer ›normalen‹ Lehrer-Schüler-Beziehung zu Tage treten. Denn wenn sich zwei sogenannte ›normale Menschen‹ darauf einlassen, daß der eine dem anderen etwas beibringen kann und soll, dann besteht nicht nur ein gewisses Vertrauen, daß der eine etwas lehren und der andere etwas lernen kann, sondern auch die beiderseitige begründete Erwartung, daß der Lernende tendenziell die (nur vorläufig) höher liegende Ebene des Lehrenden auch erreichen *will* – und *kann*. Der Schüler kann sich insofern, in Erwartung dieser ihm zugetrauten Ebenbürtigkeit, mit dem Lehrer quasi antizipatorisch identifizieren, er gehört schon zu ihm, profitiert von seinem guten Namen. Nicht umsonst schmücken sich die Lebensläufe angehender, vielsprechender Künstler gern mit dem Hinweis darauf, wessen Schüler (oder gar ›Meisterschüler‹) man schon gewesen ist – wie der Drehorgelspieler vor der Mailänder Scala, dem ein genervter Arturo Toscanini eines Tages im Vorbeigehen zugerufen hatte, er solle doch die Walze mit der Verdi-Ouvertüre endlich mal richtig, nämlich deutlich schneller drehen, und der am nächsten Tag ein Schild vor seiner Sammelbüchse stehen hatte: ›Schüler von Toscanini‹…

Dieses gegenseitige Urvertrauen, dieser Wille (auf der einen Seite), es dem Lehrer gleichzutun wie die Erwartung (auf der andern), daß das jemals gelingen könnte, fehlt in einer Liebhabermusiker-Profimusiklehrer-Beziehung völlig. Wie soll da eine funktionierende Kommunikation gelingen zwischen zwei so Ungleichen, über den unüberwindbaren Graben zwischen dem Können und dem Nicht-jetzt-und-auch-in-Zukunft-nie-Können hinweg? Umsonst tröstet und täuscht man sich über den Kastenunterschied zwischen professionellem Musiklehrer und laienhaftem Musikschüler mit der naiven Vorstellung hinweg, daß eine noch so kleine Anhebung des Niveaus des letzteren ja schon als ein Erfolg für beide zu verbuchen sei. In Wahrheit lassen sich beide Parteien gar nicht erst auf die Lächerlichkeit einer Genugtuung ein, die der Weisheit von Ringelnatz' zur Weltreise aufgebrochenen Ameisen aus Hamburg, denen bereits ›auf der Altonaer Chaussee / die Beine weh‹ taten, um nichts nachsteht. Das sieht man an den beiderseitigen so uneingestandenen wie eingespielten Strategien des Umgangs miteinander, die die aus institutionellen Gründen aufrecht erhaltene Fiktion des pädagogischen Lernzusammenhangs durchgängig konterkarieren. Der ›Schüler‹ reduziert insgeheim jede Instruktion des Lehrers auf eine bloße Als-ob-Anweisung, die in seinem Fall gar nicht ernst genommen werden *kann*, denn er sagt sich zu Recht: man müßte jetzt zwar diese nervige Übung auf diese mühsame, zeit- und kraftraubende Weise machen, wenn man wirklich ein guter professioneller Musiker werden wollte – und werden könnte (aber wir beide wissen doch, daß weder das eine noch das andere zutrifft). Und der Lehrer muß jede minimale Veränderung der Spielweise seines Pro-forma-Zöglings (um solche Unwägbarkeiten wie ›Verbesserungen‹ geht es in diesem Zusammenhang gar nicht) als einen ›Fortschritt‹ deuten und lobend als solchen deklarieren, weil er weiß, daß mehr aus dem vorliegenden schwachen ›Material‹ sowieso nicht herauszuholen ist. Da die Kuh sowieso nie Klavierspielen lernt, ist es schon als eindeutiger Fortschritt zu werten, wenn man sie dazu bringt, in der Nähe der Tastatur zu weiden.

C Wie die Interpretationen der Anweisungen des Lehrers jede reale pädagogische Beeinflussung unterwandern, so sind diese selbst schon nur im Modus der Nichteinhaltbarkeit und Unpraktikabilität gehalten. Nichts lieben laienunterrichtende Instrumentalpädagogen so sehr wie den angeblich notwendigen radikalen Neuanfang. Alles, was sich der Dilettant in jahrelanger Gewöhnung mühsam angeeignet und zum praktischen Gebrauch einigermaßen passabel angewöhnt hat, ist erstmal *ab ova* zu revidieren: die Bogenhaltung, das Vibrato, die Stellung des Daumens, die Gesichtsmimik, die Körperspannung usw. Überhaupt, die Haltung (des Daumens, der Hand, der Arme, des Oberkörpers): alles, wirklich alles ist daran falsch, alles wäre nochmal ganz neu, ganz von vorn zu lernen. ›Haltung‹ ist das, was Halt gibt: mit hämischer Freude macht sich der Instrumentalpädagoge daher zunächst einmal daran, dem Schüler genau dies wegzunehmen. Fortschrittliche instrumentale Musikdidaktik huldigt der Taktik der verbrannten Erde, dem Prinzip der Tabula rasa: ›wir spielen jetzt erst einmal ein paar Monate nur leere Saiten‹. Gern genommen werden aber auch, noch radikaler als solche Buß- und Strafmaßnahmen, die an mittelalterliche Selbstkasteiungsrituale erinnern, gänzlich außermusikalische Vorbereitungspraktiken: ›Sie müssen sich erst einmal mit den Grundlagen von Feldenkrais (oder Tai Chi, oder Qi Yong, oder Yoga, oder transzendentaler Meditation) vertraut machen‹. Die subtile Ironie der Anweisung, daß jemand, der das Instrument besser für immer aus der Hand legen sollte, es am besten jetzt gleich schon ›zum Üben‹ aus der Hand legt, wird ausgeglichen durch die richtige Einsicht, daß, wenn schon feststeht, daß jemand sowieso kein Ziel je erreicht, es auch egal ist, wie weit davon entfernt man ihn mit dem Loslaufen beginnen läßt.

℃ Und der Schüler, gemäß der stillschweigenden Übereinkunft über die letztendliche Vergeblichkeit der gemeinsamen Anstrengungen, aus ihm einen guten Musiker zu machen, akzeptiert vordergründig die vorgeschriebenen Sühnepraktiken, ohne sich je ernsthaft an sie zu halten: zuhause probiert er zaghaft zwei-, dreimal die neue Technik, um dann ungeduldig abzubrechen, und sich weiterhin an seine altbewährte Haltung zu halten. Was soll's: wenn er (geistig-körperlich) fähig wäre, wirklich ernsthaft stur leere Saiten zu üben, wäre er ja eben kein Laienmusiker geworden. Und so ist der Zweck solcher Übung auch nur ein rein symbolischer; in der Tat sind es am Ende auch alle zufrieden: der Schüler darf sich bestätigt sehen in seiner Entscheidung, kein ›richtiger‹ Musiker geworden zu sein (weil ihm gezeigt wurde, wie hoch die Kosten dafür gewesen wären), der Lehrer hat dem Schüler indirekt mitgeteilt, warum ihm jede Möglichkeit der Verbesserung, des auch nur minimalen Weiterschreitens auf dem *Gradus ad Parnassum* definitiv unmöglich ist und immer sein wird. Danach kann man das also wieder einmal für grundsätzlich geklärt halten und ganz normalen Unterricht machen. Vielleicht kommt ja sogar etwas dabei heraus.

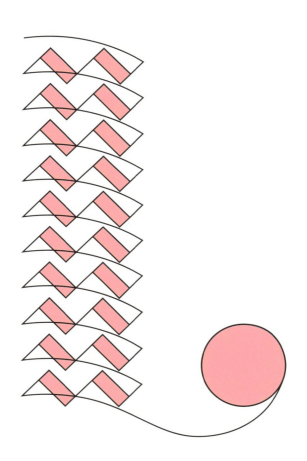

KAPITEL 30
DIE LAIENSÄNGER

Nun fragt sich die geschätzte Leserin sicher gleich stirnrunzelnd und indigniert: was haben wir Liebhabermusiker denn nun plötzlich auch noch mit den Vokalkünstlern zu tun? Ist der Suchscheinwerfer des Typologen, wegen offensichtlicher Erschöpfung des Themas, hier nicht endgültig, nach der sich anbahnenden Themenerschöpfung, aus dem Horizont seines primären Untersuchungs-Objekts hinausgeraten? Muß er nun endgültig in fremden Gärten wildern, weil der eigene schon abgegrast ist? Wohin soll das noch führen? Geht es im Kapitel 67 der Laienmusiker-Typologie dann um freilaufende kontrabaßspielende Koalabären? Oder im Kapitel 89 dann vielleicht sogar um diese mit seltsam verbohrtem Eifer an Drehknöpfen und Schiebereglern herumbosselnden Freizeit-Gestampfe-Produzenten, die vor verschwitztem, nervös zuckendem Publikum ein stupid rhythmisches Geräusch-Unwesen produzieren, das sie seltsamerweise offenbar als ›Haus-Musik‹ bezeichnen? Die Erweiterung des Liebhabermusiker-Horizonts in allen Ehren, aber wo kommen wir hier hin?

〰 Der solchermaßen in die Rechtfertigungsecke getriebene Schreiberling gibt zu, daß sein eigener Erfahrungsraum (und nur um dessen Beschreibung ging es ja hier) langsam nach allen Richtungen abgeschritten wurde und gesteht ebenfalls sofort ein: natürlich haben wir, als gestandene und überzeugte Instrumentalisten, mit den nur ›mit dem Mund‹ musizierenden Kolleginnen und Kollegen im engeren Sinne nichts zu schaffen, sie waren schon sehr viel früher als wir Orchestermusiker als institutionalisierte musikalische Kollektive tätig, haben demgemäß eigene Verbände und Organisationen, eigene Publikationsorgane, eine eigene Welt und natürlich eine (manchmal sehr) eigene Weltanschauung. Trotzdem können wir Liebhabermusiker nicht umhin (wir unterliegen auch hier, als arme Tuttischweinetruppe, der Dirigentenwillkür), manchmal ihre Wege zu kreuzen, und gar zusammen mit ihnen gemeinsam Musik zu machen, zu üben und aufzutreten. Die dabei entstehenden und leicht zu bemerkenden kulturellen Differenzen und Konflikte sind uns allen wohlbekannt. Die folgenden Zeilen erheben auch nicht den Anspruch, sie zu mildern oder gar aus dem Weg zu räumen, sondern – wenn überhaupt – den, den Blick für unsere eigene Identität als Instrumentalmusiker dadurch zu schärfen, daß wir die so offensichtlich ganz andere unserer lieben Sängerinnen und Sänger ins Auge fassen. Der Typ ›Laien-Instrumentalist‹ als solcher (*musicus amatorialis instrumentalis sine qua non*) gewinnt erst durch die Differenz zum Typus des ›Laiensängers‹ (*amator cantus musicam veritabilem ignorans*) präzise Konturen.

〰 Denn es ist ein Unterschied ums Ganze, ob ich Musik mache, indem ich einem eigens zu diesem Zweck geschaffenen, real präsenten Artefakt mit mehr oder weniger Mühe und Erfolg akustische Ereignisse entlocke, oder ob ich aus den Tiefen meiner Brust (Bauch? Kehlkopf?) und durch die Schwingungen gewisser unsichtbarer innerer Körperorgane (welcher?) Resonanzen und Töne erzeugt (wo? wie?) produziere, die sich von den sprachlichen, aber auch von manchen nicht-mehr-sprachlichen Lautäußerungen des Alltagsgebrauchs qualitativ unterscheiden (sollen). Kein Mensch weiß, wie Singen eigentlich funktioniert. Und warum diese undurchdringlich-obskure Geräuschproduktion bei einigen (eher: wenigen) ganz respektable Resultate zeitigt, bei anderen (eher: den meisten) so fragwürdige. Mit dem, was wir Liebhabermusiker ›Üben‹ nennen und als anstrengende, manchmal sogar zielführende Methode kennen, kann es jedenfalls nicht viel zu tun haben. Haben Sie je eine (Laien-)Sängerin ›üben‹ hören? Man singt wohl mitunter, ja: in der Badewanne, zum Autoradio, im Stadion, in der Diskothek: also dort, wo es halt mal sein muß. Aber wie soll man ›Singen‹ üben? Das wäre ja wie ›Gehen‹, ›Atmen‹ oder ›Reden‹ üben.

〰️ Das entspricht freilich kaum dem Selbstverständnis des Sängers. Seine Tätigkeit ist alles andere als selbstverständlich, einfach und banal, sondern im Gegenteil eine höhere Form des Ausdrucks, der Mitteilung, ja des Menschseins. Die Oper führt uns vor, welche unbestreitbare kulturelle Veredlung menschliche Alltagshandlungen dadurch erfahren, daß sie singend verübt werden: ›Hier bin ich Mensch, hier darf ich schrei'n!‹.

〰️ Ja, für das sängerische Denken wird auch die Musik selbst erst durch ihre gesangliche und textliche Gestaltung zu ihrer Vollendung geführt. Instrumentalmusik besteht aus seelenlosen, wesenlosen, sinnlosen Klängen, ohne Zweck und Bedeutung. Die Musikgeschichte beginnt und vollendet sich im menschlichen Gesang; selbst ein solch versierter Tonkünstler wie Beethoven mußte sich bekanntlich am Schluß seiner letzten Symphonie von einem ganzen Chor plus vier Gesangs-Solisten aus der Patsche seiner instrumentalen Einfallslosigkeit helfen lassen. Ganz zu schweigen von anderen musikalischen Mammutprojekten, wie denen von Mahler, Bizet, Wagner: überall, wo Musik wirklich triumphal-gigantisch herauskommen will, muß sie *gesungen* werden. Wie sollte ein Sänger sich da nicht uns sprachlos-stummen und instrumentenabhängigen Nur-Musikern haushoch überlegen fühlen?

〰️ Angesichts dieser hoffnungslosen Unterlegenheit fällt es schwer, uns auf unsere eigenen Stärken und Vorzüge besinnen. Wir geben höchstens dies noch zu bedenken: um wirklich ›Musik‹ zu machen, braucht es vielleicht doch etwas mehr als einfach nur den Mund aufzumachen. Ein Instrument spielen erfordert eine komplexe und diffizile Körperkoordination; da müssen mehrere, oft eigensinnig agierende Organe (rechte Hand, linke Hand; Schulter, Arm, Ellenbogen, Handgelenk, Finger, usw.) miteinander auf hochdifferenzierte Weise kooperieren, da müssen Muskeln und Sehnen aktiviert und trainiert werden, von denen die meisten vorher noch nicht einmal *vorhanden* waren; da müssen komplizierte visuelle Reize und Informationen umgesetzt werden in allerkleinste, mikromillimeterpräzise Fingerbewegungen, manchmal in einem rasenden Tempo; und all dies muß im Orchester auch noch abgestimmt, fein-getunt und koordiniert werden mit den parallelen Bestrebungen vieler anderer, denn da müssen alle Geigenbögen in der gleichen Millisekunde auf- und niedersausen, alle blitzschnellen Lagen- und Saitenwechsel im exakt identischen Moment erfolgen und sogar über das gemeinsame Vibrato macht man sich tiefschürfende Gedanken. Und zwischendurch muß man noch, obwohl alle Hände beschäftigt sind, in Windeseile umblättern.

〰️ Nichts von alledem bei Sänger und Sängerin. Kein fremdes Ding, aus Holz und Darm und Elfenbein, steht da zwischen Mensch und Musik. Kein oft genug widerspenstiges, eigenwilliges und schwer zu bezähmendes Gerät muß da beherrscht werden. ›Wes Herz voll ist ...‹: unbehindert, unmittelbar und unbeschwert strömt da Musik (oder was der Sänger dafür hält) hinaus in die Welt. Technik? Einfach den Mund aufmachen! Sechzehntelpassagen? Doch nicht beim Singen! Zählen? Man singt ja sowieso aus der Partitur, und bekommt noch dazu alle Einsätze! Intonation? Wird eh alles so hintremoliert, daß es irgendwie halbwegs paßt! Koordination? Jeder Sänger ist ein Solist, ein ›Chor‹ ist nur der Hintergrund, vor dem sich der jeweils lauteste Schreihals souverän abheben darf. Das Orchester ist eine streng geführte, militärisch disziplinierte Truppe, der Chor hingegen ein chaotischer Haufen von Individualisten (haben Sie schon mal versucht, in Ruhe zu stimmen, wenn ein Chor anwesend war?). Es gibt keine hierarchische und qualitätsabhängige Pultordnung in einem Chor: vorn stehen die Kleinen, hinten die Lauten. Im Orchester hat jeder ›seinen‹ Platz, weiß wo er hingehört, und was er zu tun (und zu lassen) hat. Im Chor ist jede Einzelheit und jede Handlungsentscheidung (Fragen wie zum Beispiel: ›wo wird geatmet?‹, ›wann sprechen wir jetzt das t ab‹? ›italienische oder lateinische Aussprache bei Aknus und bei Beneditschimus?‹ usw. usw.) Objekt von ständigen und langwierigen Aushandlungen all jener, die ihren Mund öffnen können – und das sind eben alle, denn das können Chorsänger ja per definitionem.

〰 Auch die traditionelle, seit Jahrhunderten fixierte chorische Geschlechtertrennung in den einzelnen Stimmgruppen wirkt sich vermutlich auf die psychosozialen Bewußtseinsstrukturen eher stereotypisierend und komplexitätsreduzierend aus: der Sopran ist eitel und neigt zur Hysterie, der Alt ist schwach und meist kränkelnd, Tenöre sind hochnäsig und einfältig (aber heftig umworben), der Baß behäbig und unpräzise. Und damit hat man fast alles gesagt, was charakterlich zu sagen wäre. Um wieviel komplexer ist da die Orchesterspielerhumancharaktertypik! Ein Buch

›Kleine Typologie der Chorsänger‹ würde wohl ein sehr dünnes Machwerk werden. Und die konstante manuelle Unterbeschäftigung während des Singens – meist muß man ja nicht einmal mehr die Noten halten, denn bei der eher kümmerlichen Notenkenntnis singt man sowieso besser ›auswendig‹, d.h. man schwimmt im Stimm-Rudel locker mit – führt mitunter zu den seltsamsten inszenatorischen Exzessen: da wird dann plötzlich im Chor geschunkelt, in die Hände geklatscht, mit den Fingern geschnippt, und man tritt – im Chorkonzert! – mit seltsamen Trachten, Perücken und Hüten auf, wie wenn man auf der Operettenbühne stünde. Hier bestimmt das Überlegenheitsgefühl des Texts, der die Musik nur als Mittel verwendet, eben auch das gesamte Verhältnis des Singenden zur Musik: sie ist nicht viel mehr als ein Mittel zur expressiven Selbstverwirklichung.

〰 Zugegeben: Singen hat seine Vorteile. Besonders Cellisten, Kontrabassisten und Harfenisten stellen voller Neid fest, wie bequem es ist, als Sänger sein ›Klangerzeugungsgerät‹ nicht mühsam herumschleppen zu müssen und es nirgendwo vergessen zu können. Die Stimme muß man weder putzen, polieren oder abstauben, noch in Stand halten, reparieren oder austauschen. Die Stimme ist *mein* Instrument mehr als jeder noch so verhätschelte, in Samt eingewickelte und jahrelang vertraute Tonerzeugungsapparat es je werden kann (vgl. Kap. 27). Nicht, daß nicht auch ein Sänger sein ›Instrument‹ verhätschelt und pflegt und hegt: der Wollschal um den Hals, der warme Tee in der Thermosflasche, die Eukalyptus-Bonbons in der Tasche ... man hat schon auch als Sänger so seine lieben Nöte. Aber um so schneller darf man wohlgemut aussetzen, wenn das sensible körpereigene Musik-Organ nicht so recht mitmachen will. Während man als Orchestermusiker ein schlechtes Gewissen hat, wenn man sich mit Husten, Fieber und Hautausschlag *nicht* zur Probe schleppt, genügt Sängern zum Fernbleiben von Proben und Konzerten eine kleine Heiserkeit (oft ist ja zum Beispiel der Hals ›etwas rauh‹ – vollkommen unmögliche und unzumutbare Arbeitsbedingungen für einen rechten Vokalisten!).

〰️ ›I hate music – but I love to sing‹ – so heißt es in einem Lied von Leonard Bernstein: deutlichere Worte zum seltsamen Verhältnis, das Sängerinnen und Sänger zu ihrem Tun haben, hat man selten gewagt, ihnen in den Mund zu legen. Wir liebhabermusikalischen Musikliebhaber werden gegenüber diesen sonderbaren ›Musikhassern‹ immer eine gewisse verwunderte Distanz und ein reservierte Scheu wahren, wie man sie für Menschen übrig hat, die zwar scheinbar dasselbe wollen, das aber doch irgendwie nicht ganz dasselbe ist. Wir packen uns unser Instrument, unseren stets griffbereiten musikalischen Lebenspartner, und respektieren die unvermeidbare Schwere- und Haltlosigkeit derer, die sich beim Musikmachen an so gar nichts festhalten können.

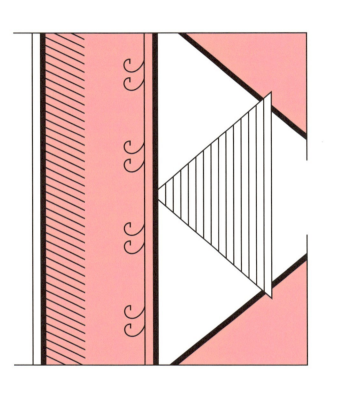

KAPITEL 31 / DER
EINWECHSELSPIELER

Im Viertelfinalspiel der Fußballweltmeisterschaft 2014 in Brasilien hat der Trainer der holländischen Nationalmannschaft, der schon vorher als Strategiefuchs bekannte Louis van Gaal, mit einem weiteren ungewöhnlichen Coup von sich reden gemacht: ganz kurz vor dem Ende der Verlängerung, bevor das Spiel durch Elfmeter entschieden werden mußte, wechselt er noch *den* Spieler aus, der normalerweise nur rot-verwarnt oder schwer verletzt vom Feld geht: den Torwart. In der Tat hat der dann aus dem Nichts antretende, offenbar spezial-begabte Auswechseltorwart durch gute Leistungen im Elfmeter-Halten den niederländischen Einzug ins Halbfinale möglich gemacht.[1]

> Zuschauende empathiefähige Laienmusiker werden, bei all der Bewunderung für den mutig-riskanten Schachzug, und neben dem bitteren Geschmack im Mund, daß er ausgerechnet den Holländern (!) gelingt, sofort an die Stimmungslage des *ausgewechselten* Spielers gedacht haben, und sie werden urplötzlich wissen: Moment, das kennen wir doch, das Gefühl, das ist doch wie wenn ... – ja natürlich, das ist wie wenn wir Orchester-Un-

---

[1] Kenner werden es bemerken: dieser Text muß geschrieben worden sein einige Tage *bevor* ein anderer Einwechselspieler (nach gelungener Vorlage durch einen dritten Einwechselspieler) das Weltmeisterschaftsfinale für ›uns‹ entschieden hat. Macht dies den Typus des Einwechselspielers nun zum ultimativen Heroen? Wir bleiben antipatriotisch standhaft (auf unserem Platz) und sagen dilettantisch-trotzig: nein.

terstimmen-Musiker nach vielen langweiligen, monotonen, sinn- und ausdruckslosen Begleit-Takten endlich mal eine veritable ›Melodie‹ zu spielen haben, endlich auch mal richtige Musik machen dürfen, endlich akustisch hörbar und präsent sein dürfen, und schon mit großem Elan loslegen wollen, innerlich quasi aufstehend …: aber was ist das? Da steht etwas in den Noten über der schönen Stelle, da gibt es einen Hinweis des Komponisten (des fiesen Louiswig van Gaalhoven?), und schon entziffern wir es und lassen enttäuscht den Bogen sinken: ›Solo‹. Oder: ›Nur 1. Pult‹.

≫ Na toll. Okay. Vergiß es. Jetzt, wo wir uns (und es) endlich mal hätten zeigen können, hat man uns ganz schnell auf die Bank zurückbeordert. Dafür haben wir jahrelang im Dunkeln geschuftet, daß nun andere im Rampenlicht stehen dürfen: die ganz speziellen, ach so wichtigen Leute für die ›Sonderaufgaben‹ (vgl. Kap. 12). Denn die schöne Stelle (die einzige im ganzen Stück!) ist natürlich ›ihm‹ vorbehalten, dem Streber, dem Wichtigtuer, dem Günstling des Dirigenten, dem Liebling des qualitätsbeflissenen Konzertmeisters, dem Typen, der zwar bei den Proben *nie*, aber in den ruhmvollen Glanzlicht-Momenten *immer* da ist, der sich nie durch endlos langweilige Stimmproben gequält hat, aber beim Konzert den Sonderapplaus kriegt und dem Dirigenten die Hand schütteln darf, der einzige, der an dem Abend wirklich ›aufgetreten‹ ist, während wir anderen halt nur ›mitmachen‹ durften: unter ›ferner spielten …‹.

≫ Gut, klar, zugegeben: es gibt eine Reihe von sogenannten ›guten‹ Gründen, solche besonderen Stellen statt einer gesamten Stimmgruppe nur einem ihrer (dann natürlich ›besonders herausragenden‹) Repräsentanten anzuvertrauen – und wir beneiden natürlich die Bläser, die dieses Problem gar nicht erst haben, weil sie ja sowieso fast durchweg ›Soli‹ spielen. Eine Geige statt zwanzig, ein Cello statt zehn: das kann man mit dem dadurch erreichten Klangwechsel, mit der besonderen technischen Schwierigkeit und mit dem ›symbolischen‹ Wert der Maßnahme begründen (das ›Individuum‹ löst sich vom ›Kollektiv‹ und bringt seine einsame Stimme kühn zur Geltung, während das Kollektiv erstarrt schweigt, ehrfürchtig vor solch hohem Mut ... usw. usw.). Da das erste und das dritte Motiv ja nur die Sinnhaftigkeit von Solo-Stellen allgemein betrifft, und nicht *meine* persönliche Ungeeignetheit beziehungsweise die *generelle* Notwendigkeit eines Einwechselspielers als musikalischen Sonderbeauftragten *(musicus glamorosus primarius specialis extra-vurstus)*, bleibt nur der zweite angeführte Grund, die besonders hohen spielerischen Anforderungen: aber wenn das ein legitimer Anlaß sein soll, den besonders Begabten dafür zu engagieren, da können wir nur lachen, denn natürlich sind technisch schwierige Stellen viel *einfacher* zu bewältigen, wenn man sie alleine spielen darf! Schnell, sauber, hoch spielen: *alleine* ist das doch überhaupt kein Problem; unsauber und dilettantisch klingt die schöne Kantilene bei mir doch immer erst dann, wenn mein Pultnachbar mitspielt (dieser Versager ...).

› Uns will es daher scheinen, daß der Einwechselspieler im Grunde nur eine Alibi-Funktion übernimmt. Wir vermuten, daß solche Ein- und Auswechselspielchen sehr wenig mit musikalisch-spielerischer Substanz, aber sehr viel mit der Eitelkeit des Trainers/Dirigenten zu tun haben. Der will einfach am Ende nicht nur als Befehlshaber eines Rudels von handelsüblichen Tutti-Säuen dastehen, sondern auch seine ›lange Bank‹ vorzeigen, *seine* Sondertalente, *seine* Schmuckstücke, seine Herzblättchen aus einer musikalisch höheren Sphäre. Der Dirigent will uns damit bedeuten: seht her, mit *solchen* tollen Leuten könnte und würde ich *eigentlich* Musik machen, wenn ich mich nicht dauernd mit euch stumpfsinniger Horde von Durchschnitts- und Gelegenheitsmusikanten herumärgern müßte. ›Eigene‹ Solisten (auch ›Gesangssolisten aus dem Chor‹ übrigens) sind ja, von außen besehen, ein Armutszeugnis für ein Ensemble, denn das bedeutet, es hat entweder kein Geld oder keine Ausstrahlung (meistens beides nicht), um sich ›richtige‹, also externe Solisten leisten zu können beziehungsweise für sie genügend attraktiv zu sein. Aber auch noch auf das trübste Provinz-Orchesterchen fällt ein adelnder Glanz der großen Musikwelt durch einen ›echten‹ Solisten von ›auswärts‹. Und sei es nur für die zehn Solo-Takte im langsamen Satz.[2]

≫ Wie gehen wir anderen *underdogs* damit um? Drei Reaktionen bieten sich an. Zunächst gibt es die resignativ-realistische, die darin besteht, daß man erkennt: das ist so, weil es so sein *muß*, weil es anderswo ja kaum anders ist. Unsere Welt wimmelt von ›Sonderbeauftragten‹, von Experten mit den ganz speziellen Erfahrungen und Kompetenzen, von den nur unter besonderen Umständen herbeigerufenen Spezialisten für das Außergewöhnliche, die meist mit soviel mythisch aufgeladener Spannung erwartet und

---

2. Daß genau dies vorkommt, ist aus einschlägig gut unterrichteten Kreisen verbürgt. Wenn tatsächlich die Cello-Solistin zusätzlich zu ihrem Solo-Konzert auch noch die Solo-Stelle in der anschließenden Symphonie spielen darf/soll, dann ist das ungefähr so ehrlos, wie wenn bei einer Gala-Veranstaltung mit Fred Astaire nur er allein mit den anwesenden Frauen tanzen und sie danach auch alle einzeln nach Hause bringen dürfte.

mit soviel Vorschuß-Lorbeer bekränzt werden, daß sie gar nicht mehr scheitern *können*. Das kann man als tristen Lauf der Welt akzeptieren, und beim ›Solo‹ in die Reihe zurücktreten, zuhören, schweigen, bewundern. Die zweite Verhaltensweise manifestiert sich äußerlich-öffentlich genau identisch. Nur: der ›heimliche Selbst-Einwechselspieler‹ (*me-quoque-musicus secretus semper preparatus*) hat zuhause diese eine Solo-Stelle (und *nur* diese) wie wahnsinnig geübt, er kann sie eigentlich im Schlaf, vorwärts-rückwärts, in allen Tempi, nur für den Fall, daß der offiziell bestellte Auswechselspieler zufällig krank ist oder (wahrscheinlicher) im letzten Moment absagt (er ist ja so gefragt!). Und das kann dann urplötzlich die ganz große Stunde des Normalo-Tutti-Hinterbänklers werden! Er ›kann‹ das Solo! Er ›bringt‹ es! Wer hätte das gedacht?! Wahnsinn! Sonderapplaus, Händeschütteln, Blumen, Küßchen! (Was allerdings nichts daran ändert, daß beim nächsten Mal wieder der andere, der von auswärts, spielen darf; aus Prinzip nämlich, siehe oben).

> Die dritte Reaktionsweise begnügt sich weder mit der fatalistischen Ergebenheit ins bestehende Unrecht noch mit der heimlichen utopischen Hoffnung auf eine unwahrscheinliche Coming-Out-Bringing-Down-the-House-Performance, sondern geht über zur Tat. Man macht dann eben Kammermusik, als Begleit-Kompensation oder als Total-Ersatz. Denn im Streichquartett hat man immer ›Solo‹, und wenn zusätzlich auch noch ›Solo‹ in den Noten steht, darf man *noch* lauter, selbstbewußter, eigenverantwortlicher und ›expressiver‹ (Vibrato!! Rubato!! alle anderen ›piano‹ und ›colla parte‹!!) spielen als sowieso immer schon. Auf Applaus, dirigentisches Händeschütteln, Blumen, Küßchen verzichtet man dann gerne.

TYPOLOGIE

In diesem Sinne sind wir hausmusizierenden Laienmusiker, um zum Ausgangspunkt zurückzukommen, irgendwie Sympathisanten von Costa Rica. Deren Nationalmannschaft hat im besagten Spiel gegen die cleveren Holländer, mit deren exzellentem Auswechseltorwart, verloren, weil sie nur einen Alltags-Mädchen-für-alles-Torwart hatten, der im Spiel zwar glänzend pariert hatte, aber keinen einzigen Elfmeter hielt. Doch in Costa Rica weiß man offenbar, was Liebhabermusiker seit langem wissen: lieber nicht Weltmeister sein und dafür alles ›selber‹ gemacht zu haben, lieber ›durchgespielt‹ zu haben als mit schnöder arbeitsteiliger Fragmentierung des Spiels in spezialistische Sonderressorts sogenannte ›Weltbestleistungen‹ zu erbringen. Das trennt letztlich die Laienmusik radikal vom Hochleistungssport: statt der naiven, nie geglaubten Olympia-Maxime ›Dabeisein ist alles‹ heißt es bei uns: ›Dabei sind alle‹; es gibt keine Trennung zwischen ›auf dem Rasen‹ und ›auf der Bank‹, sondern: wenn wir spielen, dann richtig und alles. Auch und gerade das, was wir nicht können. Das heimliche Idol aller Orchester-Laienmusiker heißt Keylor Navas: der Torwart Costa Ricas, der sich *nicht* hat auswechseln lassen, sondern das Ding selber zu Ende spielt. Elfmeter hat er keine gehalten, dafür aber der Laienüberzeugung die Treue: ›Wir können alles‹ – außer Elfmeter. Außer Solos. Und spielen sie trotzdem.

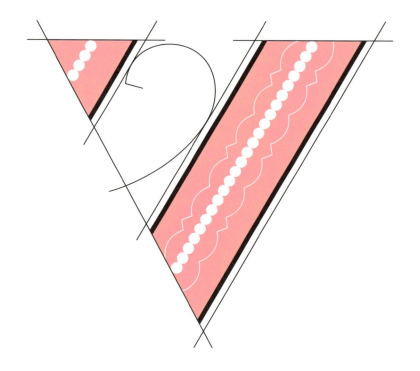

KAPITEL 32
DER VERSAGER

Wenig Sinn scheint es zu haben, das ›Versagen‹ einem speziellen Typus von Laienmusikern zurechnen zu wollen, wenn doch das Allererste und Allerklarste, was man vom Liebhabermusikanten in jeder seiner vielfältigen Erscheinungsformen sagen wird, von vornherein immer eben das ist: er ist musikalisch inkompetent, unfähig, unzuverlässig, einfach ›zu schlecht‹ – halt ›ein Versager‹. Wäre er's nicht, wäre er ja kein Laie, sondern eben ein wirklicher Könner, ein Profi. Der Liebhaber definiert sich schlechthin durch sein konstantes (und folgenloses!) Unterschreiten fast aller denkbaren Mindest-Untergrenzen erwartbarer ›Qualität‹. Noch die kümmerlichste performance wird legitimiert (das heißt: schöngeredet) durch den Verweis auf angebliche *außermusikalische* sekundäre Ersatzgewinne (die ›Freude am gemeinsamen Musizieren‹, die ›Lust‹ des ›Selber-Machens‹, der Stolz des Tatsächlich-vor-echtem-Publikum-Auftretens, und natürlich immer wieder: der riiiiiiesengroße ›Spaß‹ dabei ...). Wer meint, daß damit nur die selbsttherapeutischen elterlichen Kommentare zum nervtötenden Kindermusizieren bei unsäglichen Musikschulvorspieltagen getroffen wären, kennt die Musikberichterstattung in den deutschen Lokalzeitungen nicht, die nach demselben Muster gestrickt sind: daß der feuerwehrfest- und kaninchenzüchterwettbewerbserprobte Pressemensch vor Ort dem musikalischen Aspekt der Sache eben nur so viel abgewinnen kann, wie daß die Damen und Herren des Liebhaberorchesters XYZ ›sehr munter‹ und mit ›viel Schwung‹ und ›großer Spielfreude‹ musiziert haben, bedeutet nicht (nur), daß der Schreiberling *in musicis* vollkommen unbeleckt ist, sondern daß das rein Musikalische an der kulturellen Veranstaltung so weit unterhalb jeder sachlichen Beschreibungskategorie anzusiedeln war, daß auch eine lokaljournalistische Minimalethik es aus Pietätsgründen erfordert, ersatzweise auf extramusikalische (zum Beispiel: rein visuelle) Sekundäreffekte abzuheben.

𝄢: Wenn das Laienmusikwesen also praktisch mit dem musikalischen Versagertum deckungsgleich ist, welche seiner typologischen Ausprägungen und Untergruppen kann man dann noch als ›Versager‹ identifizieren, vor allem wenn ja eine extreme Erscheinungsform der laienmusikantischen Inkompetenz, Ignoranz und Untauglichkeit bereits im ›Stümper‹ (Kap. 5) ausgemacht worden war? Die Antwort: hier soll eine Spezies in den Vordergrund treten, für die das Scheitern an den von der Musik *eigentlich* gestellten Ansprüchen weder ein gern übersehenes Manko (etwa nach dem Vorbild des fröhlich-fromm-freien Wowereitschen Mottos: ich bin nur Laie – und das ist gut so ...) noch ein aus schlichter intellektueller Beschränktheit völlig aus dem Bewußtsein gefallenes Geistes-Defizit darstellt (wie eben beim genannten ›Stümper‹, *musicastrus schwachmaticus intelligentiae debilis*), sondern ein tragisches, tief er- und durchlittenes Schicksal repräsentiert, als ein ›Fluch‹ und ein ›Bannspruch‹ erlebt wird, gegen den man sich zwar mit fast übermenschlichen Kräften, aber dennoch vollkommen umsonst zur Wehr setzt. Den hier zu schildernden eigentlichen Versager (*musicus laizans forzatus disperatus et insufficiens sub specie aeternitatis*) charakterisiert die fatale Gleichzeitigkeit des permanenten und unzähmbaren aktiven Aufbegehrens gegen die eigene Unzulänglichkeit und die ständig wiederkehrende niederschmetternde Einsicht in die Vergeblichkeit dieses Aufbegehrens. Und diese Einsicht ist um so erschütternder als sie heute so schwer gemacht, ja ständig verleugnet wird: von überall werden wir bombardiert mit der fatalen Kombination von Optimierungsversprechen *und* -zwängen, sei es, daß es unsere Bildung (›lebenslang lernen‹), unsere Finanzsituation (›täglich sparen‹), unsere physische Präsenz (von der Schönheits-OP bis zum 24-Stunden-Deo) oder unsere Körperfigur (›BMI‹ und ›Bauch-Beine-Po-Fitness‹) betrifft, an der wir unbedingt ›arbeiten‹ sollen. Überall wird uns suggeriert: ihr seid noch nicht wirklich perfekt, aber es braucht nur ein klitzeklein bißchen Zeit, Geld, Geduld, Aufwand und ›alles wird gut‹. Übersetzt ins Musikalische heißt die verführerische Forderung dann: ihr müßtet doch einfach nur ein bißchen mehr ›üben‹! Schon eine halbe Stunde am Tag: wirkt wahre Wunder! Die Resultate sind sofort hörbar! Ihre laienmusikalischen Mit- und vor allem Gegenspieler werden staunen über den sagenhaften Vorher/Nachher-Effekt! So oder so ähnlich lauten die schmierenkomödiantischen Verheißungen, die seit jeher die komplette Musikpädagogik-Branche (die sich ja bekanntlich selbst aus Versagern rekrutiert, bei denen es nicht zum Konzertexamen gereicht hat) alimentiert und die den marktschreierischen Marketing-Strategien der Verkäufer von Schlankheitspillen, Intelligenztabletten und Penisvergrößerern in nichts nachsteht.

𝄢: Und das Schlimme ist: immer wieder fallen wir darauf herein. Zumindest der hier gemeinte ›Versager‹, der so gerne keiner mehr sein wollen würde, und trotzdem immer wieder mit dem Kopf (beziehungsweise mit den zu behäbigen Händen und zu langsamen Fingern) auf jene bitterste Wahrheit gestoßen wird, die da lautet: es *gibt* keine Verbesserung des miserablen eigenen musikalischen Talents. Auch wenn man schuftet und rackert wie ein Verrückter (also: wie ein Profi), nicht nur die angeblich ausreichende tägliche halbe Stunde, sondern sich drei, vier Stunden lang (und auf Kosten der wenigen sozialen Kontakte und der abnehmend wohlwollenden Mit- und Nebenmenschen) durch Etüden[1], Läufe, schwierige Passagen quält: am Ende steht man da wie Goethes ›Tor‹: genauso schlecht ›als wie zuvor‹. Wie in Dantes Inferno ist man festgekettet an dem einen Höllenkreis, auf den einen die göttliche Vorsehung verbannt hat: das ist das (wörtlich!) gottverdammte miese Niveau, auf dem man immer und ewig kreisen wird. Und das Höllische daran (›die Hölle, das sind die andern‹, wußte schon Sartre): solange man *allein* ist, kann man sich mitunter dieser existentiellen Ranking-Falle entronnen fühlen: ja, tatsächlich, denkt man (daheim), das klingt ja schon viel besser, das flutscht, das fließt, das klingt ja fast schon wie auf der CD, so brillant, so flüssig, so ›professionell‹: aber nur solange, bis man genau das exakt gleiche Stück nicht mehr alleine und für sich spielt, sondern in der Gegenwart von anderen Ohren; sobald der performanzfixierte Musikbetrieb uns sein hämisches ›hic-Rhodus-hic-salta!‹ entgegengrinst, schlägt unerbittlich der allseits bekannte Vorführ-Effekt zu, das verschärfte Murphy-Gesetz des Laienmusikers (›alles was beim Proben noch nie schiefgegangen ist, wird bei der Auf-

---

1. Etüden sind die präferierten Selbstfolterungsmittel aller an Mangel von Selbstbewußtsein leidenden Musiker, also besonders der ›Versager‹: ›richtige‹ Werke sind ja viel zu schade, um durch die erbärmlichen Fehlleistungen ihrer Übe-Praktiken ›ruiniert‹ zu werden, also toben sie sich an musikalisch minderwertigem Trainingsmaterial aus, nur um am Ende dann eben nur ein paar blöde Etüden zu beherrschen – und nicht einmal die.

führung schiefgehen‹) kommt kategorisch zu seiner Geltung, die grausame Wirklichkeit des hoffnungslosen Dilettanten holt den ewigen Versager wieder ein – und zwar mit einer unbarmherzigen Gnadenlosigkeit, für die ›Lampenfieber‹ oder ähnliche küchenpsychologische Pseudorationalisierungen nur hilflose Ausflüchte und schicksalsblinde Notlügen darstellen.[2]

♀: Auch hier also darf an ein paar liebgewordenen Mythen und Tabus gekratzt werden. Anders als die gängige liberal-demokratisierende und pädagogikbesessene Meliorisierungsideologie es will: die Gemeinschaft der Musikausübenden ist und bleibt eine ungerechte und ungleiche Klassengesellschaft. Keine menschliche Selbstkasteiung und Plackerei ändert die naturgegebenen, wahrscheinlich genetischen Ausgangsbedingungen. Denn natürlich fallen die meisten Meister vom Himmel, niemand ist je wirklich seines Glückes Schmied gewesen, und Übung hat noch keinen einzigen Meister gemacht. Konträr zu derartigen Volksmund-Trivialitäten macht jeder mit auch nur halboffenen Augen durch die (nicht nur musikalische!) Welt laufende Zeitgenosse die völlig überraschungsresistente Erfahrung, daß manche ›es einfach drauf haben‹, andere eben einfach nicht und vor allem: es nie haben *werden*. Diese Selbstverständlichkeiten darf man freilich nur hinter vorgehaltener Hand äußern, oder besser noch: man behält sie für sich. Aber die implizite, realistische, von jeder ›Lobduselei‹ befreite Einschätzung der anderen, wie leider auch die unvorein-

---

2. Selbst der aus Thomas Bernhards Versager-Roman ›Der Untergeher‹ bekannte Glenn Gould hat sich eines Tages dieser Tyrannei des Vorführen-Müssens nicht mehr unterwerfen wollen und sich geweigert, noch öffentlich aufzutreten.

genommene Selbsteinschätzung, ist untrügerisch: wer über Jahre mit den gleichen Leuten musiziert, weiß ganz genau, welcher laienmusikalischen Gewichtsklasse sie angehören und immer angehören werden, ganz gleich, wieviel sie zwischendurch vielleicht gespielt oder gar ›geübt‹ haben sollten. Wer nur eine zweite Geige *ist*, ist und *bleibt* einfach eine, lebenslänglich – und wen man einmal (natürlich nur laut eigener insgeheimer, für sich behaltener Einschätzung) als ›mittelmäßige erste Geige‹ kennengelernt und klassifiziert hat, wird auch Jahrzehnte später exakt diese Klassifikation rechtfertigen. Wer einmal aufgefallen ist, weil er partout nicht zählen kann, wird es auch später nie mehr gelernt haben, bei wem es für das zweite Cello im Sextett oder Oktett langt, wird nie das erste spielen dürfen, bei jedem ›Eiler‹ (vgl. Kap. 13) weiß man schon vorher, daß er unweigerlich wieder ›treiben wird wie Sau‹ und kieksende Bläser bleiben halt auf ewig kieksende Bläser.

♂: Natürlich wissen alle um das gefährlich destruktiv-defätistische Potential dieser Botschaft in unserer so optimistisch zukunftsorientierten Gesellschaft: deswegen bleibt sie so ungesagt und wird vermutlich auch an dieser Stelle nur mit energischem Kopfschütteln quittiert. Richtig ist an dieser trotzigen Realitätsverweigerung nur, daß es in der Tat keinerlei Ausweg aus der Tragödie der realmusikantischen Niveau-Kastengesellschaft gibt. Jedenfalls ist es nicht das Üben und Trainieren, wie die brav-bürgerliche Ideologie es will (die ja heute schon im Kindergarten ›Leistungs- und Anstrengungsbereitschaft‹ einfordert[3]), sondern: nur ein Teufel könnte uns retten (um auch hier einmal Heidegger zu korrigieren). Nur ein diabolisch-faustischer Teufelspakt könnte uns wenigstens *einmal* im Leben über die unüberwindbaren Schranken unserer angeborenen Leistungsbeschränktheit erheben und endlich zum

›Fliegen‹ bringen, genauso wie das die an sich selbst verzweifelnden Versager Johann Faust und Adrian Leverkühn ja auch erhofft hatten.

♀: Nur: was hätten wir, im Vergleich zu den beiden literatisierten Herren, dem potentiellen Partner mit dem Pferdefuß (der übrigens ja auch nur ein Versager ist) denn als Pfand anzubieten? Was sollte das gute Beelzebüblein denn bloß mit unserer durch tausend ermüdend-zermürbende, masochistische Trainingstorturen ausgebrannten, ungläubigen ›Seele‹ noch anfangen wollen? Nein, er wird müde ablächeln, wenn wir ihm einen teuflischen ›Anti-Dilettantismus-Pakt‹ abringen wollen; in einer entgötterten Welt werden auch Satane kaum satt, auch der höllische Ofen ist längst aus. Und so, von allen guten wie von allen bösen Geistern verlassen, peinigen, plagen und blamieren wir uns weiter vor uns hin. Vergessen Sie den schönphilosophierten Camus'schen Sisyphos: wir müssen uns den Laienmusiker als einen *unglücklichen* Menschen vorstellen.

3. Und an dem selbst ein Peter Sloterdijk noch festzuhalten scheint, nachdem er in seinem schönen Buch ›Du mußt dein Leben ändern‹ die vielen sonderbaren Auswüchse der modernen ›Du-mußt-üben-Ideologie‹ detailliert beschrieben und kommentiert hat.

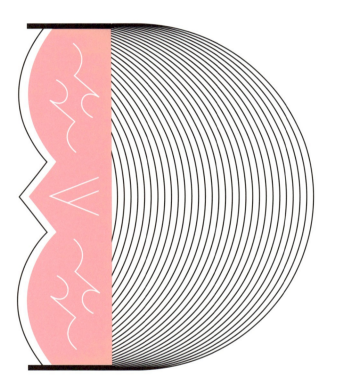

KAPITEL 33 / DER
GENIALE DILETTANT

Vielleicht ist das letzte Kapitel dieses Buchs nicht nur eine gute, sondern auch die letzte Gelegenheit zu klären, worum es seit mehr als 30 Kapiteln und mehr als 290 Seiten eigentlich geht. Zumindest insofern, als endlich einmal etwas ausführlicher erläutert werden könnte, was eine ›Typologie‹ wirklich leisten soll – und kann. Und vor allem sollte sich der Autor vielleicht ja auch mal – besser spät als nie – die Zeit nehmen zu überlegen, ob eine Typologie das, was sie (vielleicht) kann, überhaupt *darf*. Denn ist es nicht moralisch überaus fragwürdig, lebendige Zeitgenossen als ›Typen‹ zu behandeln, und nicht als ganz individuelle, jeweils besondere Menschen? Darf man authentische und frei agierende Persönlichkeiten über den scharfen Kamm einer ja manchmal nicht gerade liebenswert und vorteilhaft verallgemeinerten Charakterisierung scheren? Ist es statthaft und redlich, gewisse, manchmal eher unauffällige und oft ganz musikfremde Eigenheiten mit übelwollender pars-pro-toto-Methode zum Ganzen eines ›Typs‹ hochzustilisieren, nur um sich dann über den solchermaßen übertriebenen und überzeichneten Laienmusiker-Popanz auf billigste Weise lustig zu machen? Gehört es nicht zu unserer aller minimalethischen Grundausbildung, daß Verallgemeinerungen und Typisierungen den streng zu verhütenden Anbeginn von xenophobischer Denunziation, klischeehafter Diskriminierung und kollektiver Verleumdung darstellen?

¶ Ja, der Autor ist sich der Schuld bewußt, auch hier im Rahmen dieses Buchs oft auf der uralten und wohlfeilen Welle der Kollektiv-Witzeleien (wie die über ›die‹ Ostfriesen, ›die‹ Blondinen, ›die‹ Manta-Fahrer) mitgeritten zu sein; daß es bisher noch keine Gruppen-Verulkung gegeben hat, wie sie über ›den‹ Bratscher oder ›den‹ Dirigenten gängig sind[1], wird da angesichts anderer grob typisierender Kollektiv-Lästerungen nur als unzureichende Entschuldigung gelten zu lassen sein. Wirklich Abbitte und Buße kann daher hier und heute nur dadurch getan werden, daß dieses allerletzte Sühne-Kapitel nun wirklich einem ›Typen‹ gewidmet ist, der (leider …) überhaupt kein ›Typ‹ ist, also nicht als Exemplar einer Gattung, einer Gruppe auftritt, sondern nur als äußerst rares, sehr seltenes, ganz einzigartiges Einzelindividuum mit solch besonderen Fähigkeiten und Begabungen vorkommt, daß er eigentlich in dieser uns bekannten Welt *gar nicht* vorkommt. Kein Typ, sondern ein Idealtyp also, im Sinne einer nach unseren Wunschvorstellungen erträumten und idealisierten Fiktion.

¶ Und doch: ab und zu streift auch uns normal Sterbliche in unserer alltäglichen nüchtern-banausischen selbstgebastelten Laien-Kunstwelt der heilige Hauch, die betörende Aura eines vorübergehenden Genies. Denn von ihm, dem Einzigen und Raren, soll nun, als bußetuende Kompensation für 32 bösartig denunzierende Karikaturen, die hymnenhaft überschwengliche Rede sein: vom Dilettanten als musikalischem Überflieger, als genial-übermenschlichem Alleskönner, dem kein Part zu schwer, kein Ton zu hoch, keine Passage zu schnell, keine Stimme zu kompliziert ist. Wer ihn[2] je gesehen, gehört, erlebt und vielleicht sogar das unbe-

---

1. Die einschlägigen Beiträge zur ›Bratscherin‹ (Kap. 18) und zum ›Dirigenten‹ (Kap. 21) liegen zwar vor, *versuchen* aber zumindest, den hier üblichen Kollektivdenunziationen keinen Raum zu geben.

schreibliche und leider immer zu kurze Vergnügen erfahren durfte, mit ihm musizieren zu dürfen, weiß, wovon die Rede ist – und was ›musizieren können‹ im Vollsinn einer Ideal-Kompetenz eigentlich heißen würde (und sollte). Denn der geniale Dilettant (*musicus extraordinarius excellens celestis et superhomo sine cura et studio*) kennt all das gar nicht, was normalerweise zwischen uns und der Musik steht: all die leidigen Probleme bei der Um- und Übersetzung von toten schwarzen Punkten auf Notenlinien in wohltönende Klänge, die das Herz berühren. Da gibt es überhaupt kein Von-hier-nach-da mehr, da ist gar kein ›Weg‹ zurückzulegen vom Papier zur Schallwelle, das musikantische Genie *lebt* und *ist* vielmehr die Musik sofort beim allerersten Anblick ihrer Notierung, d.h.: *a prima vista*. Aufgeschriebene Musik sehen und sie himmlisch schön (nicht nur: ›richtig‹!) spielen ist da ein einziger Akt, eine leichte Geste, eine selbstverständliche Äußerung des innersten Selbsts, die spielerische Manifestation eines nicht irgendwie mühsam Angeeigneten, sondern eines Immer-Schon-Besessenen. Daher handelt es sich natürlich nicht um einen klugen Analytiker, nicht um jemand, der mit besonderem Fachwissen zur Musikgeschichte oder Musiktheorie aufwarten könnte; wortreiche Reflexionen und all die ausufernden Fachsimpeleien, die in unseren Zeiten weitverbreiteter musikalischer Halbbildung auch in Laienmusikerkreisen grassieren, sind ihm vollkommen fremd.

2. Nicht etwa maskuline Voreingenommenheit, sondern nur die mangelnde Vorstellungskraft des Verfassers hindert ihn daran, sich diesen Idealtyp, zusätzlich zu allen sonstigen überirdischen Charakterisierungen, dann auch noch als *weiblich* zu imaginieren! Sich soviel Glück auf Erden auch nur auszudenken, hieße die Götter herausfordern.

Der hier gemeinte Über-Musikant hat all das nicht nötig; ganz ›intuitiv‹ und unmittelbar strömt wunderbar gespielte, wunderbar interpretierte Musik aus ihm heraus, weil er offenbar schon immer in ihr badet, weil er in ihr geboren wurde.

¶ Daher ist die ›prima vista‹ im metaphysischen Sinn (philosophiehistorisch Informierte mögen an das platonische *anamnesis*-Konzept denken) natürlich gar kein ›erster Anblick‹, sondern ein schlagartiges, instantanes Wiedererkennen, so wie ja auch die sogenannte ›Liebe auf den ersten Blick‹ von den einschlägig Involvierten als ein unmittelbares Sich-*Wieder*erkennen und Wiederfinden erfahren wird. In der Tat ist der geniale Dilettant der eigentliche, der prototypische Musik-›Liebhaber‹: so wie der echte und wahre Casanova ja niemand ist, der sich den Frauen aufdrängt und durch besondere Leistungen und Selbst-Darbietungen schwatzend-schwitzend ihre Gunst erkämpft, sondern die Liebe als sein natürliches Habitat, sein allereigenstes Kommunikationsmedium auslebt (in diesem Sinn *hat* der erotische ›Lieb-Haber‹ die Liebe immer schon), so *hat* der geniale Liebhabermusiker die Musik immer schon: in sich, durch sich, aus sich heraus. Da muß nichts überlegt, analysiert oder gar geübt werden (das musikalische Fußvolk mag sich hingegen ausgeklügelte Fingersätze und Bogenstriche zurechtlegen und stundenlang über ›Phrasierung‹, ›Artikulation‹ oder ›Gestaltung‹ diskutieren); bis wir anderen uns einigermaßen in Tonart, Rhythmus und Melodieführung eines Stücks hineingefunden haben, hat er es schon längst aufregend aufführungsreif *gespielt* (und nur bei ihm ist Musik machen auch tatsächlich ein ›Spielen‹).

¶ Daß er praktisch jedes Werk der Kammermusik- und Orchester-Literatur ›kennt‹, wäre folglich eine peinlich-naive Untertreibung. Er kann sie praktisch auswendig spielen, und zwar nicht nur den eigenen Part, sondern auch den aller anderen Beteiligten: daß er – nehmen wir zum Beispiel idealerweise an: als Primarius im Streichquartett – natürlich gehört hat, daß die Bratsche an der Stelle bei Buchstabe F ein B statt des H's zu spielen gehabt hätte, und daß das Cello an der üblichen Stelle wieder mal ein Viertel zu früh eingesetzt hat: er hat es nicht nur sofort gemerkt, sondern er nimmt es hin, er läßt sich nicht aus der Ruhe bringen, lächelt den Betroffenen ermunternd und wohlwollend nachsichtig zu: kein Problem, er ist es ja gewohnt, daß der Rest der Welt etwas unter seinem Niveau bleibt, ja bleiben *muß*: was soll man denn wegen einer solche Lappalie unterbrechen, korrigieren und wiederholen? Die eigene Perfektion macht ihn verständnisvoll, tolerant und großzügig; von so weit oben gesehen sind unsere Schwächen vernachlässigenswerte (und unvermeidbare) Schönheitsfehler, die dem durch ihn verliehenen Glanz des Ganzen keinen wesentlichen Kratzer zufügen.

¶ Diese himmlische ›Perfektion‹ ist freilich himmelweit verschieden von der des weiter oben thematisierten ›Perfektionisten‹ (vgl. Kap. 7), so wie sie natürlich auch nichts zu tun hat mit der (vom Perfektionisten imitierten) Könnerschaft des Profis. Denn darin bleibt der geniale Dilettant eben tatsächlich *Dilettant* (und ›Lieb-Haber‹): nichts hat sein angeborenes Können gemein mit der mühsam erarbeiteten und gegen ausreichende Bezahlung einigermaßen verläßlich abrufbaren Standardleistungsfähigkeit des akademisch ausgebildeten und staatlich geprüften Diplommusikers. Sein Spiel ist jeder professionellen ›fachgerechten‹ Ausführung haushoch überlegen, weil es eben im Gegensatz dazu ein ›Spiel‹ ist, ein reiner Spaß, eine pure Freude, eben ein ›diletto‹, wie die Italiener zur Freude sagen – und selbst in seinen seltenen kleinen Imperfektionen viel menschlich-musikalischer als alles, was die üblichen Konzertsaal-Virtuosen uns normalerweise so vorexerzieren. Soll man das Genie einzwängen in die Zumutungen, Intrigen und täglichen Unsäglichkeiten des professionellen Orchestermusikers? Auch das Leben als potentieller Solist im internationalen Konzertzirkus, mit den divenhaften Launen der Klassik-Stars, mit dem Ärger mit Agenturen und Konzert-Verträgen und dann den ewig gleichen wenigen Bravourstücken des sogenannten ›großen‹ Konzertrepertoires ist ganz und gar nicht seine Welt. Auch dafür braucht es das anti-ökonomische Gegenuniversum des musizierenden Laientums: nicht nur für die vielen von uns, die für den musikalischen Profi-Bereich zu kurz, sondern auch für die wenigen, die für ihn viel *zu weit* springen; also für die ganz seltenen, ganz großen Begabungen, die uns daran erinnern können, daß es eine ›dilettantische‹ Musik weit jenseits jeglicher Professionalität gibt, einen Ort quasi überirdischer Leichtigkeit und mühelosester musikalischer Alleskönnerschaft – und daran, daß wir Dilettanten und Liebhabermusiker eigentlich alle einzig *dorthin* unterwegs sind.

STATT EINES NACHWORTS:
DANKE
DANKE DANKE

Nichts ist bei endlos langweiligen laienmusikalischen Konzert-Veranstaltungen so endlos langweilig wie die endlos langweiligen Danksagungs-Litaneien an ihrem endlichen Ende; da jeder natürlich wieder mal ›ehrenamtlich‹ und ›aus reiner Hingabe‹ mitgewirkt hat, muß jeder, aber auch wirklich jeder genannt werden, der sein kleines Scherflein zum Gelingen (?) der wunderbaren (?) Veranstaltung beigetragen (?) hat, vom Hausmeister zum Notenwart, vom Busfahrer zum Stimmführer, vom blumentopfaufstellenden Raumdeko-Verantwortlichen bis zum plakateklebenden Zuständigen für die ›Öffentlichkeitsarbeit‹. Und dann noch die anwesende Presse, der Bürgermeister, die Stadtratsmitglieder, Feuerwehr und Rotes Kreuz und *laßtbattnotließt* sowieso und überhaupt: sämtliche Ehegattinnen. Dann noch Blumen und Küßchen für die Solisten und den Dirigenten. Und weiterer Applaus, unvermeidbare *ständing Oveischens,* und wenn es ganz schlimm kommt, gibt es noch eine Zugabe. Und dann noch mal alle Danksagungen von vorn. Es mag einem dann mitunter der Vorzug einer gepflegten CD-Aufnahme des gehörten Stücks aufgehen und der derbe Witz einfallen vom Vorzug der Masturbation gegenüber dem ehelichen Geschlechtsverkehr: fünf Minuten Spaß und danach hat man seine Ruhe.

Nichtsdestotrotz: auch dieses von Laien handelnde Buch muß schließen mit laientypischen Danksagungen. Es wäre nicht zustande gekommen ohne die hartnäckige und tatkräftige Unterstützung durch den BDLO, insbesondere dessen Vorstandsmitglieder und des Geschäftsführers Torsten Tannenberg. Die Textgestaltung bei der Entstehung der Fortsetzungsreihe über die Jahre hat entscheidend profitiert von den immer kritisch mitlesenden Kollegen in der Redaktion des ›Liebhaberorchesters‹, besonders von Michael Knoch, der durch aufmerksamste Lektüre und empathisches ›Mitschreiben‹ meine Texte an vielen Stellen deutlich verbessert hat. Christian Goldbach hat den einzelnen Folgen bei ihrer Ersterscheinung herrliche Zeichnungen zur Seite gestellt. Beim Verleger Martin Morgenstern bedanke ich mich für die intensive Vorbereitung und die tolerante Betreuung dieses Projekts. Und zuletzt danke ich den inspirierenden realen ›Vor- und Urbildern‹ dieser Charakterskizzen, all den Mit-Musizierenden der letzten Jahrzehnte, in Orchestern und Kammermusikgruppen (insbesondere Hartmut Simon, Rupert Plischke, Sabine Kral, Ingo Ernst Reihl, Gunhild Hell, Heidrun Kürzinger, Steffen Farian und – natürlich ebenfalls *laßtbattnotließt* – dem ›genialen Dilettanten‹ Günter Simon), die mich immer ›trotz allem‹ haben mitspielen lassen, ohne sich je allzusehr anmerken zu lassen, daß mein Spiel zwar sehr ›engagiert‹, aber auch das war, was ich gern selber unter studentische Hausarbeiten schreibe: ›stark optimierbar‹. Ihnen allen ist dieses Buch dankbar gewidmet. Danke. Danke. Danke.

BORIS GRUHL
VON ADAM BIS ZOBEL

Ein Wagnersänger-Alphabet

›Von Adam bis Zobel – das sind nun also meine ganz persönlichen Erinnerungen an die Sängerinnen und Sänger im Wagnerfach. Als Opernkritiker hatte ich das Glück, in unzähligen Aufführungen Menschen zu erleben, die in diesem Augenblick auf der Bühne alles gaben. Und ich saß da so privilegiert im Theatersitz und erfuhr Sachen, die über meinen alltäglichen Horizont hinausgingen und nicht selten auf subversive Weise wieder zu mir und meinen Lebenserfahrungen, mit Glück und Unglück, zurückführten ...

So ist dieses Buch der Erinnerungen, die ja auch viel mit meinem Leben in der DDR zu tun haben, auch so etwas wie ein Dank an die Sängerinnen und Sänger, deren Kunst damals die Welt weiter machte, als sie rein territorial für uns war.‹

VERLAG DER KUNSTAGENTUR DRESDEN

Preis 23,80 Euro   ISBN 978-3-00-044071-7

IMPRESSUM

Kleine **TYPOLOGIE** *der* **LAIENMUSIKER**

© 2014 Verlag der Kunstagentur Dresden.
Alle Rechte vorbehalten
1. Auflage: 1.500 Exemplare

Kein Teil des Werkes darf in irgendeiner Form
ohne schriftliche Genehmigung der Urheber reproduziert
oder unter Verwendung elektronischer Systeme
verarbeitet, vervielfältigt oder verbreitet werden.

HERAUSGEBER

Martin Morgenstern

GESTALTUNG & SATZ

Lars Sembach & Phillip Kortlang

knisterwerk.com

GESAMTHERSTELLUNG

Rügendruck Putbus

rügendruck putbus

Erstveröffentlichung im Verlag der Kunstagentur Dresden
www.kadd.de

ISBN 978-3-00-047984-7